中国近现代财政学名作新编丛书

刘守刚　刘志广　主编

民国财政史

民国续财政史

（总论部分）

贾士毅———— 著

林矗———— 整理

上海远东出版社

图书在版编目（CIP）数据

民国财政史、民国续财政史．总论部分 / 贾士毅著；林蠡整理．—上海：
上海远东出版社，2023
（中国近现代财政学名作新编丛书）
ISBN 978 - 7 - 5476 - 1940 - 7

Ⅰ.①民… Ⅱ.①贾… ②林… Ⅲ.①财政史-中国-民国 Ⅳ.①F812.96

中国国家版本馆 CIP 数据核字（2023）第 161449 号

责任编辑 陈占宏
封面设计 徐羽情

民国财政史、民国续财政史（总论部分）

贾士毅 著 林 蠡 整理

出 版 上海远东出版社
（201101 上海市闵行区号景路 159 弄 C 座）
发 行 上海人民出版社发行中心
印 刷 上海信老印刷厂
开 本 635×965 1/16
印 张 23
字 数 310,000
版 次 2023 年 10 月第 1 版
印 次 2023 年 10 月第 1 次印刷
ISBN 978 - 7 - 5476 - 1940 - 7/F·717
定 价 98.00 元

目 录

主编的话 ………………………………………………… I

整理凡例 ………………………………………………… I

导读 ……………………………………………………… I

一、民国财政史（总论部分）

例言 ……………………………………………………… 3

第一章　财政之沿革 …………………………………… 5

　　第一节　古代之财政 ……………………………… 5

　　第二节　清代之财政 ……………………………… 7

第二章　财政之现情 …………………………………… 33

　　第一节　中央及各省财政之概要 ………………… 33

　　第二节　国家及地方财政之划分 ………………… 68

第三章　财政方针之变迁 ……………………………… 85

　　第一节　周学熙长财政部时期 …………………… 85

　　第二节　熊希龄长财政部时期 …………………… 110

　　第三节　陈锦涛长财政部时期 …………………… 117

第四章　出入递增之原因 ································· 130

二、民国续财政史（总论部分）

例言 ··· 135

第一章　近代财政思潮之变迁 ····················· 136
　　第一节　属于世界潮流之关系 ················· 141
　　第二节　属于自身环境之关系 ················· 144

第二章　国家及地方财政之划分 ················· 148
　　第一节　划分之沿革 ······················· 148
　　第二节　划分之现情 ······················· 150

第三章　国家财政之概要 ······················· 163
　　第一节　中央之财政 ······················· 172
　　第二节　各省之财政 ······················· 223

第四章　近代财政之方针 ······················· 239
　　第一节　财政方针之沿革 ··················· 239
　　第二节　财政方针之现情 ··················· 270

第五章　财务官署之递嬗 ······················· 297
　　第一节　财务官署之沿革 ··················· 297
　　第二节　财务官署之现情 ··················· 301

主编的话

为什么要新编这套近现代财政学名作？那个年代的财政学者的思考与努力，为什么在今天仍然值得我们重视？应该以什么样的原则来新编这套丛书？这是我们在新编这套丛书之前需要回答的问题，也希望借此使读者更好地理解我们新编这套丛书的初衷。

一

"财政是国家治理的基础和重要支柱"，财政学要完成这一使命，就要基于国家治理视角推进基础理论的创新。但基础理论创新从来不是"无中生有"或"前无古人"的事业，它必然有自己的发展历史与成长脉络。

对中国来说，推进国家治理体系和治理能力现代化所需要的财政学基础理论创新，主要针对的就是"二战"以后所形成的主流财政学的缺陷。这种财政学的核心概念和知识体系主要建立在新古典经济学这种选择范式经济学的基础之上，它以孤立个人主义作为方法论，以均衡分析和最优化分析为手段，将财政问题变成了一种工程技术问题，完全忽略了制度与历史等问题。可问题是，政府的财政行动兼具政治、经济、社会、法律与行政管理等多重属性，是在特定国际国内环境下人与人之间互动的产物，其中还始终伴随着各种价值判断和评估，这远非价值中立下的均衡分析和最优化分析所能适用的。此外，古今中外的历史都显示出，财政对国家和社会的演化产生了重要的决定作用，一国的财政史往往是其国家历史最为重要的组成部分，因此，财政社会学/财政政治学的研究都主张通过财政来探究国家的性质、前途和命运①。

在推进财政学基础理论创新时，我们要认识到，在财政学的研究传统或财政学思想史中，除今天主流财政学这种选择范式外，还存在基于欧陆传统的交换范式②，它将财政学看作是一个跨学科的研究领域，甚至是一个独立的学科。虽然当前我国财政学界对这一传统并不熟悉，但这一传统却是财政学最早传入中国时的主要传统，是从晚清至新中国成立前一直流行的传统。因此，从某种意义上说，我们今天推进国家治理视角下的财政学基础理论创新，就是要延续或回归这个在中国曾经存在并中断多年的传统，这也使中国学者的努力可以成为国际学术界自 20 世纪末以来重建财政学理论体系努力的一部分③。由于中国具有利用财政工具进行国家治理的悠久实践和思想传统，并且当前推进国家治理体系和治理能力现代化的努力所提供的鲜明的问题意识，将使中国学者有可能为财政学基础理论创新作出独特而重要的贡献。

二

虽然中国有丰富且源远流长的古典财政思想，但对近代中国来

---

① 财政社会学/财政政治学的上述主张可参见葛德雪：《财政问题的社会学研究路径》，载《财政理论史上的经典文献》，刘守刚译，上海财经大学出版社 2015 年版；熊彼特：《税收国家的危机》，刘志广、刘守刚译，载《税收哲人》附录，上海财经大学出版社 2018 年版。

② 关于财政学不同研究范式的辨析可参见马珺：《财政学研究的不同范式及其方法论基础》，载《财贸经济》2015 年第 7 期。

③ 其中典型的代表就是美国财政学者理查德·瓦格纳，他根据财政社会学和意大利财政学传统而创新财政基础理论，代表作为《财政社会学与财政理论》（中文版即将由上海财经大学出版社出版）。

说，财政学的发展却主要是"西学东移"① 的结果。自鸦片战争后，中国的古典财政思想从总体上并不适应现代要求，需要加以改造或发展。魏源（1794—1857）的财政思想，被称为"标志着我国传统的财政思想之历史变革的转折点"②。后来冯桂芬（1809—1874）等晚清学者继续呼吁"采西学"，但现代财政知识的传播在此时仍步履艰难。有些学者，因去国外考察后而由传统教条的卫道士变成现代财政知识的积极传播者，如王韬（1828—1897）；而有些人即使出使国外多次，也仍坚决反对西法，如刘锡鸿（？—1891）。就总体而言，到 19 世纪末期，中国引入和运用的是西方财政学知识，除马建忠（1845—1900）和严复（1854—1921）等少数人外，很少有人深入到财政理论的层面。对近现代财政理论的了解和理解的不足，也成为洋务运动派和维新运动派的重要局限。

在西方工业文明的冲击下，"近代中国人向西方学习的内容经历了一个由器物层次、制度层次到观念层次不断提升的曲折的历史过程"③。对财政理论的传播与研究正是这一过程的产物，近代留学生为此作出了卓越的贡献。其中，留日学生胡子清（1868—1946）于1905 年在东京出版的《财政学》一书，被认为是中国学者出版的最早财政学著作④。不少留学生在留学期间系统学习了财政学，还有一些留学生的博士论文就是直接研究财政学或财政问题的，很多在国

───────────────

① 与之对应的另一个概念是"西学东渐"，主要是指明末清初并且延续到清朝中叶，伴随着耶稣会士来华传教而展开的西方科技传入中国的历史事件，后来逐渐蜕变为"西学东源"，这使中国失去了通过吸纳西方近代科来实现科技转型的机遇；而"西学东移"，主要是指晚清到民国随着中国睁眼看世界所带来的科技和近现代社会科学的引入。具体参见刘大椿等：《西学东渐》，中国人民大学出版社 2018 年版。

② 参见胡寄窗和谈敏：《中国财政思想史》，中国财经出版传媒集团、中国财政经济出版社 2016 年版，第 573 页。

③ 邹进文：《近代中国经济学的发展：以留学生博士论文为中心的考察》，中国人民大学出版社 2016 年版，第 32 页。

④ 参见许康和高开颜：《百年前中国最早的〈财政学〉及其引进者——湖南法政学堂主持人胡子清》，载《财政理论与实践》2005 年第 6 期。

外出版，取得了较高的国际学术地位①，一些留学生甚至直接师从当时国际著名的财政学家②。这些留学生回国后成为传播和研究财政理论的主体力量，虽然他们有的进入学界，有的进入政界，有的则辗转于学界和政界之间，但他们在繁忙的教学或政务之余，仍积极从事国外财政学著作的翻译，或者撰写了大量财政学教材与专著。从数据上看，自晚清以来，财政学方面的专著和译著占据了经济类出版物的主体地位，根据《民国时期总书目（1911—1949）：经济》，财政类出版物有 2181 种，其中，财政类著作出版物为 1090 种③。胡寄窗对 1901 年至 1949 年间自撰和翻译的经济著作刊行总数进行的多角度统计分析表明，按照学科分类，财政学排在第一位，位于经济学原理和货币学之前④。

　　近代留学生对财政学的学习、研究以及国内财政类著作的出版繁荣，直接反映了财政在从传统国家治理迈向现代国家治理的过程中所具有的重要作用，很多当时的财政学著作直接回应了现代国家建设面临的重大问题，其中很多是基础性问题，具有超越时代的价

---

　　①　在《近代中国经济学的发展：以留学生博士论文为中心的考察》一书的第四章，邹进文专门考察了近代留学生与财政学研究，其列出的留学生及其博士论文有：马寅初的《纽约市的财政》、朱进的《中国关税问题》、李权时的《中国中央和地方财政：中央、省、地方政府财政关系研究》、陈岱孙的《马萨诸塞州地方政府开支和人口密度的关系》、寿景伟的《中国的民主政治和财政：财政制度与思想发展研究》、尹文敬的《中国税制》、朱炳南的《经济剩余与税收》、陈友松的《中国教育财政之改进——关于其重建中主要问题的事实分析》、田炯锦的《英美地方财政的国家监督研究》、刘炳业的《德国、意大利、奥地利、捷克斯洛伐克和波兰的资本税（1919—1923）》和周舜莘的《资本税》；其中，马寅初的《纽约市的财政》在 1915 年的《美国政治与社会学学会年刊》中得到美国宾夕法尼亚大学帕特森的积极评论，朱进的《中国关税问题》被列为纽约哥伦比亚大学丛书，寿景伟的《中国的民主政治和财政：财政制度与思想发展研究》的英文版在 1970 年获得再版，等等，具体参见邹进文：《近代中国经济学的发展：以留学生博士论文为中心的考察》，中国人民大学出版社 2016 年版。

　　②　如马寅初、朱进和寿景伟都师从著名财政学家塞利格曼教授。

　　③　参见北京图书馆：《民国时期总书目（1911—1949）：经济》，书目文献出版社 1993 年版。

　　④　参见胡寄窗：《中国近代经济思想史大纲》，中国社会科学出版社 1984 年版。

值，他们对当时财政制度利弊的研究及对财政改革的思考，仍然值得今天的我们思考和借鉴。特别值得提及的是，那个古今中西交汇的年代也是财政学在我国的早期发展阶段，那批学者往往既有深厚的中国古典传统基础，又大胆吸收了来自西方特别是欧陆财政学的理论，从这些财政学著（译）作中，我们不仅可以看到学界先辈们接受、消化国外财政学思想的努力，还可以看到他们融通古今中外财政思想以构建中国特色财政学的努力。

<h1 style="text-align:center">三</h1>

虽然通过其他人的系统研究①，我们可以了解这一时期财政学著（译）作的一些基本情况，但每个人在做研究时，对思想与材料的取舍会有不同，原版原论始终是学术研究不可或缺的文献。这些年来国内也陆续再版了那个时期的部分财政学著作，但要么是单本（套）②，覆盖面非常有限；要么被纳入其他丛书当中③，学科特色难以凸显。同时，由于原本繁体竖排不大符合现代读者的阅读习惯，且很多著作出版时间已久、印数又非常有限，绝大部分图书馆所藏

---

　　①　如邹进文：《民国财政思想史研究》，武汉大学出版社 2008 年版；邹进文：《近代中国经济学的发展：以留学生博士论文为中心的考察》，中国人民大学出版社 2016 年版；胡寄窗和谈敏：《中国财政思想史》，中国财经出版传媒集团、中国财政经济出版社 2016 年版；等等。另外，中国期刊网上还可以下载关于相关著作与学者思想的专业研究论文。

　　②　如三联书店 2014 年再版的孙怀仁的《中国财政之病态及其批判》；中央财经大学整理、中央编译出版社 2015 年出版的《崔敬伯财政文丛》（三卷）；上海社会科学院出版社 2016 年再版的达尔顿《财政学原理》的中译本；河南人民出版社 2018 年再版的霍衣仙的《中国经济制度变迁史》（主要涉及历代田赋、税制和币制）；等等。

　　③　主要是指商务印书馆近年来出版的《中华现代学术名著丛书》，目前已经出版了财政学著作 7 本，分别为马寅初的《财政学与财政——理论与现实》（2005）、罗玉东的《中国厘金史》（2010）、何廉和李锐的《财政学》（2011）、万国鼎的《中国田制史》（2011）、陈启修的《财政学总论》（2015）、陈友松的《中国教育财政之改进》（2017）和陈兆鲲的 *The System of Taxation in China in the Tsing Dynasty, 1644—1911*（《清代中国的税收制度》，2017）。

书目非常有限，且被纳入古籍或近代文献范围，借阅也存在诸多不便。因此，综合各方面的情况，我们认为仍有必要挑选这一时期的部分优秀著（译）作，以丛书的形式集中进行出版。

在选择书目时，我们主要考虑下面几个因素：一是对于近年来已经新编出版的著（译）作，本丛书不再将其纳入出版计划，这样本丛书与已再版的书目可以形成互补关系；二是主题涉及尽可能广泛，以反映该时期财政学研究的整体面貌，涉及对财政学基础理论的探讨、对当时国家面临的主要财政问题及通过财政改革推进国家治理体系建设的探讨，以及对国内外财政史的理论性探讨；三是著作出版期限为1900—1949年，特别是辛亥革命前后、北伐战争前后及抗日战争前后这几个时间点的著作；四是将译著也纳入新编丛书，该时期译著的原版主要来自日本、德国、英国和美国，它们既反映了当时国际上财政学研究的现状，也构成中国财政学思想变迁的重要组成部分。

在丛书整理出版时，除了将繁体变简体、竖排变横排外，我们尽可能保持书的原貌，以此为基础进行必要的校订，主要涉及专有名词、个别文字和标点符号的调整（详情请参见每本书的整理凡例）。另外，为方便读者更好地理解所选书目的学术贡献及其与同时代同主题著作的内在联系，整理者为每本著（译）作写出了导读，并对文中提及的部分史实与原理加以注释。

相对于这一时期数以千计的财政学出版物来说，本丛书所选择和能选择的书目是极为有限的，还有很多优秀的著（译）作未能被纳入进来。但我们并不将之视为遗憾，因为新编出版本丛书的主要目的就是要让大家关注并重视这一时期的财政学著（译）作，进而推动财政学的基础理论创新。如果能初步实现这一目的，我们也就心满意足了。

感谢上海远东出版社将本丛书列入出版社"十四五"期间重点出版计划，不惜成本支持学术事业。感谢上海财经大学公共经济与管理学院及弘信资本的高建明先生慷慨地为本丛书的出版提供资助。

感谢上海远东出版社曹建社长对本丛书的大力支持，他不仅亲自参与了丛书出版的策划，更是经常亲自过问并安排相关工作的进度与细节。感谢上海远东出版社诸位编辑悉心细致的工作，他们的精益求精为丛书增色不少。最后，我们要特别感谢丛书中各本书的整理者，他们在繁重的教学与科研之余，不计名利地加入到这一工作中来，用他们的辛勤付出共同支撑了本丛书的出版。

上海财经大学公共经济与管理学院　刘守刚

中共上海市委党校（上海行政学院）经济学教研部　刘志广

整理凡例

为了读者阅读与使用的方便，本书在整理时除了将字体从繁体改为简体、将排版从竖排且从右到左改为横排且从左到右外，尽量保持原貌。在以下几个方面，整理者也做了一些改变：

1. 因为排版变动原因，一些表示方位的词的含义也因之改变。为保证阅读的流畅性，整理者对这些词加以调整，特在表 1 中进行说明。

表 1　表示方位的词的含义变化说明表

原用词	现用词	说明
左列	下列	
右列	上列	
如次	如下	
次列	下列	
如左	如下	
如右	如上	
左表	下表	因文字排版方式变化导致
右表	上表	
列左	列下	
于左	于下	
同右	同上	
右案	上案	

2. 本书中的原标点皆为句号或顿号，现全书所见标点符号皆为整理者所添加或修订。

3. 为方便读者后续摘录，本书中所有的统计数据皆由汉字数字（如，一、二、三……）改为阿拉伯数字（如，1、2、3……）。

4. 本书所有的脚注，皆为整理者所添加。

导　读[1]

林　矗

中国近代财政制度与思想虽大体肇始于清末，但真正成型却是在民国时期，在这一过程中的思想变革，是中国财政思想史上划时代的革命。甚至可以说，民国时期标志着中国财政思想"新时代的开始"。[2] 民国财政制度的构建，其指导思想主要是引进当时西方所流行的财政经济理念。与此同时，众多学者在西方财政经济理论的基础上也逐步拓展属于近代中国的财政理论，以西学东渐的方式推动近代中国财政走向现代化。[3] 伴随着近代政治经济等方面的社会转型与近代工业化的快速发展，民国财政中涉及的诸多问题，如财政收支、税收结构、债务、会计、货币，一直以来都是学术界关注的重要课题。[4] 而在众多研究民国财政史的文献中，研究最早且最为系统地论述民国财政问题、并辅以史料整理和主题提炼的，当属贾士毅所著的《民国财政史》（1917 年出版）和《民国续财政史》（1932—1934 年出版）两部书。

---

[1]　导读由整理者撰写，目的在于介绍《民国财政史》和《民国续财政史》这两部书的主要内容及其价值。

[2]　范建鏋：《现代中国财税治理的先声》，《读书》2018 年第 5 期。

[3]　民国时期关于财政通史的主要论著有，胡钧：《中国财政史讲义》，商务印书馆 1920 年版；徐式圭：《中国财政史略》，商务印书馆 1926 年版；常乃德：《中国财政制度史》，世界书局 1930 年版；李景铭：《中国财政史》，北平出版社 1931 年版；刘秉麟：《中国财政小史》，商务印书馆 1931 年版；李权时：《财政学原理》，商务印书馆 1935 年版；刘不同：《中国财政史》（1948—1949），大东书局 1948 年版；等等。

[4]　近年来对民国财政相关问题的研究众多，在此不一一赘述。

一、《民国财政史》与《民国续财政史》的基本内容

《民国财政史》是以贾士毅在各高校任职时的授课讲稿作为蓝本，经他多年积聚充实，并对史料的来龙去脉、事实演变的经过，逐项加以比照、考证，并作分类编纂而成。贾士毅对资料的取舍采取"略于往昔，详于近今"，三易其稿，洋洋巨著逾 1 800 页。清代进士，曾任刑部主事、总理各国事务衙门大臣，后主持商务印书馆的张元济看到手稿后，大为佩服。此书由梁启超作序，《序》中称："往余曾以国民宜求财政常识，著论以告当世，良欲使上自执政，下逮氓庶，莫不深谙财政纲要，以为整顿财务计划之信券。今得贾君是篇读之，所谓人人应备之财政常识，一开卷而尽罗于目，岂仅国政稳受其益，仰社会贯利赖焉。"

《民国财政史》成于 1916 年，次年由商务印书馆出版。除了梁启超之外，还有周学熙、熊希龄、陈锦涛、殷汝骊等历任财政总（次）长分别为之作《序》。全书分为 6 编 31 章，主要讲述了 1911 年至 1916 年间整理财政的方针，财务官署的更迭，岁入、岁出、预算、决算的编定，以及国债的大要、泉币的概况等。第一编《总论》（包括《财政之沿革》《财政之现情》《财政方针之变迁》《出入递增之原因》4 章），分述财政沿革、现状与财政方针的变迁和财政收入递增的原因；第二编《岁入》（包括《岁入概论》《赋税》《官有产业》《杂收入》《岁入结论》5 章），着重分析民国初年各种赋税收入的详细情况，并考察官有产业、杂收入的演变情形；第三编《岁出》（包括《岁出概论》《宪法费》《行政费》《财政费》《岁出结论》5 章），分析民国初年各种财政支出项目的实际情形并做出总结；第四编《国债》（包括《国债概论》《中央公债》《实业公债》《地方公债》《公债偿本付息之额》《整理国债之筹议》《偿还国债之计划》7 章），

除了分析中央公债、实业公债和地方公债情形之外，也针对公债如何偿本付息、如何整理偿还国债等问题提出了贾氏自己的主张；第五编《会计》（包括《会计概论》《年度》《预算》《收支》《金库》《决算》《特别会计》7章），从年度、预算、收支、金库、决算、特别会计六个角度论述相应内容；第六编《泉币》（包括《泉币概论》《银行》《货币》3章），专论民国初年银行与货币问题。附录还整理了"1912年至1916年全国岁入岁出预算表"以及"1916年各省岁入岁出预算表"。《民国财政史》以当时实行的制度为经，因革为纬，详今略昔；资料来源主要是官书档案等第一手资料，凡当时法令涉及财政的均按类附入；统计数据和图表十分翔实，各章节均有统计资料以资佐证；实务性质较浓厚，理论色彩较淡薄。概言之，这是一部系统阐述1916年前中国财政制度和财政状况的著作。

《民国财政史》甫一出版，就在当时的财政经济金融界引起轰动，各大学多以此书作为课本或参考书，财政金融界也纷纷购买阅读。出版不久，书即告罄。后来日本同文社将此书译成日文版，在日本广为流传；欧美图书馆也收藏这本书。由于商务印书馆在1928年重印过他的《民国财政史》，但重印版未能包括后来的财政变化，贾士毅决心对此书加以补充续写。从1932年到1934年，商务印书馆陆续出齐《民国续财政史》（共7册），共3 100多页，规模远胜过前书。作为《民国财政史》的续编，《民国续财政史》全书分为总论、岁入、岁出、公债、会计、泉币、地方财政7编，每编为一册，继前书记述1917年至1932年6月间的财政实况。《民国财政史》和《民国续财政史》的内容皆殊为丰富，堪称民国时期财政金融方面的两部经典巨著。

遗憾的是，受出版时间所限，贾士毅的"财政史"只写到1932年，并没有再续下去。而在1932年之后，国民政府的财政制度也发生了许多变化。

二、贾士毅生平概述

贾士毅（1887—1965），江苏宜兴人，字果伯，号荆斋。1907 年入上海法政讲习所；1908 年，东渡日本，初入法政大学政治科，后转入明治大学法政科；1911 年，毕业归国，应清政府学部试，授法科举人，任教于公立苏州法政专科学校。

民国成立后，贾士毅进入北洋政府财政部，任库藏司司长、会计司司长；1920 年至 1927 年任镇江关监督；1921 年，他又作为专门委员出席了华盛顿会议；1927 年至 1932 年任国民政府财政部赋税司司长；1928 年 6 月，参加全国经济会议，任税务股委员；1932年，任财政部常务次长，当时整顿税收、革新税制、财政法规之研订均出自他的手笔；1933 年至 1938 年，贾士毅担任湖北省财政厅厅长，整理湖北省财政；1943 年任江苏省财政厅厅长；1945 年任湘鄂财政金融特派员；1949 年贾士毅移居台湾，继续效力于金融事务，被聘为台湾第一商业银行董事、逢甲学院（今台湾逢甲大学）董事和交通银行监察人等职。

贾士毅自 1912 年担任江苏省财政视察员起，就开始进行调查和资料搜集，继续晚清的财政研究。当年他编著了《江苏财政调查报告册》（2 册），这是民国初年一份很重要的财政调查报告。贾士毅作为富有经验、又有学识的民国财政史专家，一直在当时中国经济系统中扮演重要角色，并灵活地周旋于政府部门、商业银行和大学等多个领域，是民国财政经济权威人士。由于他掌握的资料非常多，所以充分了解当时中央和地方的财政情况。

从 1927 年起，贾士毅还兼任中央大学和中央政治学校经济系教授，并坚持著书立说，推广自己的财政主张。他认为"为配合社会各方面的需要"，必须"专就中国今昔的财政，用新思想和新体例来贯通它，品评得失编成有系统的著作"，因此先后编写了《民国财政史》和《民国续财政史》。此外，他还著有《民国财政经济问题今昔观》《关税与国权》《关税与国权补遗》《国债与银行》和《国债与金融》等重要著作，为民国财政史保留了大量的统计数据，对当时中国的财政、税收、外债和关税等问题做了全面描述。

1965 年 7 月 9 日，贾士毅于台北市逝世，享年 78 岁。

三、贾士毅的主要财政改革思想

在民国初期，财政枯竭，岁出频增，岁入短绌。而财政制度仍沿袭前清旧制，财政实权操于地方各省，且缺乏中央对各地的考核监督，使得税目繁杂，弊窦百出。因此，财政制度亟待在税制、公债、预算、盐法、货币等诸多方面彻底改革，加强中央政府调控财政的能力，以宽筹中央财源、增加收入。贾士毅是最早认识到财政改革之于政治经济重要意义的学者之一，因此在其著作中反复提出改良税收制度、金融制度的主张，诸如"裁厘加税"思想、"关税自主"的主张以及"币制改革"思想等，对当时乃至现今社会仍有很大启示意义。

首先，面对财政枯竭的窘况，贾士毅提出了财政善后之通盘方法。"（一）欲宽筹中央财源，非节约军费不可；而欲言节约，非确定陆军计划裁遣余兵不可。（二）值民力凋敝之际，应实行减政主义，减少政务，裁并官厅，裁减官吏，以杜糜滥；（三）现值财力枯竭之秋，惟有速订所得税法，公布施行，既可收调和贫富之效，复可增加税收。（四）整理各种旧税，以增收入。"① 其次，在整理外债方面，贾士毅认为，长期外债虽额数俱增，元气渐伤，而尚有虚枯回生之机。然短期外债，期短息重，足致我国财政之死命。故他提出整理短期外债之纲要有四："设置基金，以昭信用；合并旧债；借

---

① 林伏涛：《中国历代财经思想与政策》，（台北）中国建设出版社 1965 年版，第 91 页。

换新债；发行内债。"① 再次，在就裁厘方面而言，贾士毅突破传统
思维框架，不再拘泥于仅依靠同西方列强谈判来修改税则，而是采
用另办新税来抵补裁厘的亏损。他将关税自主和裁厘加税作为分开
的两项议程办理，使得裁厘问题免受关税自主进程的过多干扰。至
关税自主方面，他在财政部赋税司长任内，负责制定了一系列关税
自主的条例，并与众多国家交涉谈判，襄助宋子文，次第收回了关
税丧失的主权。最后是他的国地财税分权思想。他根据国情提出了
"划分国地财税五大前提"，并从"收入划分标准、支出划分标准、
补助金制度"三个方面完善了政府于 1940 年所颁《财政收支系统
法》实施条例。在划分国地财税方面，就"田赋"一项，贾士毅早
期主张将田赋划为国税，而予地方以征收田赋附加税之权。后随着
地方自治之说愈演愈烈，加之中央财政充裕，他逐渐改变原有观点，
主张将田赋归于地方。②

　　总而言之，贾士毅的财政思想具有很强的实践性，这与他一直
身处政府部门从事财政相关工作息息相关。然而，贾士毅的划分中
央与地方税收、创办新税、保护关税自主、厉行预算等思想和主张，
在实践过程中的效果却不尽如人意。这主要是受到民国时期的政治、
社会、经济的综合情况所限，也并非贾士毅个人能力所能突破的。

---

　　①　贾士毅：《民国财政经济问题今昔观》，（台北）正中书局 1970 年版，第 71—
72 页。
　　②　董佳如：《贾士毅财政金融思想研究（1912—1937）》，华中师范大学硕士论
文，2019 年。

一、民国财政史
（总论部分）

例　言

—— 全书体例以准诸现制参用学理为主

—— 是书以制度为经因革为纬详于近今略于往昔至穷源竟委从事
征引尚未暇及

—— 是书以叙而不断为本旨间辍数语以醒眉目

—— 是书于出入之盈绌极为注重故近年预算悉按次排列以资参证

—— 是书详于事实凡近今法令之关涉财政者纂述所及按类附入

—— 是书于中外货币折合之率约定如下

英金 1 磅暂合 11 元 5 角

德金 1 马克暂合 6 角

法金 1 佛郎暂合 5 角

美金 1 元暂合 2 元 5 角

日金 1 元暂合 1 元 1 角 5 分

京平 1 两暂合 1 元 4 角 1 分

公砝 1 两暂合 1 元 4 角 5 分

行化 1 两暂合 1 元 5 角

规元 1 两暂合 1 元 3 角 7 分

关平 1 两暂合 1 元 6 角

—— 是书以官书档案为依据旁及内外人士之著述罗列如下

马氏文献通考

清钦定续文献通考

清钦定皇朝文献通考

刘氏续皇朝文献通考

前清会典

前清宣统三四两年预算案

民国二三五年预算案

各省财政说明书

清户部度支部各司奏案辑要

民国财政部各税案牍汇编

王氏熙朝政纪

梁氏国债史

章氏中国泉币沿革

吴氏清财政考略

李氏现行烟酒税厘章程

—— 是书迭承友朋指正其昕夕校核者为同乡蔡允徐儴华瑞麒三君特志数语以表谢悃

—— 是书仓猝脱稿挂漏之处在所不免博雅君子尚其谅之

编者①识

民国五年十一月上旬

---

① 　即原著者贾氏。

第一章
财政之沿革

第一节　古代之财政

我国财政之可考者，始于三代。①《禹贡》简要，《周官》详备，而于出入多寡之数，均无征焉。汉晋租赋，皆出于田亩户口，历史无所入细数。李唐以后，始有岁入之额可稽。天宝间租税庸调，每年计钱粟绢布丝绵，约 5 230 余万端疋②屯贯石。元和两税，榷酒斛斗盐利总 3 515 万 1 228 贯石，较天宝少三分之一。而凤翔、鄜坊、邠宁、振武、泾原、银夏、灵盐、河东、易定、魏博、镇冀、范阳、沧景、淮西、淄青等十五道七十一州，不申户口。每岁赋税，倚办止于浙江、东西、宣歙、淮南、江西、鄂岳、福建、湖南八道，是唐之岁入不止此。当其时，供京师用者。以今江苏、浙江、安徽、江西、湖北、湖南、福建为取办之地。而诸方镇所养之兵，其费尚不与焉。此唐代岁入之大概也。

宋代岁入，至道时 1 200 万，皇祐时 3 900 万，治平时 4 400 万，熙宁时 5 600 万，其后岁入愈多而用愈匮。南渡后，川陕四路，岁入即至 4 000 万，则全国岁入之多，可知。而在正赋外者，有经总制

---

①　关于财政的起源问题，可参见黄天华：《原始财政研究》，上海财经大学出版社 2010 年版。

②　"疋"同"匹"，下同。

钱、月桩钱、板帐钱，尤不可数计，增缩皆以本州县官主之，与今之地方税略同。此宋代岁入之大概也。

明代岁入之数，见史志者，万历时，夏税米麦，460 万 5 000 余石。起运，190 万 3 000 余石，余悉存留。① 钞，5 万 7 900 余锭。绸，20 万 6 000 余疋。秋粮米，② 2 203 万 3 000 余石。起运，1 336 万 2 000 余石，余悉存留。钞，2 万 3 600 余锭。屯田，63 万 5 000 余顷。花园仓基，1 900 余所。征粮，458 万 4 000 余石。粮草折银，8 万 5 000 余两。布，5 万疋。钞，5 万余贯。各运使提举大小引盐222 万 8 000 余引③。岁入之数内，承运库，慈宁、慈庆、乾清三宫。子粒银 4 万 9 000 余两，金花银 101 万 2 000 余两，金 20 两。广惠库河西务等，七钞关，钞 2 928 万余贯，钱 5 977 万余文。京卫屯钞 5 万 6 000 余贯。天财库，京城九门，钞 66 万 5 000 余贯，钱 243 万余文。京通二仓，并蓟密诸镇，漕粮 400 万石。京卫屯豆 2 万 3 000 余石。太仓银库、南北直隶、浙江、江西、山东、河南，派剩麦米，折银25 万 7 000 余两。丝绵税丝农桑绢，折银 9 万余两。绵布苎布，折银3 万 8 000 余两。百官禄米，折银 2 万 6 000 余两。马草，折银 35 万 3 000 余两。京五草场，折银 6 万 3 000 余两。各马房仓麦豆草，折银 20 余万两。户口盐钞，折银 4 万 6 000 余两。蓟密永昌易辽东六镇，民运改解银 85 万 3 000 余两。各盐运提举余盐、盐课、盐税，银 100 万 3 000 余两。黄白蜡，折银 6 万 8 000 余两。霸大等马房，子粒银 2 万 3 000 余两。备边并新增地亩，银 4 万 5 000 余两。京卫屯牧地，增银 1 万 8 000 余两。崇文门商税牙税，1 万 9 000 余两，钱 1 万 8 000 余贯。张家湾商税 2 000 余两，钱 2 000 入百余贯。诸钞关折银 22 万 3 000 余两。泰山香税 2 万余两，赃罚银 17 万余两。商

---

① 　明代财政制度中将各省财赋分为两部分，一部分用作该省的正常办公行政开支，即称"存留"，而另一部分需要被解送到中央，即称"起运"。起运与存留是明代财政制度的核心内容。

② 　明初仍沿用了唐宋以来的两税法，一年征收两次，即夏税和秋粮。

③ 　"引"为盐的计量单位，不同时期或地区各有不同，也可指盐的销售凭证。

税鱼课富户历日民壮弓兵，并屯折改折月粮，银 14 万 4 000 余两。
北直隶山东河南解各边镇麦米豆草盐钞，折银 84 万 2 000 余两。诸
杂物条目繁琐者不具载。岁入但计起运者，存留不与。此明代岁入
之大概也。

第二节　清代之财政

迨至清代款目綦详，岁出之数可与岁入之额，互相参照，视诸
前代为有进焉，兹分述如下。

一　顺治时之财政

顺治中整理财政，厥有数端。一、为宽恤民力，如蠲免地粮内
新加之辽饷、练饷、新饷及盐关两款内新加之各款是。而钱粮之浮
收，州县落地税之名目，柴炭钱粮之私派，皆垂为厉禁。二、为撙
节政费，如裁省京堂、及各府推官、各县主簿等缺，并归并各省道
府州县缺是。三、为清查税款，如严查隐漏、清厘屯田、整顿积欠，
是。综其出入之数，时有变迁。七年以前，海宇未安岁入无定，征
以礼科给事中刘馀谟之疏，每岁钱粮所入，为 1 485 万 9 000 余两，
国用所出，为 1 573 万 4 000 余两，约不敷银 87 万 5 000 余两。出款
中以兵饷为最钜，[①] 计 1 300 余万两。各项经费，只 200 余万两，是
为顺治初年岁出入之概要。八年，征地丁银 2 110 万 142 两有奇，米
豆麦 573 万 9 424 石有奇，较诸初年所征之数为多。十七年，征地丁
银 2 566 万 4 223 两有奇，米豆 601 万 7 679 石有奇，盐课银 271 万
6 816 两。此外草与茶之数，尚未计入。然其时云桂广福之藩军协饷，
每岁所需，常在五六百万两左右，是入数固增，而出数亦加矣。

---

　　① "钜"同"巨"，下同。

二　康熙时之财政

康熙承开国之后，区夏渐宁，民物较阜，其理财之纲要，为后世所称道者。一、为整饬报销，如定限一年，清查各省采买米石，凡浮多者，将其价值追完。又如稽核兵马钱粮舛错之数，清结各省奏销钱粮驳查之款，处分驻防绿旗官兵米豆草束价值之浮折皆是。二、为减缩国用，如裁南赣郧阳巡抚等缺，暨三藩平后各省之兵额，屡次删汰是。三、为节省宫费，如各宫杯帐舆轿花毯之属，咸摈勿用，及减省木柴红螺炭之额数，光禄寺及工部之用费是。综其出入之数，随时代而变迁。元年，征地丁银 2 576 万两有奇，米豆麦 612 万石有奇，盐课银 273 万两有奇。然出款之兵饷，则增至 2 400 万内外，以入抵出。军费外之用款，仅有 300 余万，较诸顺治季年，入款虽无大异。而出款已相悬绝，是为三藩未叛时代。十四年，三藩叛后，入款骤绌，地丁视元年减 500 余万，盐课亦减数 10 万，其由改折漕贡、裁节冗费、稽查漏赋、核减军需、量增杂税、酌加盐课、暨裁俸、停工、开捐等所筹之款，只二三百万，仅乃得支。乱平，渐复旧规。罢新税，给俸禄，如故。二十一年，地丁银较元年增数 10 万，盐课无甚增减，而旋又用兵于罗刹及准噶尔，施工于河堤，用款未尝稍减，是为三藩叛而复平时代，嗣后秦陇鄂湘蜀粤闽广滇黔等省，咸以兵燹之余，蠲全赋一年或二年，灾赈仍如旧制。三十二年，复普免漕粮一次。四十九年，又免地丁全额一次，其所以兵役屡兴，赋税屡减，而国用得继者，盖在斟酌缓急，而款无虚糜耳，是为休养民力时代。逮及季年，入款较增，计地丁 2 879 万，两盐课 337 万两，关杂等税 300 万两有奇，米麦 690 万石各有奇。以入抵出，有盈无亏，故库储尚有余银 800 万两。然外省之亏空，有至五六十万者。功令虽严，卒未禁绝。至若六十一年十一月，令以关差改归地方官，又令以盐务亦归督抚，是亦财政分权之因革，与后世集权之旨不同耳。康熙朝之荦荦大端，不外是矣。

三 雍正时之财政

雍正御宇，政尚严刻，固与康熙时之藏富于民，财不聚而丰者有别。然综核名实，不少假借，计臣鲜能自便私图，其所以整饬之者有三。一、为稽考关税盐课，二年，令关盐各差，严禁苛求，力除加派，务使舟车络绎，货物流通，则税自足额，课自盈余，于是各关以赢余报者相属，而缺额盖寡。二、为清厘陋规耗羡，六年，令督抚确查历年未除之陋规，将无妨于国课民生者入公，余悉裁革，其耗羡则各省额定有差，如江苏并匣费盐规各款计之，四川等省，则并盐规各款计之，而官吏之养廉，① 赖以取给焉。三、为追缴亏空，当时江苏一省，积欠 800 余万两，官侵吏蚀，竟居其半，其余各处火耗差徭，恣意科派，视赢收为应得，以渔利为长技。故雍正初年，首以查办亏空为要，限满不完，从重治罪。综此三端，是清初之财政，夙以节俭宽大为本。至此，一变而为剔抉精严矣，其元年之岁入，计地丁 3 020 余万两，米豆麦 412 万余石，盐课 426 万两，后又加耗羡 300 余万两，关税盈余 200 余万两，共 4 000 万两以上。此外尚有杂税茶引诸款，未经计入。然入款虽视顺康两朝为增，而出款亦加，如青海之平定，苗疆之征抚，准噶尔之讨伐，往往一役糜库金五六千万。他如改土司为流官，易卫所为郡县，以及增兵额，设官缺，析置府州县，给与文武官之养廉名粮。更张愈多，所费益钜，而财用卒以不匮。盖其整理考核之精，有足多者。

四 乾隆时之财政

乾隆鉴于雍正综核之严，举国悚息，故一以宽大为治，初政即

---

① 关于清初耗羡和养廉银，详见佐伯富（《清雍正朝的养廉银研究》，郑樑生译，台湾商务印书馆 1996 年版）与曾小平（《州县官的银两——18 世纪中国的合理化财政改革》，董建中译，中国人民大学出版社 2005 年版）的研究。

下诏悉除前朝之逋赋，其时承平较久，上下日习于豪侈，耀武游宴，史不绝书。隳祖宗质朴之风，开叔季奢靡之习，而财用日增矣。稽厥践祚之始，库藏仅 2 400 余万两。迨归政时，增至 7 000 余万两。而其出入相抵之余，尚能财货充牣者，皆开源与综核之功也。盖其开源之道，约有五端。甲、为开捐，若灾赈、河工、军需等所开之捐例是，然甘省竟以此酿成大案。皋兰等县，侵款至 100 数 10 万之多。乙、为报效，若庆典、军饷、河堤各款，大半取盈于两淮之盐商，粤东之洋商，其数不下数千万是。丙、为生息，若鲁省，因城工借帑 200 万，年得息银 24 万是，其后各省公用之款，取资于此者，十盖八九。丁、为摊廉，若工程饷糈、例难核销之款、及弥补亏空赔累之项。咸以此为抵注，所谓按廉捐摊归款，是。然往往所摊有浮于养廉者，流弊滋多。戊、为盈余，若粤海关，自 40 余万，四十一年收数而增为 117 万。五十九年收数是举一可例其余矣。已、为加价，若盐斤之酌加半文、一文、或数文，是。初虽因事而设，后遂循以为例，此开源之效也，旋以各省蠹蚀亏空之弊，驯又成风，乃于被查各案，峻法相绳，纪纲得以少饬，贪吏有所惮而不敢为，其彰彰者，厥例匪赕。甲、为平余，若十年，陕西布政使慧中，请裁撤征解钱粮平余之奏，诏曰：各省皆然，不独陕西，其明证也。乙、为匣费，若五十三年，湖广总督舒常，奏称准盐行销湖广，商人按引捐输，名为匣费。①汉口店商，任意开报，浮费日重，获利维艰，配运莫先。现令全行禁革，是乃雍正中归公外之匣费可知。丙、为陋规，若六十年，闽省总督伍纳拉，以收受盐务公帮陋规银 14 万而处死。然关杂各税额外之款，未能悉禁征收者之不入私囊也。丁、为浮收，若粤省以征粮浮收，逮治历任粮道，苏省句容高邮，以浮收丁漕，谪及总督，实则各省皆然，特发觉者少耳。戊、为亏空，若山西巡抚和其衷，湖南巡抚李因培，皆因代属员弥补亏空，或弃

---

　　①　匣费，指经管盐务的官员向盐商收取的额税之外的费用，也可视作盐商向官员应酬、打点的陋规。

市，或赐尽，而追还者绝少。证以末年尹壮图，参各省亏空之奏，鲁之国泰案，有二百数十万，闽之伍纳拉案，有 250 余万，他如浙之 200 余万，滇之百余万，其侵蚀之钜，实所罕闻。此综核之效也。以上两端，系当时财政充裕之原因，故其时宽免之典，不绝于书。十一年，全蠲直省钱粮 2 824 万有奇，于三年内轮免一周。自是三十年、四十五年、六十年，咸普免漕粮一次。三十五年、四十三年、五十五年，咸普免钱粮一次。而蠲缓摊征，尚不与焉。此外特支之费，为数颇钜。七年，江皖被黄淮之灾，工赈至千万。四十八年，豫省河工，用款至千余万。修缮各省城工，发帑 500 万。陕甘增兵所需，岁加 200 余万。而收台湾，则 800 余万。定金州、平准回，则 3 300 余万。此宽免及特费之情形也。而综其岁出入各款，在五十六年，各省实征银 4 359 万，实支银 3 177 万，以收抵支，实余 1 182 万，则其时财力之宽裕可知矣。

五　嘉庆时之财政

嘉庆之初，特普免钱粮一次。然是时宇内稍稍多故，而财力渐不如前矣，其涉于入款者，则有三端。一、为整饬积习，如先后谕令查仓库、催旧欠、整盐务、裁新疆用款、减军需报销等是。二、为开捐事例，如三年，照川运成规，加一成，开楚川事例，以济红苗教匪之军需。十年，又以兵费河工乏款，开豫东事例，以裕国用，先后共收 7 000 余万是。三、为特款所入，如生息、加价、捐输、及各项公摊，而蜀省之捐输津贴，见于七年明谕者，共收 80 余万是，其涉于出款者则有四端。一、为河工军需，如曹工决口，历届支款，共数千万。南河每年抢修各工，辄 150 余万。而川楚教匪之乱，用款至 2 万万。黔苗艇匪豫东等役糜款率至钜万，皆是。二、为生银输出，如叠次谕旨，谓外商输运纹银出洋，岁百数十万，实则其时鸦片流行已盛，漏卮之大，当在千万以外是。三、为历年民欠，如十七年，外省积欠钱粮杂税，至 1 900 余万之钜。苏皖两省，各有

400 余万是。四、为漕运亏耗，如南漕运京，州县、旗丁、渡黄、盘坝、起驳、交仓，各有用费，输纳之漕一石，其公私所耗，辄至数石是。他若规复旧制者，则有一，如乾隆四十六年，增兵之案，至嘉庆十九年正月，所用已逾 7 000 万以外，过于前之所存。诏议酌裁增设各项是，宽免市恩者，亦有一，如二十四年，遇六旬万寿，普蠲积欠。川黔两省无民欠者，免钱粮十之二。凡请沙田增赋，漕粮加耗者，咸谕驳之，皆是，其岁出入之数，当十七年时，入者 4 113 万有奇，出者 3 510 万有奇。虽出入相抵，尚有盈余。而其入款，视乾隆季年实征之数，减至 1 300 余万，盖极盛之后难为继。清代士夫，辄以乾嘉并称，讵知丰啬不侔乃若此云。

六　道光时之财政

道光一代，为有清由盛而衰之枢纽。在嘉庆时，中原不靖，出款骤增。然海疆乂安，无须筹及赔防各费，至是而司农动以国用匮乏告矣。其关于岁入者，有五。一曰、清厘，如二年，户部奏催各省欠解银 632 万，三年，又奏催历年未完杂税，银 231 万。十九年六月，户部奏查明积年欠解银数，除盐务悬引及帑利等款，分别展缓外，计有 2 940 余万两之钜。请饬各省，应解者解，应拨者拨，不准通融掩饰是。二曰、稽核，如三年，户部奏近三年出入比较清单，言岁入每年皆有缺少。而岁出之额支则无减，活支则有加，且各直省或以熟为荒，或以完为欠，或征多解少，或例外增支，请饬力除积弊。整顿盐务、开税、铜政，以裕国计是。三曰、豁免，如三年四月，免福建剿办台匪，军需摊扣未完银 179 万两。七月，又免河南摊川楚二成军需，银 649 万两。合之各省所免，约在千万以外，并以淮商引课滞销，停止报效，前后蠲缓，数逾千万是。四曰、兴利，如增垦新疆之田地，议更奉天之盐法，改南漕之河运为海运。禁私铸、禁小钱、议铸银元是。五曰、捐款，如苏州藩库，收捐监银 376 万，安徽收 174 万，云南收 47 万，合各省计之，约在 5 000

万以上。合历次特开之捐例计之，为数尤钜。临时之款，多于此筹拨是，其关于岁出者有四。一曰、军需，如回疆张格尔之役，縻款1116万。粤浙海疆之役，亦有千数百万是。二曰、河工，如王营减坝钜工，拨款460万。祥工牟工，拨款均钜万。历年河工，自例支外，多者500余万，少者400余万是。三曰、赔款，如鸦片一役，订约江宁，偿款2100万是。四曰、拨款，二十一年，户部奏各省办理要政，一年有余，用款2100余万。除动支地丁盐课关税外，实拨内务府广储司、及部库，银730万两，是外若生银之流出者，岁3000余万。银库之亏短者，近千万。而设官增兵，耗縻之款，尚不与焉。夫入既如彼，出复如此，财用之不给宜矣。综其出入之款，以二十三年计之，入者，如地丁盐课关税等，共银3714万，出者，如各项内外经费等，共银3150余万，其中由部库拨放者，岁900余万。而事出非常、不可预计之款，尚不在内。此道光时左藏渐绌之略情也。

七　咸丰时之财政

咸丰继位，府库已绌。而东南洪杨之变，西北英法之役，掷款至钜。论者多谓其时财政，各省皆自专之，不知军事紧急，奏报延迟，有未可以常理律者。而自雍正以来，度支出入之定程，迄是不能确守矣，其恃以应急者：一曰、厘金，三年，雷以諴于江苏试办抽厘各省踵而行之，军饷之取资于此者，十盖八九，所入当岁在千万以上。二曰、漕折，军兴后，湘鄂等省，皆改漕粮为折价，岁提归公及节省之款，每省率七八十万，其川省之按粮津贴，为数亦钜。三曰、捐输，各省永广中额一名，捐输在30万以外，合而计之，约逾1万。而加会试中额，及广中额一次，并加府州县学额，亦均定有捐纳银数。至各省新办之日捐、铺捐、团练捐等，尤不可以名计，其关于军费者，如金陵之克、热河之狩，拨饷2700余万。合前后计之，业在数万万以上。而得以月计者，江南大营，则50万。浙省供皖南防军，则30万。湘鄂供出境之军，则数10万。至北路征军、及各省自办之团防，咸未与焉，其关于差徭者，如直鲁晋豫陕甘诸省之差徭，川滇夫马局之岁费，多者数百万，少者亦百万，其后议减，而见诸章奏者，谓初尚十倍于今，则繁重可知，其关于𬩽政者，[①] 如因淮盐路阻之故，川盐东行，潞盐南下，以亏抵盈，尚足相剂。惟苗沛霖、李世忠，屯兵江淮，或自捆盐行销，或强收盐税，则已妨及盐政矣，其关于泉币者，如行钞票、铸大钱、铁钱，往往强人使用。而流通阻滞，商业衰歇，遂由社会经济，而影响于国家经济。初时计臣持之甚坚，盖未知其失也。他若于山西等省预借地丁，只行一年。而减俸、减饷，则所得无多。采矿、开垦，则虽图速效。张皇补苴，时逾财政之常轨。然亦曾以督征不力，或收数短绌，而谪降各省藩司多人者。舍本逐末，其收效盖亦仅矣。至岁出入之数，因军事倥偬，册报缺略，重以西邻东犯，仓卒出行，其全豹固莫得而窥也。

八　同治时之财政

同治即位于多事之秋，中原则兵戈云扰，台湾则邻邦失欢，而军需之钜，实为前此所未有。然在军务倥偬之际，颇多恤民之政。一、为停罢烦苛，如三年，之罢山东亩捐、江南粮捐、草捐、花捐、布捐是。二、为核减浮赋，如三年，浙省奏减杭绍嘉湖浮收，银 57 万两。五年，苏省奏减苏松常太浮收，米 37 万 4 000 余石，又浮收钱 207 万 6 000 余串。皖赣及宁属，亦均因之核减，约岁为民省银钱，总在数百万以上是。三、为改定收数，如从前州县征漕，私改折价，一石折价，有收至二十千文者。至是，鄂则核定，每石不得过 6 000 文。鲁则奏定每石收钱 6 000 文。苏亦奏定每石年内收 4 500文，年外收 5 000 文。江西则更定每石收钱 3 420 文。河南则每石收银 3 两。皖省则每石收银 2 两 2 钱是。以上三端，皆系当时恤民之

---

① 𬩽政，即盐务。

政。惟初定江浙，继平齐豫，迫于末年，陕甘云贵，悉奏敉平。每因军费之繁，而财用告匮焉。湘军四案、五案、及剿捻第一案，共银 3 000 余万。苏沪一案、二案、及淮军西征两案，共银 1 700 余万。滇省历年各案，共银 1 460 余万。闽军援浙及台防等案，共银六七百万。合而计之，必在数万万以上。综其末年岁出入之大略，入者，则若地丁实征 2 000 万有奇，漕折 200 万有奇，盐课盐厘等 800 万有奇。常关税 200 万有奇，海关税 1 200 万有奇，厘金 1 500 万有奇，川省按粮之捐输津贴，180 万有奇，共为 6 000 余万，较道光时，尚盈 20 余万，其岁出，约共 7 000 万左右。内新增用款，除防军外，为长江水师，岁 100 数 10 万。闽省船厂，岁拨数 10 万。神机营，岁100 余万。税务司经费，岁 100 余万。甘肃各军之饷，岁拨至 800万。后以台湾事起，[①] 又急海防，而赔日本者 40 万。至各军协饷之解不足额、及欠而未发者，尚不下数千万焉。当时内外财政，同一竭蹶，只知筹款相抵，补救于一时。而顺康雍乾间，制节谨度之风，已邈不可睹矣。

九　光绪时之财政

光绪一代，度支出入之数，为自少递增之关键。初年，西陲多故，法越失和，用款浩繁，艰于筹措。然其时经常之收支，年仅8 000 万内外也。中年，海防孔亟，中日开衅，事前筹战守之费，事后增赔偿之债。支出之数虽增，新增之款无着，故收款仅 8 800 余万，而出款已增至 1 万 100 余万。迨其季年，拳匪祸作，[②] 赔偿 450兆。[③] 旋以筹办新政，需费益巨，就地筹款，借事补苴。收支之数，递加至 2 万万以上。而其出入之额，所以岁有增加者，亦时运使然也，兹分述如后。

---

① 指的是 1874 年的日本侵台事件。

② 指的是义和团运动。

③ 一兆，即一万亿。

甲 光绪初年之财政

二年，户部奏陈整顿丁漕之收数，撙节防营之开支，稽核盐关厘金之交代。盖以新增各项，日见短绌，而旧有各款，又半属虚悬，故拟浚财源而节浮糜也。然西征之饷项，晋豫之赈务，均亟待支拨，以便迅赴事机，实已节无可节矣。五年，户部又奏旧有入款供支应者，实无盈余。而新增之厘金、捐输，既为各省及西征之军所耗，海关各税，复为购办机器，及布置海防所蚀。国用之出入，业经相悬。而王先谦所奏，近年入款，共五千七八百万，（略谓旧有之款，如地丁杂税盐款杂项等，共 4 000 万，今只二千七八百万，新增之款，如海关 1 200 万，盐税 300 万，货厘 1 500 万）出款共四千四五百万，（略谓原支之款，如兵饷、河工、京饷、以及各省留支共 4 000 万，今只支二千四五百万，特别之款，如西征津防两军，约 1 000 万，各省防军，约 1 000 万）酌剂之间，尚有赢余，非确论也。五年，减苏省江宁府浮粮十之一。六年，以伊犁之争，几开兵衅，司农上筹饷之端十：一曰、严催各省垦荒；二曰、捐收两淮盐本；三曰、通核常关税；四曰、整顿各项厘金；五曰、清查州县交代；六曰、严核各省奏销；七曰、专提减成养廉；八曰、催提扣减平余；九曰、停止不急工程；十曰、核实颜缎两库拆价。而第二项之票，本年可捐银五六十万两。第七项之减廉，年可提银六七十万两。第八项之减平，年可解银四五十万两云。十年，法越事起①，计臣又以裕源节流之说进，经营挃挂。时虑匮乏，若其特别之入款，则有四：一曰、实官捐例，如于五年停止后，旋又于十年续开新例是。二曰、税捐增收，如关税，年有所盈，赋税厘金，亦均溢额是。（其故在洪杨乱时，田多荒芜，迄是逃亡渐归，农功复旧，盖所谓溢额者，不过视前之减收者增多，如以承平时之赋额较之，固未见其多也，至

---

① 指法国于 1884 年入侵越南，并通过侵略越南进而侵占中国的西南部，导致中法战争爆发。

厘金之加，亦因商业自乱后由静而动也）三曰、垦荒设关，如奉吉两省之开荒设治，烟台条约之添设海关是。四曰、整顿盐务，如四川之改办盐务是。而特别之出款，则有六。一曰、军饷，如征西之款，计二年迄四年，请销 2 600 万，其后约岁需 800 万，及法越之役，约共糜款 3 000 万是。二曰、赈款，如山西、河南、陕西之灾赈，约需 3 000 万是。三曰、河工，如历次所修各工，用款近千万是。四曰、海防，如南北洋岁需防费，约共拨 500 万是。五曰、偿款，如俄人归还伊犁之约既成，约偿 600 余万是。六曰、杂款，如赎回松①沪铁路，约 30 余万，及教案之赔款是。此出入之无定者也，而为前所未有者，则惟外债。盖我国之有外债，滥觞于咸丰季年，以其时上海商埠，防务紧急，故就近向外人商借也。迨是时左宗棠移师西征，乃屡贷外款。法越事起，粤省所借尤多。按诸十一年户部所奏，将来偿还新借各款之本息，须三千数百万两，是为数并非绝钜，然在当时已诧为罕见。矧此尚有旧借各债，未经计入也。综计出入，以光绪十年户部奏颁各省汇报出入册，核岁入常例，征收之目十，曰地丁、曰杂赋、曰地租、曰粮折、曰漕项、曰耗羡、曰盐课、曰常税、曰生息。新增收之目四，曰厘金、曰洋税、曰新关税、曰按粮津贴。本年收款之目四，曰续完（丁漕各项均有）、曰捐输、曰捐缴、曰节扣，岁出常例之目十七，曰祭祀、曰俸工、曰兵饷、曰驿站、曰礼宪、曰廪膳、曰科场、曰常恤、曰采办、曰办漕、曰织造、曰修缮、曰河工、曰公廉、曰杂支。新增开支之目四，曰勇营饷需、曰营局经费、曰洋款还借、曰息款，计共收银 8 234 万两有奇，支银 7 817 万两有奇。而钱数粮数之收支不与焉。此光绪初年财政之大概也。

乙　光绪中年之财政

光绪乙酉，法约告成，兵事幸息。财政之局，为之一变。户部议令各省就报部有案之兵勇各饷，3 400 万内。每省酌减 30 万，以

---

① "松"，同"淞"。

为加练京兵之需，旋又议加海军费以固疆防，合奉吉黑之练饷，及其他各款计之，所支约近千万。然如将关税与洋药税厘之增收，以及节减之勇饷等项相抵，尚无不敷之虑。十三年，郑州河决。户部上议款之策六：一曰、裁撤外省防营长夫，二曰、暂停各项军械及船只之购置，三曰、变通京兵所领之各项米折，四曰、酌调附近防军以资工作，五曰、捐输盐商之请奖，六曰、预缴二十年之商课、及汇号捐银、免领部帖，嗣以第二第四，窒碍未行。二十年，朝鲜役起，军用繁钜，息借洋款商款。及和议既定，又借外款以赔日本兵费，盖岁出之增于前者，2 000 万。二十二年，户部续上筹款之策十：一曰、核扣养廉。二曰、盐斤加价。三曰、茶糖加厘。四曰、当商输捐。五曰、土药行店缴捐。六曰、裁减制兵。七曰、考核钱粮。八曰、整顿厘金。九曰、裁减局员薪费。十曰、重税烟酒税。二十四年，以续付日本赔款，复又抵借外款，其后新政繁兴，需款益多。二十五年，户部又上筹款之策六：一曰、盐票盐引捐输。二曰、土药加收三成。三曰、核减解款汇费。四曰、酌增田房契税。五曰、烟酒加倍征收。六曰、颜料缎疋折价。以上历次筹款之策，外省奉行，颇多变通，故其收效亦不一致。而其间财政上兴革之事颇多。关于特别之入款有八：一曰、捐例，如郑州河工、及海防捐例，实官概以六成上兑，所收在数千万以上是。二曰、借款，如二十年，中日战役起，息借商款 1 000 余万。又和局既成，又以交还辽东半岛，与赔偿日本兵费之故，借俄法英德之款，并其他外款计之，约在 3 万万以上是。三曰、公债，如昭信股票，① 约一千数百万是。四曰、税收，如十六年议榷土药税，收入甚旺，旋定加征之制，令在出药就近地，每百斤缴足 60 两。又令典当 7 000 数百余座，岁各纳税 50 两，计征银 30 余万是。五曰、扣平，如就旗绿营兵饷，1 000 四五百万内，每两减平六分，年扣银八九十万。及原发库平银之勇饷，改

_____

① "昭信股票"虽名为股票，但不是真正意义上的股票，实是清政府于 1898 年发行的最早的国债。

发湘平银是。六曰、平余，如赣省，令各属每地丁银 1 两，加解平余银 7 分。每漕粮 1 石，加解折价平余银 1 钱，旋又推及各省，以备偿款之需是。七曰、提款，如先后奏提关税厘金之中饱，及银币、矿业、招商，各局之余利是。八曰、筹款，如各省新政所需，率皆就地由盐斤加价，或酌提平余、漕余、陋规，各项内筹集是。凡此皆关于特别之入款者也。而关于特别之出款则有五：一曰、增摊，如四国借款。（俄法英德）派之各关者，约有的款 1 200 万。而派之各省者，全赖自筹是。（所谓自筹者，大率由减廉、减成、减平、节饷，以及加税、加课、加价、平余、漕余、税余，各项内筹集）二曰、河工，如河南郑工，以及山东决口各工，约共 3 000 万左右是。三曰、赈款，如顺直奉苏皖江浙等省，以及山西边外各灾，约共数千万是。四曰、军务，如甘肃平回之费，约千万。中日之役，约近 6 000 万。新增宋庆等军之饷乾，① 约 800 万是。五曰、赔款，如武穴等教案，动辄钜万。而日本偿款，多至 2 万万是。凡此皆关于特别之出款者也。综其出入之大端，以二十五年收支数核之。其入者，则若地丁实征 2 400 万，耗羡 250 万，漕折 130 余万，漕项 110 余万，盐课盐厘加价 1 340 余万，厘金 1 600 余万，各项杂款 100 余万，关税 2 660 余万，土药税厘 180 余万，计共 8 800 余万。其出者，则若各省留支，约 910 余万。（内计地丁 500 余万，耗羡 250 余万，杂税 160 余万，以供俸食、公廉、采办、修缮、驿站、祭祀等之需）各省旗绿兵饷，约 1 300 余万。防练新饷，约 1 800 余万。海关经费，约 360 余万。内务府经费，约 100 余万。铁路经费，80 万。甘肃新饷，480 万。东三省俸饷，约 100 余万。海军经费，约 500 余万。出使经费，约 100 余万。鲁豫河工费，220 万。直省永定河工程费，30 万。筹还外款，约 2 000 三四百万。京饷 800 万。边防经费，约 200 余万。筹备饷需，约 200 万。拨解加放俸饷，及旗兵加饷，约 300 万。计共 1 万万 100 余万，出入相抵，共亏 1 300 余万。惟入款之内，间有零星之款未经列入。

---

①　饷乾，即饷干，指军费。

而实际所亏，当不及前列之数。此光绪中年财政之情形也。

丙　光绪末年之财政

光绪中叶，屡经兵事，岁出骤增。洎乎庚子执政，复酿拳匪之祸。[①] 事平，赔偿八国军费 4 万万 5 000 万。额数之钜，为有历史以来所未见。第一期付款，由部款提充者，共 300 余万，派之各省者，共 1 800 余万，幸能如期无误。是时户部又上筹款之策，其目有八：一曰、裁减虎神营、骁骑营、护军营津贴。二曰、裁减神机营经费、及步军营练兵等口分。三曰、停止官吏及兵丁米折。四曰、酌汰沿海沿江各防费，并勇营、练军、绿营等费。五曰、试办房间捐输按粮捐输。六曰、酌提地丁收钱盈余及剔除中饱。七曰、盐斤再加价 4 文。八曰、土药茶糖烟酒厘再加三成。原议所述减出增入后可得之款，为数颇钜。惟各处仍有未能照行者，二十九年以练新军复派各省练兵经费。而设大学堂，立巡警部，派专使等经费，又皆摊之各省。盖岁出之加于初年多矣，各省之办新政，大率就地自筹。而巡警教育两项，用费最钜。奉天一省警费至 300 余万。湖北一省拨提地丁钱价盈余充学费者，至 60 万。若各省认摊之赔款，四川于按粮津贴捐输之外，又有赔款新捐。苏闽浙鄂豫陕新等省，于丁漕例征外，有曰赔款捐者，曰规复钱价者，曰规复差徭者，曰加收耗羡者，名称虽殊，而加取于民者则同。盖至是而加赋之名，亦不避矣。练兵经费摊解之始，多提铜元余利，其后以铜元为害，复议停铸。而原指供军费者，改以土药统捐溢收之数以抵补之。英日美葡商约之成，有裁厘加税统一币制之议。加税之议未就，而设银行及造币厂之谋，相继施行，需费颇钜。综其岁入之增于前者，为粮捐（如按粮收捐之类）、盐捐（如盐斤加价、盐引加课、土盐加税之类）、官捐（如官员报效之类）、加厘加税（如烟酒土药之加厘及契税加增之类）、杂捐（如彩票捐、房铺捐之类）、实业余利等项。出款除赔款

---

① 指义和团运动。

外，各官署新增之费，为数亦钜，其介于出入之间者，则为铁路借款，应债本息虽多，而入款亦渐旺。至岁入岁出之数，自光绪十年户部改定各省汇报出入册以后，各省收支数目，虽视前为确，然外销各款，仍未列入。庚子而后，军政两费及赔偿等款其额较诸以前竟增倍蓗①，所入亦如之。于是例报之数，遂不足据。三十一年户部又印出入表，视例册为多，仍非实数。迨三十四年简派财政监理官分往各省清理财政，乃有月报季报年报之制。外销之款，纵未能悉列无遗。然经此厘剔，隐匿渐少，兹就其报册稽之，岁出入均在2万万以上，视光绪中年相去已甚，如以顺康之世相较，则为八与一之比矣。此光绪季年时财政之情形也。

十　宣统时之财政

光绪末年，岁出入皆在2万万以上。逮宣统纪元，又增十之三。岁入为26 321万两有奇，岁出为26 989万两有奇，以收抵支，稍有不敷。三年试办预算，凡有三数：一、为各省汇报之数。二、为度支部减核之数。三、为资政院修正之数，其经度支部核减者，岁入，为29 696万余两，岁出，为38 135万余两，入不敷出约8 000余万两。经资政院修正者，岁入为30 191万余两，岁出为29 844万余两，收支相抵，略有赢余。惟汇报之数，不尽可凭，复核之数，亦嫌未确。而修正之数，但求适合，终非信案也，兹列表1-1-1、表1-1-2如下。

表1-1-1　前清宣统三年岁入岁出预算表

岁入门		
预算别 税目别	前清宣统三年 预算原案	前清宣统三年 预算修正案
田赋	48 101 346两	49 669 858两
盐课茶税	46 312 355	47 621 920

---

① 倍蓗，指很多倍。

（续表）

岁出门		
预算别 经费别	前清宣统三年 预算原案	前清宣统三年 预算修正案
关税	42 139 287	42 139 287
正杂各税	26 163 842	26 163 842
厘捐	43 187 097	44 176 541
官业收入	46 600 899	47 228 036
捐输各款	5 652 333	5 652 333
杂收入	35 244 750	35 698 477
公债	3 560 000	3 560 000
统计①	296 961 909	301 910 294
外务部所管	3 544 732 两	3 127 013 两
外务部经费	2 925 734	2 783 287
各省交涉费	618 998	343 726
民政部所管	5 020 229	4 352 038
民政部经费	1 846 686	1 846 686
步军统领经费	659 949	359 949
禁烟公所经费	59 719	59 179
各省民政费	1 661 748	1 661 748
典礼经费	792 127	424 476
度支部所管	123 247 543	111 249 232
度支部经费	3 495 633	3 280 356
税务处盐务处等经费	894 238	850 629
各省财政经费	16 482 254	13 569 264
各海关经费	5 757 400	5 757 400
各常关经费	1 500 908	1 500 908
宗人府内务府等处经费	6 144 877	6 144 800
军械处等经费	6 348 826	1 104 613
各省行政经费	19 822 730	16 370 460

---

①　统计，同"共计"或"合计"，下同。

（续表）

经费别＼预算别	前清宣统三年预算原案	前清宣统三年预算修正案
资政院经费	786 666	786 666
赔款洋款及各省公债	56 413 576	56 413 576
各省官业支出	5 600 435	5 470 560
学部所管	3 375 484	2 747 476
学部经费	1 846 437	1 732 669
各省教育费	1 529 047	1 014 807
陆军部所管	126 844 326	77 915 879
陆军部经费	1 107 272	890 431
军咨处经费	1 117 659	950 000
禁卫军	2 166 060	2 166 060
旗营	8 863 629	8 792 618
绿营	3 862 202	
防营	18 622 143	9 310 571
绿营防营裁遣费	6 586 387	6 586 387
武卫左军	1 005 905	502 952
新军	58 760 235	28 692 680
筹备军装	4 000 000	4 000 000
军事教育费	5 456 864	3 212 080
军事教育扩充费	2 215 900	2 215 900
制造局所	4 786 814	4 786 814
兵工厂扩充费	4 904 600	4 904 600
牧厂	730 954	654 078
炮台	250 708	250 708
军塘驿站兵羌	2 406 994	
海军部所管	10 503 201	9 997 946
海军部经费	6 140 620	5 680 212
各省海军水师经费	4 362 581	4 317 734

（续表）

经费别 ＼ 预算别	前清宣统三年预算原案	前清宣统三年预算修正案
法部所管	7 716 015	6 639 827
法部经费	954 080	760 673
大理院经费	125 544	125 544
各省司法经费	6 636 391	5 753 610
农工商部所管	6 555 273	5 453 831
农工商部经费	1 101 590	840 458
各省实业费	938 412	549 185
各省工程费	4 515 271	4 064 188
邮传部所管	55 141 906	37 569 196
邮传部经费	53 839 578	36 907 794
各省交通费	1 302 328	661 402
理藩部所管	1 705 102	1 688 558
理藩部经费	400 936	384 392
西藏	1 304 166	1 304 166
国家行政费共计	343 653 811	260 740 996
地方行政费共计	37 703 364	37 703 364
统计	381 357 175	298 444 360

表 1-1-2　各省地方行政费分表

民政费	16 719 897 两	16 719 897 两
教育费	12 554 230	12 554 230
实业费	4 084 672	4 084 672
官业支出	2 095 926	2 095 926
交通费	1 676 514	1 676 514
工程费	572 125	572 125
共计	37 703 364	37 703 364

表 1-1-2 所列核减与修正两数，均视元年为增。然量为损益，削足适履，在所不免①。至四年预算案，岁入，为 35 077 万 7 408 元，岁出，为 35 636 万 1 607 元。以元折两，视三年出入之数稍减，此其大较也，其内中央经收经支之数，约在 19 000 万元左右。虽以国债时增，应支本息之数较巨。而军政两费，亦视旧时有加矣，兹列表 1-1-3 如下。

表 1-1-3 宣统四年中央岁入岁出表

岁入门	
各署田赋收入	计 26 万 9 500 元
崇文门张家口杀虎口税关	计 164 万 4 370 元
农工商部杂税及左右两翼税务收入	计 13 万 3 842 元
民政部正杂各捐	计 50 万 5 344 元
各部官业收入	计 915 万 3 092 元
各署杂收入	计 262 万 8 633 元
各署捐输	计 50 万 1 879 元
中央解款	计 17 490 万 2 441 元
共计 18 973 万 9 101 元	
岁出门	
外务费	计 305 万 4 476 元
民政费	计 316 万 9 628 元
度支费	计 13 602 万 9 894 元
学务费	计 288 万 1 140 元
陆军费	计 259 万 61 714 元
海军费	计 853 万 156 元
司法费	计 151 万 7 104 元
农商费	计 127 万 6 660 元

---

① 在所不免，意思是指由于某种限制而不能避免。

（续表）

邮传费	计 157 万 4 814 元
各省协款	计 1 132 万 7 714 元
共计 19 532 万 3 300 元	

以上两门，岁入，为 18 973 万 9 101 元，岁出，为 19 532 万 3 300 元，相抵不敷 558 万余元。岁入，各款内，以解款之数为最巨，即各省以入抵出所盈之数，详见各省岁入岁出亏盈表内。当时盐关两税，留存各省，故能解此巨额，与今日盐关两税另储备抵外债者不同。而各省所解之款内，向分解京各款、及洋款、赔款，三项。在初额数较少，旋因事筹款，逐渐增多，解京各款，由普通税拨解者，约 26 659 174 两，由盐关两税拨解者，约 10 707 344 两，总计 37 366 518 两。洋赔两款，由普通税款拨解者，约 27 236 657 两，由盐关两税拨解者，约 19 754 043 两。以上两项，共为 84 358 018 两，折合银元，为 126 537 270 元。至宣统四年预算案，增至 174 902 441 元，较诸前数为尤增。此外入款，官业收入，为数较多。杂收入，次之。其余各项，不过零星之数而已。至岁出款内，以度支费，为最巨。国债费，计 73 135 881 元。皇室费，计 15 370 461 元。补助地方费，计 18 982 222 元。国库预备金，计 900 万元。前列数项，共计 116 488 564 元，而纯粹之度支费，仅 19 541 330 元。此外出款，陆海军费，为数较巨。各省协款，次之。至其他各费，多者，约 300 余万，少，仅 100 余万耳。

次论各省之财政。岁入，为 33 594 万 748 元，岁出，为 17 236 万 6 021 元，如奉、吉、黑、直、苏、皖、鲁、晋、豫、陕、闽、浙、赣、湘、鄂、川、粤、桂及顺天、归化城等处，以入抵出，计盈余 17 490 万 2 441 元。此款应拨解中央，作京饷洋款赔款之用，如甘、新、滇、黔、热河、察哈尔、乌里雅苏台、阿尔泰、西藏、伊犁、科布多、库伦、绥远城、川滇边务、塔尔巴哈台等处，出入相抵，共不敷 11 327 714 元。此款系中央应协济边疆之款，兹列表 1-1-4、表 1-1-5、表 1-1-6 如下。

表 1-1-4 清宣统四年预算各省岁入分类表

款别 省别	田赋	盐课	关税	货物税	正杂各税	正杂各捐	官业收入	杂收入	共计
奉天	1 901 940	2 483 541	4 157 844		6 208 477		1 094 950	1 418 266	17 265 018
吉林	1 172 601	2 798 649	1 375 672	1 301 598	3 107 684	131 757	683 356	1 567 335	12 138 652
黑龙江	592 679	1 520 602			1 368 409	702 166	1 546 425	68 337	5 798 618
直隶	4 858 467	7 855 227	6 661 468	688 068	2 867 828	48 120	658 713	1 360 648	24 998 539
顺天	178 638					22 692		12 345	213 675
江苏	10 954 747	21 022 035	20 163 028	5 994 264	1 122 013	591 500	1 384 056	2 083 871	63 315 514
安徽	2 895 071		1 706 908	1 385 512	503 625	731 329	91 065	498 438	7 811 948
山东	7 456 210	2 588 493	3 435 982	192 972	1 398 602	97 982	131 712	1 835 297	17 137 250
山西	5 271 716	2 019 243		606 792	737 790	210 079	37 376	1 436 223	10 319 219
河南	7 862 113	444 483		551 312	2 222 463	44 195	79 774	838 030	12 042 370
陕西	3 863 049	661 983	9 500	908 191	285 214	6 403	96 689	1 097 595	6 928 624
甘肃	410 520	251 277	2 535	975 270	99 974		31 747	969 473	2 740 796
新疆	425 349	29 427		198 179	273 075	1 209	67 917	587 911	1 583 067
福建	2 000 603	1 632 320	3 257 446	1 638 850	793 270	548 354		1 662 576	11 533 419
浙江	5 046 157	3 609 493	2 231 451	4 189 340	554 235	606 898	34 136	1 978 044	18 249 754
江西	5 059 056	108 180	1 641 246	2 838 786	853 163	256 394	593 766	199 542	11 550 133
湖北	2 381 222	2 652 876	5 329 750	3 501 841	1 482 586	656 148	632 298	3 605 990	20 242 711

（续表）

省别＼款别	田赋	盐课	关税	货物税	正杂各税	正杂各捐	官业收入	杂收入	共计
湖南	3 097 012	377 888	538 108	2 248 269	1 076 375	1 354 251	1 315 912	472 711	10 480 526
四川	7 358 070	10 082 989	904 296	2 850 776	3 704 367	1 840 462	608 274	2 698 341	30 047 575
广东	3 483 987	8 230 443	11 960 388	4 234 815	1 863 303	2 069 114	1 035 827	2 652 819	35 530 696
广西	743 925	851 292	1 523 740	1 348 525	231 832	17 850	1 178 031	675 581	6 570 776
云南	1 034 559	2 006 250	409 293	571 995	446 559	56 805	357 403	687 339	5 570 203
贵州	471 584	20 460		251 397	108 678	8 004	51 177	769 909	1 681 209
热河	60 109	95 003			561 609	26 257	20 700	147 332	911 010
察哈尔	19 718	12 075		1 800	99 719		546	22 068	155 926
绥远城	313							14 760	15 073
归化城	7 355		167 557	12 573	5 191	1 053		29 110	222 839
库伦	1 449			75 000	450 000	36 000		50 481	612 930
乌里雅苏台	202							6 150	6 352
川滇边务	72 750	9 000		1 500	28 500				111 750
伊犁	3 191			16 380	43 749		31 104	51 161	145 585
阿尔泰								2 454	2 454
塔尔巴哈台								1 497	1 497
科布多								5 040	5 040
统计	78 684 362	71 363 229	65 476 212	36 584 005	32 498 290	10 065 022	11 762 954	29 506 674	335 940 748

表 1-1-5　清宣统四年预算各省岁出分类表

款别 省别	外交费	内务费	财政费	教育费	陆军费	海军费	司法费	农商费	交通费	共计
奉天	354 202	118 692	3 310 829	155 592	7 432 602	16 541	1 075 686	934 133	103 985	13 502 262
吉林	159 910	104 004	3 279 301	83 991	3 479 799		628 340	1 050 819	140 670	8 926 834
黑龙江	137 724	192 502	2 160 549	99 137	1 247 073		349 812	328 757	91 485	4 607 039
直隶	81 746	197 665	2 618 948	599 217	4 284 922	1 082 685	548 148	648 898	579 043	10 641 272
江苏	140 994	189 471	7 265 912	674 212	10 281 263	2 790 705	545 964	244 440	8 612	22 141 573
安徽	7 056	77 084	916 648	128 723	1 591 342	113 950	233 394	34 194	83 275	3 185 666
山东	25 222	75 501	2 475 702	185 362	2 128 478		376 326	932 604	100 666	6 299 861
山西	12 713	76 923	1 652 235	309 240	536 368		208 994	56 393	119 285	2 972 151
河南	16 121	148 350	2 522 508	153 447	2 100 481	5 845	366 624	536 818	161 527	6 011 721
陕西	7 725	88 019	1 471 238	113 100	1 874 732		210 597	90 246	112 700	3 968 357
甘肃	7 212	71 980	1 331 030	66 898	1 186 268		196 490	49 601	218 668	3 128 147
新疆	24 252	152 197	946 953	79 914	1 598 682		353 840		214 151	3 369 989
福建	31 996	68 807	2 749 552	153 786	2 196 205	673 698	365 112	20 832	52 815	6 312 803
浙江	42 645	75 274	2 951 630	197 908	2 808 046	837 522	342 920	400 600	112 210	7 768 755
江西	3 260	100 287	1 334 644	141 716	2 939 448	377 933	212 343	98 202	57 009	5 264 842
湖南		74 303	2 181 258	240 712	1 283 826	281 000	282 417	276 988	88 463	4 708 967
湖北	37 384	106 074	2 538 521	120 443	4 493 157	1 155 399	326 827	41 379	412 500	9 231 684
四川	42 018	227 265	5 616 613	285 837	6 141 342		721 894	79 593	114 934	13 229 496

（续表）

款别 省别	外交费	内务费	财政费	教育费	陆军费	海军费	司法费	农商费	交通费	共计
广东	29 578	179 001	4 266 129	293 124	5 802 185	2 217 468	837 718	120 674	36 836	13 782 713
广西		63 755	1 689 647	124 638	1 987 755	194 280	228 357	489 388	27 278	4 805 098
云南	52 280	225 880	2 717 905	115 010	4 233 375	10 111	198 291	128 093	66 231	7 747 176
贵州	3 432	65 827	955 825	119 404	1 056 221	1 851	189 491	32 325	118 318	2 542 694
热河	2 022	14 690	384 632		914 028		128 360		7 980	1 451 712
察哈尔	11 085	17 505	58 311		501 046		3 531	9 777		601 255
乌里雅苏台	2 182	5 499	52 487	10 422	10 378		307			81 275
阿尔泰	2 402	108	18 005		190 958			1 251	11 024	223 748
西藏	50 394	148 677	241 542	11 809	1 237 905				49 056	1 739 383
伊犁	1 918	585	16 124	16 443	1 424 509					1 459 579
科布多	2 736	3 598	42 936							49 270
顺天		10 122	68 260				19 648			98 030
库伦			266 482		556 689					823 171
绥远城		11 900		395	398 252					410 547
归化城		5 770	2 227		28 294					36 291
川滇边务		235 500	401 134	45 000	390 045			32 859		1 104 538
塔尔巴哈台		3 560	29 770		104 792					138 122
统计	1 290 209	3 136 375	58 535 487	4 525 480	76 440 466	9 758 988	8 951 431	6 638 864	3 088 721	172 366 021

表 1-1-6　宣统四年预算各省岁入岁出盈亏表

省别 \ 款别	岁入总额	岁出总额	比较	
			盈	亏
奉天	17 265 018	13 502 262	3 762 756	
吉林	12 138 652	8 926 834	3 211 818	
黑龙江	5 798 618	4 607 039	1 191 579	
直隶	24 998 539	10 641 272	14 357 267	
顺天	213 675	98 030	115 645	
江苏	63 315 514	22 141 573	41 173 941	
安徽	7 811 948	3 185 666	4 626 282	
山东	17 137 250	6 297 861	10 837 389	
山西	10 319 219	2 972 151	7 349 068	
河南	12 042 370	6 011 721	6 030 649	
陕西	6 928 624	3 968 357	2 960 267	
甘肃	2 740 796	3 128 147		387 351
新疆	1 583 067	3 369 989		1 786 922
福建	11 533 419	6 312 803	5 220 616	
浙江	18 249 754	7 768 755	10 480 999	
江西	11 550 133	5 264 842	6 285 291	
湖南	10 480 526	4 708 967	5 771 559	
湖北	20 242 711	9 231 684	11 011 027	
四川	30 047 575	13 229 496	16 818 079	
广东	35 530 696	13 782 713	21 747 983	
广西	6 570 776	4 805 098	1 765 678	
云南	5 570 203	7 747 176		2 176 973
贵州	1 681 209	2 542 694		861 485

（续表）

省别＼款别	岁入总额	岁出总额	比较	
			盈	亏
热河	911 010	1 451 712		540 702
察哈尔	155 926	601 255		445 329
乌里雅苏台	6 352	81 275		74 923
阿尔泰	2 454	223 748		221 294
西藏		1 739 383		1 739 383
伊犁	145 585	1 459 579		1 313 994
科布多	5 040	49 270		44 230
库伦	612 930	823 171		210 241
绥远城	15 073	410 547		395 474
归化城	222 839	36 291	186 548	
川滇边务	111 750	1 104 538		992 788
塔尔巴哈台	1 497	138 122		136 625
统计	335 940 748	172 366 021	174 902 441	11 327 714

第二章
财政之现情

第一节　中央及各省财政之概要

第一项　中央之财政

溯自共和肇基，迄今瞬已五载。中央财政，时有变迁。初恃外赀以图存，继借内债以补苴。迨后原状恢复，解款渐增，备支政费，差足相抵，乃时变纷乘，大局震撼，用费骤加，财源顿涸，殆有岌岌不可终日之势。幸天相中国，大局复安。目前虽困于因应，将来犹可图自给，诚财政上之一大转机也，兹分述于后。

元年春，政府草创，军书旁午，因事支款，案牍阙略，稽考为艰。而其入款，如比国①借款 125 万镑，瑞记②第一第二两次借款 75 万镑等项，尚有不足，乃发给军需公债，以资挹注。未几南北统一，内阁改组，各署人员减给津贴。故除外债本息外，按月应支政费，仅须 300 余万元。部库直接收入，既属无多。各省协济之款，尤为仅见。而所恃为财源者，仅保商银行等数种小借款而已。入秋以后，中央行政常费，每月增至 400 余万元。适垫款及克利斯浦镑款，先后成立，部库得资周转。惟

---

① 比国，指比利时。
② 瑞记，指瑞记洋行。

久涸之余,不久辄尽。中央于年底应付之赔款,仍未照偿。而各省应还之外债逾期未偿者,为数尤多。翌年春,南省军队,陆续改归部辖。而各部政费,复以俸薪照给,添办新政,稍事增加,故按月应支军政两费,增为500余万元。此外洋赔各款,积欠累累,计赔款一项,上年结欠200万镑。而洋款之过期及届期者,共590余万镑。各省历欠外债,又287万镑,综欠英金有1 100万镑之多。斯时入款之大宗,仅恃奉直齐晋等省之盐税。部辖之常税,及其杂款,尚不敷政费之需,遑论清偿债务耶。迨四月杪①,善后借款告成,总额为2 500万镑,实收仅2 100万镑。限制用途,尤为严酷。其能由中央开支者,仅此四月至九月之行政费,约550万镑。余如偿还赔洋各款580余万镑,及各省历年旧欠、五国银行旧债,280余万镑,两项,概由银团划扣。而赔偿外人损失,200万镑。及裁遣军队费,300万镑。整顿盐务费,200万镑,数项,复均指有用途。既无通融之余地,复少灌注之巨金,旋赣宁事起②,军糈③浩大。瑞记第三次借款,奥国第一第二两次借款,先后订定,共收350万镑。是项借款,半系购订军械,半系充作军费。钜款时增,而国家之元气已伤矣。当时编制二年度预算案,于岁入岁出两门,凡善后借款在年度内收支者,均经列入,故收支之数,骤增于昔,兹列表1-2-1如后。

表1-2-1　二年度中央岁入岁出预算表

岁入门	
盐税	计7 756万5 534元
海关税	计5 746万8 604元
常关税税司所辖常税附内	计1 075万5 679元
各部收入	计1 108万8 618元
各省解款	计3 241万8 530元
公债入款	计22 337万元
共计41 266万6 965元	

---

① 杪,指年月或四季的末尾。
② 即发生在1913年的赣宁之役,又称二次革命。
③ 糈,指粮、精米。

（续表）

岁出门	
外交费	计 331 万 1 970 元
内务费	计 559 万 6 219 元
财政费	计 38 020 万 9 113 元
教育费	计 577 万 9 030 元
陆军费	计 5 798 万 4 369 元
海军费	计 839 万 5 065 元
司法费	计 174 万 5 028 元
农商费	计 466 万 3 628 元
交通费	计 105 万零 476 元
中央协款	计 2 913 万 7 707 元
共计 49 787 万 2 605 元	

　　以上两门，收支相抵，实亏 8 520 万 5 640 元，其收支情形，已详于岁入岁出国债等编，兹不赘述。而收支两数所以骤增之原因，实以善后借款。在年度内收支各款，均经列入之故。每月行政之常费，约 700 万元内外。按诸财政部编定之十二月份支付概算书内，外交部，计 41 万 7 223 元。内务部，计 39 万 5 396 元。财政部，计 155 万 5 292 元。陆军部，计 357 万 6 587 元。海军部，计 67 万 4 232 元。教育部，计 16 万 2 438 元。司法部，计 14 万 4 503 元。农商部，计 22 万 4 412 元。交通部，计 10 万 3 447 元，共 725 万 3 530 元，而军费一项，较诸行政费为多。至外债支出至 30 073 万余元之多，大半系偿还历年之积欠。而为善后借款内所明定扣抵者，其本年应偿之本息，仅 15 000 万元内外。以盐关两税抵偿，所亏尚少。若各省解款，有名无实，仅实收 560 余万元，而协济之款，中央亦以财政窘迫，仅于沿边各地，实发 280 余万元。此二年度中央收支之情形也。惟积亏过钜，周转维艰，财政部先订借奥国第三次借款，英金 50 万镑。次订中英公司借款，英金 37 万 5 000 镑。狄思银行借款，英金 40 万镑，或充购买军械之用，或备偿还旧债之需，旋又续借中法实业借款，及中法银行钦渝垫款，先后共收法金 13 211 万 5 500 法郎，用以兴办实业，间有余款，借补政费之不敷。至

三年度预算案，中央支款，统照实支之数。凡新增事业各费，均经删除。盖持量入为出之义，欲图财政之改善耳，兹列表 1-2-2 于后。

表 1-2-2 三年度中央岁入岁出预算表

岁入门	
盐税	计 8 487 万 9 873 元
海关税（税司经收常税在内）	计 7 212 万 8 914 元
常关税	计 727 万 4 143 元
各部收入	计 602 万 6 852 元
各省解款	计 2 973 万 7 013 元
印花税	计 366 万 6 600 元
烟酒牌照税	计 192 万 7 400 元
验契费	计 1 590 万 5 000 元
契税增收	计 492 万 3 040 元
烟酒税增收	计 318 万 9 300 元
公债收入	计 2 508 万 2 398 元
共计 25 474 万 533 元	
岁出门	
外交费	计 334 万 2 786 元
内务费	计 434 万 7 102 元
财政费	计 14 967 万 1 984 元
陆军费	计 4 206 万 9 307 元
海军费	计 474 万 2 560 元
司法费	计 118 万 3 800 元
教育费	计 187 万 1 938 元
农商费	计 138 万 7 626 元
交通费	计 127 万 6 680 元
蒙藏费	计 106 万 5 344 元
中央协款	计 1 830 万 4 248 元
共计 22 926 万 3 375 元	

以上两门,收支相抵,实盈 2 547 万 7 158 元。惟各部出款,列数过少。迨实支时,间有超过原数者。岁入内之印花税、烟酒牌照税、契税增收、烟酒税增收等项专款,又多未能征足。至解款一项,各省率未能如额,仅实收 1 400 余万元。而协济之款,中央亦以财政支绌,仅于沿边各地,实发 300 余万元。此三年度收支之概要也。先是财政部以解款专款两项,为中央入款之大宗。而自年度改照历年制后,四年分内所解之额,尤应重为规定,遂先与各省电商认数,迨至夏间,始将各省认定四年分解款专款额数,呈准施行,兹分列表 1-2-3、表 1-2-4 于后。

表 1-2-3　四年度各省解款额数表

直隶省	共认解 20 万元
湖北省	共认解 100 万元
江西省	共认解 216 万元
陕西省	共认解 60 万元
山西省	共认解 100 万元
山东省	共认解 120 万元
江苏省	共认解 300 万元
湖南省	共认解 120 万元
福建省	共认解 116 万元
浙江省	共认解 306 万元
广东省	共认解 420 万元
四川省	共认解 300 万元
以上各省,共认解款 2 178 万元	

表 1-2-4　四年度各省专款额数表

直隶省	共认解 20 万元零零 5 角 8 分
山东省	共认解 90 万元
山西省	共认解 100 万元

（续表）

江苏省	共认解 312 万 1 590 元零 7 角 1 分 6 厘
江西省	共认解 203 万 9 184 元 9 角 1 分 7 厘
福建省	共认解 103 万 6 454 元 2 角 3 分
浙江省	共认解 308 万 8 316 元 7 角 1 分
湖北省	共认解 87 万 5 265 元 5 角 9 分 1 厘
湖南省	共认解 113 万零 204 元 4 角 2 分 2 厘
陕西省	共认解 60 万元
广东省	共认解 232 万元
四川省	共认解 267 万 8 647 元 3 角 2 分
以上各省共认解 1 898 万 9 664 元 4 角 8 分 6 厘	

以上两项，在初解款，系按各省预算盈余之数为额。专款，系以印花、烟酒牌照、验契、契税增收、烟酒税增收，五项预算所列之数为额。迨至四年，始离预算而另与各省商定，呈请施行。斯时内外政权，日臻统一，省吏于解款专款两项，类能按期照解。虽积威之下，间有立法过苛，致启商民之横议，然中央财政，赖有是项入款，渐呈巩固之象，苟能去其太甚，纳诸正轨，未斯非济时之策也。兹将四年五月二十八日批准之中央解款考成条例，附录于后。

中央解款考成条例

一　中央解款，系财政厅或分厅厅长专责，巡按使、都统、京兆尹、受特别委任监督财政者，均按本条例考成。

二　中央解款，每年应解总额，以大总统命令定之，由财政部按照每年应解总额，匀定每月报解之数，开具清单，通行遵照。

前项清单业经通行后，各省如有应增解款，得由财政部随时呈明，加入总额，更定每月报解之数，行知该省。

三　每月解款，以是月之末日为限。

四　各省如有奉大总统命令特发之款，指明在中央解款内拨抵者，应即遵令拨抵，仍随时电陈财政部备案，其未指明在中央解款内拨抵,及各省拨发财政部应行直接支出各款项,非呈明大总统批交财政部核准在中央解款内拨抵者,均不准拨抵。

五　各省解款,以交到金库之日,作为报解之日,其未设金库之地,以交到承汇商号电部复查无异,作为报解之日。

凡指明及核准拨抵,以实行拨抵之日,为报解之日,或以收款人报到收款之日,为报解之日,由财政部随事酌定。

六　各省财政厅或分厅厅长,中央解款,按月照数解清,每三个月为一结,由财政部呈明大总统存记,仍俟全年统计,呈请奖励。

其监督财政之长官,并由财政部同案呈请奖励。

七　各省财政厅或分厅厅长,中央解款,按照匀定每月报解之数,如有逾期不解者,应受下列之处分。

逾期一个月,减一月俸十分之二。

逾期二个月,减二月俸十分之二。

逾期三个月,减三月俸十分之二。

其三个月分文不解,及逾期至四个月以上者,免职。

八　各财政厅或分厅厅长,中央解款,每月解不足数者,应受下列之处分。

欠解不及一成,记过。

欠解一成以上不及二成,记大过。

欠解二成以上不及三成,减一月俸十分之一。

欠解三成以上,以逾期论。

其连月欠解应记过二次者,记大过一次,应记大过二次者,减一月俸十分之一,如违第四条之规定,任意将不应拨抵款项,及应解专款,混入中央解款内计算,以致解不足数者,仍按欠解实数,予以本条之处分。

九　各财政厅或分厅厅长,因解款逾期,受第七条之处分,其监督财政之长官,督催不力,应受下列之处分。

逾期一个月,减一月俸十分之一。

逾期二个月,减一月俸十分之二。

逾期三个月,减一月俸十分之三。

其三个月分文不解，及逾期至四月以上者，呈请大总统量予处分。

十　各财政厅或分厅厅长，因解不足数，受第八条之处分，其监督财政之长官，督催不力，应受下列之处分。

欠解不及三成，免议。

欠解三成以上，以逾期论。

十一　各省解款，每三个月为一结，由财政部汇案呈报，其应得第七至第十条之处分，俟奉明令执行。

其第一第二两个月解款逾期，或解不足数，于第三个月一并如数解足，所有应得处分，得由财政部酌量情形，于呈内声明应否免其执行，呈候大总统核夺。

十二　各财政厅或分厅厅长，中央解款，因有不得已之事故，事前声明未能如期照数报解者，应由财政部酌核，如实有事故，呈明备案，其未能如期报解者，至多不得逾二十日，限令报解，其解不足额者，至多不得逾十日，限令补足，如不能依限解足，仍照第七第八两条规定处分办理。

十三　各财政厅或分厅厅长，遇有交替，应各按在任日期，分别核计应解之数，按日摊算。

十四　各财政厅或分厅厅长，如遇有离任时，应得本条例减俸之处分，尚未执行，或执行在离任以后，应将议减之，俸如数缴出。

十五　以上两条之规定，对于监督财政之长官，得适用之。

十六　各省特别收入，经财政部呈奉大总统核定专案报解之款，得适用本条例考成。

各省特别收入，应分为经常临时两种，经常特别收入，应按每年征收总额，匀定每月报解之数，与中央解款，一体考核。临时特别收入，应按该项征收总额，酌定报解期限，与中央解款，一体考核。此项收入，如能超过核定征收总额，应将溢征银数，仍按额外征收条例，由部呈请奖励。

十七　本条例自公布之日施行。

以上各条，系参酌前清会典所载，直省应解正项京饷，藩司逾限处分,及现行之文官惩戒法,量为规定,除第十六条所引之额外征收条例,已于五年秋,奉明令废止外,余仍继续有效,兹将四年份国库收支实数,列表 1-2-5 如后。

表 1-2-5 四年分国库实收实支表

岁入门	
各项解中央专款	1 874 万 7 558 元 8 角 8 分
各省中央解款	1 795 万 6 907 元 3 角 9 分 9 厘
各省常关税款	543 万 4 494 元 8 角
各税务署及征收局税款	221 万 6 292 元 9 角 2 分 7 厘
田赋附捐款	16 万 7 501 元 6 角 7 分
各项杂税	46 万 1 064 元 6 角 9 分
烟酒公卖费及押款	71 万 2 149 元 2 角 4 分
造币厂解款	98 万 400 元 4 角 4 分
官产变价款	383 万 2 926 元 8 角 9 分 5 厘
稽核造报总所缴回盐款	3 138 万 8 921 元 1 角 8 分
三四年公债及各项内债	3 122 万 483 元 7 角 8 分
善后借款及奥款	1 650 万 1 952 元 9 角
各项杂款	105 万 7 472 元 4 角 6 分
共计收入银元 13 067 万 8 127 元 1 角 8 分 9 厘	
岁出门	
公府经费	263 万 4 633 元 2 角 8 分
统率办事处经费	862 万 4 712 元 5 角 3 分
军需局	492 万 980 元 7 分
政事堂经费	61 万 45 元 7 角
附属各机关经费	61 万 3 709 元 2 角 8 分

（续表）

杂款	2 万 3 370 元 9 分
参政院经费	58 万 9 700 元
蒙藏院各费	119 万 6 319 元 8 分
前约法会议经费	19 万 9 258 元 5 角
审计院经费	42 万 2 277 元 7 角
平政院经费	20 万 4 677 元
肃政厅经费	15 万元
国史馆经费	9 万 9 792 元
清史馆经费	26 万 3 808 元
外交部本部经费	12 万元
各使馆及交涉员经费	239 万 2 982 元 7 角 2 分
杂费	25 万 1 408 元 1 角 4 分
内务部本部经费	52 万 4 662 元 5 角 8 分
附属各机关经费	415 万 4 193 元 2 角 2 分 2 厘
杂费	57 万 7 490 元 9 角 7 分
财政部本部经费	96 万 9 673 元 5 角 2 分
清室经费	402 万 857 元 5 角 2 分
旗饷及陵俸	540 万 1 718 元 6 角 9 分
边防协款	274 万 9 334 元 4 角 2 分
内债本息	1 417 万 5 051 元 1 角 3 分 7 厘
外债本息	1 524 万 1 065 元 5 角 5 分 1 厘
濮阳河工经费	388 万 2 102 元 8 角 6 分
收回川粤两省纸币用款	350 万元
实业费	173 万 3 085 元 9 角 2 分
附属各机关经费	138 万 5 602 元 5 角 3 分

（续表）

钞票印刷费	166 万 8 895 元 4 分
印花税票印刷费	49 万 6 271 元 7 角 5 分
银行贴水及汇费	80 万 5 040 元 6 分
各处赈款	68 万 5 765 元 1 角 6 分
收回山东制钱本金	27 万 4 074 元 7 分
杂费	46 万 6 364 元 7 角 7 分
教育部本部经费	36 万 3 326 元 5 角
各学校及附属各机关经费	115 万 3 753 元 8 角 3 分
杂费	7 万 8 734 元 2 角
陆军部本部经费	244 万 1 053 元 5 角 1 分
直辖各师学堂局所经费	2 665 万 5 607 元 5 角 4 分 7 厘
拱卫军	332 万 4 614 元 2 角 1 分
禁卫军	241 万 1 088 元 2 角 2 分
定武军	280 万 9 028 元 8 角
武卫左军	212 万 4 043 元 3 角 1 分
武卫右军	6 170 元 8 角 2 分 1 厘
附属各机关经费	163 万 6 179 元 1 角 3 分
杂费	10 万 7 858 元 2 角 1 厘
参谋部本部经费	97 万 4 898 元 9 角 6 分
附属各机关经费	52 万 9 680 元 1 分
杂费	3 万 9 783 元 2 角 9 分
海军部本部经费	37 万元
各军舰经费	430 万 7 418 元 6 角 2 分
各军舰修理费	61 万 3 199 元 2 角 6 分
司法部本部经费	30 万 5 000 元
附属各机关经费	75 万 5 529 元 4 角

（续表）

农商部本部经费	56 万元
附属各机关经费	66 万 58 元 7 角
杂费	22 万 7 034 元 5 角
交通部本部经费	10 万元
杂费	189 元
前币制局经费	11 207 元 2 角
经界局经费	19 万 6 463 元 7 角 1 分
公债局经费	10 万 9 609 元 9 角
筹办煤油矿事宜处经费	13 万 6 000 元
总共计付出银元 13 903 万 6 454 元 6 角 8 分 9 厘	

　　以上所述，系四年分实收实支之情形。在元二三三年，先后举债至 4 万万元之多。各项政务，无一不与外债为缘。中央收款，几以外赀所入为大宗，识者痛焉。泊于四年，中央财政，稍形巩固。解款、专款两项，实收至 3 600 万元之多。而官产变价、烟酒公卖，两项收数，亦颇畅旺。集外省之财，供中央之用。收支相衡，差足自给，间或举办内债，以资挹注。然与前之纯恃外赀为生活者，已不可同日而语矣。至五年度预算案，中央收支各款，较诸三年度预算，稍有增加。惟以收抵支，尚不相悬过甚，兹列表 1-2-6 如后。

表 1-2-6　五年度中央岁入岁出预算表

岁入门	
盐税	计 8 477 万 1 365 元
海关税	计 5 917 万 1 219 元
常关税	计 1 317 万 5 095 元
各部收入	计 299 万 5 162 元
烟酒公卖收入	计 1 168 万元
官产收益	计 1 705 万 1 808 元

（续表）

各省解款	计 4 230 万 8 871 元
印花税	计 567 万 1 400 元
验契费	计 293 万 5 300 元
契税增收	计 411 万 5 297 元
烟酒税增收	计 404 万 3 400 元
烟酒牌照税	计 201 万 2 852 元
田赋附税	计 788 万 3 678 元
所得税	计 283 万 5 000 元
牙税增收	计 775 万元
厘税增收	计 611 万元
牲畜及屠宰税增收	计 627 万元
均赋收入	计 1 500 万元
公债收入	计 2 000 万元
共计 31 578 万零 447 元	
岁出门	
外交费	计 335 万 7 852 元
内务费	计 461 万 5 470 元
财政费	计 21 865 万 2 954 元
陆军费	计 5 245 万 8 951 元
海军费	计 1 655 万 5 612 元
司法费	计 132 万 6 676 元
教育费	计 230 万 9 198 元
农商费	计 140 万 9 977 元
交通费	计 127 万 6 680 元
蒙藏费	计 98 万 7 230 元
中央协款	计 1 222 万 4 588 元
共 31 517 万 5 188 元	

以上两门，收支相抵，实盈 60 万 5 259 元。惟细察其内容，岁入门内，除盐税、海关税、常关税、各部收入，四项收数，尚可征足外，其余各项，虚列之数颇多，兹分述如下。

一、烟酒公卖收入。烟酒公卖一项，将来逐渐推广，收入当不在少数。五年预算，原列 1 168 万元，然以军事影响，进行稍缓，上半年，仅收 200 余万元。下半年，虽稍有起色，亦只能收 350 万元内外。综计实收之数，约须亏短原额之半。

二、官产收益。此项收入，五年预算，原列 1 705 万 1 808 元。然官产变价，视金融之缓急为转移。际兹商业凋敝，银根紧迫，是项收入，至多仅能实收 800 余万元，亦须亏短原额之半。

三、中央解款。中央解款，为预算盈余省分，协济之款。五年预算，各省盈余之数，共为 4 230 万 8 871 元，旋各省纷请减免，财政部复另定解额，呈请施行。各省全年应解之数，共为 2 573 万 6 600 元，视诸原额，尚不足三分之二，兹列表 1-2-7 于后。

表 1-2-7　五年分各省解款额数表

直隶省	共认解 64 万元
山东省	共认解 122 万 7 600 元
河南省	共认解 48 万元
山西省	共认解 210 万元
江苏省	共认解 500 万元
安徽省	共认解 22 万元
江西省	共认解 241 万元
福建省	共认解 152 万元
浙江省	共认解 426 万元
湖北省	共认解 152 万元
湖南省	共认解 120 万元
陕西省	共认解 96 万元
广东省	共认解 420 万元
以上共计全年解额 2 573 万 7 600 元	

前项解款改定以后,适值大局震撼。各省解款,间多迟延。上半年财政部实收之数,共为 865 万 7 415 元,较诸改定之额,又短三分之一。近月以来,秩序虽已底定。惟如浙、湘、陕、粤等省,善后需费,恐难照解。预计全年实收之数,仅能及 2 000 万元内外,亦须亏短预算原额之半矣。

四、中央专款。中央专款,在四年时,原为印花、验契、烟酒牌照、契税增收、烟酒税增收,五项,故又称为五项专款。迨编五年预算,复添入田赋附税、所得税、牙税增收、厘税增收、牲畜税及屠宰税增收,均赋收入六项。连前计之,为项凡十有一,共为 6 462 万 6 927 元,旋各省多以派数过钜,难于照额征解为辞。而所得税、均赋收入,两项,复以时局不靖。人心浮动,奉令缓办。财政部遂另定专款解额,呈准施行,计各省全年应解之数,共为 3 660 万 583 元,视诸原额约损二分之一而弱,兹列表 1-2-8 于后。

表 1-2-8 五年分各省专款额数表

京兆	共认解 67 万元
直隶省	共认解 374 万元
山西省	共认解 144 万 6 999 元
山东省	共认解 213 万 7 200 元
安徽省	共认解 160 万元
奉天省	共认解 60 万元
黑龙江省	共认解 30 万元
福建省	共认解 109 万零 200 元
江西省	共认解 104 万元
河南省	共认解 320 万元
陕西省	共认解 125 万 4 162 元
江苏省	共认解 250 万元
甘肃省	共认解 70 万元

（续表）

湖北省	共认解 183 万元
湖南省	共认解 211 万零 950 元
吉林省	共认解 120 万元
浙江省	共认解 270 万元
广东省	共认解 295 万元
四川省	共认解 300 万元
广西省	共认解 59 万零 200 元
云南省	共认解 64 万 9 800 元
贵州省	共认解 42 万元
新疆省	共认解 27 万元
察哈尔	共认解 11 万 7 000 元
归绥	共认解 15 万 3 200 元
热河	共认解 10 万元
川边	共认解 23 万零 872 元
以上各省区全年解额共计 3 660 万 583 元	

　　前项专款，改定以后，正二两月，各省报解专款，尚属踊跃。三月以后，时政益棘，省吏纷纷电请缓解。除滇、黔、川、陕、浙、粤、桂等省，具有特别情形外，其余以苏豫两省欠解之数为独巨。截至六月底止，中央实收 1 029 万 1 142 元。近月以来，大局复安。各省报解之数，当可视前有增。惟南方各处，办理善后，需款尚多，其他各省，亦难如额照解。预计下半年内，中央仅可收 1 000 万元之谱。连同已解之数，约有 2 000 余万元，是尚亏短预算原额三分之二也。

　　五、公债收入。内债一项，五年预算，原定 2 000 万元。春夏之交，财政部以需款孔殷，即呈准举办内国公债，以 2 000 万元为额，旋疆吏纷请缓办，嗣虽开募，惟以民信不坚，金融多阻，应募之数，尚属寥寥。近月以来，政局渐定。财政部遂另定期限，通饬各省财厅劝募。预计年终，仅能募集 1 000 万元内外，约亏短预算原额之半。

以上五项，均系五年预算。关于岁入不尽可恃之情形，综计烟酒公卖、官产收益、解款、专款、公债，五项所亏之数，约共 8 866 万 8 400 余元，此岁入之概要也。至五年预算岁出各项，按其性质，可分为三。一、特种支款，专指公债支出而言。在以关盐两税作抵之外债，如洋赔各款、及伦敦新借款、善后借款等应偿之本息，年需 8 798 万 6 903 元，统在关盐两税项内划拨。此外非以关盐两税作抵之内外各债，如瑞记、奥国、中英、狄思、中法、各款，及其他内外债应偿之本息，年需 4 969 万 6 630 元。以盐税划偿后之余款抵充之，尚勉足敷用。二、经常支款，系指各部政费而言。外交部，计月需 27 万 9 447 元，以使馆领事经费为最钜。内务部，计月需 38 万 2 870 元，以警察经费为最钜。财政部，计月需 159 万 1 369 元，以公府、国务院、在京各机关、及优待经费，为最钜。陆军部，计月需 500 万元，以陆军部直辖各师、前军需局所属练兵费，及拱卫、禁卫、武卫、定武、各军经费为最钜。海军部，计月需 45 万 5 597 元。司法部，计月需 10 万零 7 723 元，而以审检各厅经费为最多。教育部，计月需 18 万 5 329 元，而以直辖各学校经费为最多。农商部，计月需 88 688 元。交通部，计月需 99 906 元。蒙藏院，计月需 48 050 元。总计政军两费，每月共需 823 万 7 978 元。陆海军费，占至 545 万余元之多。行政经费，仅及其半。况政费内优待费，又占 74 万余元，故真正之行政费，不过 200 万元内外耳。三、临时支款，专指临时新生各款而言。本年以时事多故，是项出款，较多于昔。预算所列预备金一款，恐不敷用。至协款一项，中央虽未按照预算，分别协济。然于沿边各地，及南方各省所接济之款，为数颇多，与从前情形，迥乎不同。此岁出之概要也。

综观五年度中央岁入岁出之情形，就形式言，以入抵出，稍有盈余。就实际言，岁入内约有 8 000 余万元之虚数。而岁出内均系必须支出之款，虽间有减少之处，然尚不足移补新生之费，约计本年所亏之数,将在 8 000 万元左右。近月以来,当轴昕夕擘画,①企图增入减出,以期收支之均衡,盖有以夫。

第二项　各省之财政

民国以还,各省财力较逊于昔。前清关盐两税,大半留归本省之用。迨善后借款成立,前项入款,概应另行存储。而外省骤少巨款,政务之设施,每为财力所限,不能依时兴办。至军费出款,又因时变迭生,师旅林立。所需之额,时有增加,多者几逾总额之半,少亦三分之一。军费既增,而他项政务遂不得不力从撙节,此各省财力不裕之原因也。二年度各省预算,系专就国家之出入编列,而地方收支各项,统不在内,岁入总数为 17 678 万 2 801 元。内以粤苏两省为最巨,各1 500 余万元。川奉次之,各 1 400 余万元。浙省又次之,计 1 300 余万元。鲁、直、豫又次之,各在 1 000 万元以上。赣、鄂、湘均在 700 万元以上。晋、吉、皖均在 600 万元以上。闽、陕均在 500 万元以上。甘肃计 400 余万元。黑、桂均在 300 万元以上。云南、热河均在 200 万元以上。新、黔均在 100 万元以上。顺天、察哈尔,咸不及百万元。阿尔泰、绥远、西藏,等处,则因边氛不靖,毫无收入。其岁出总数为 17 350 万零 1 978 元,内以粤省为最钜,计 1 800 余万元。苏省次之,计 1 300余万元。鄂、川均在 1 000 万元以上。直省,计 900 余万元。鲁、滇均在 800 万元以上。奉、豫、浙均在 700 万元以上。桂、晋、新均在 600 万元以上。赣、湘均在 500 万元以上。吉、皖、闽、陕均在 400 万元以上。黑、黔、热河、川边均在 300 万元以上。甘肃,在 200 万元以上。绥远,在 100 万元以上。顺天、察哈尔、阿尔泰、西藏均不及百万元。各省出入之数,既不相同,故盈亏亦不一致。直、奉、吉、鲁、豫、陕、甘、苏、皖、赣、湘、川、浙、闽等省,尚属有余,其他各省及特别区域,多系入不敷出。此各省收支之概略也,兹列表 1-2-9、表 1-2-10、表 1-2-11 于后。

---

① 　意思是当权者整天在筹划。

表 1-2-9　民国二年度预算各省岁入分类表

省别＼款别	田赋	厘金	正杂各税	正杂各捐	官业收入	杂收入	共计
直隶	4 984 617	676 776	3 487 564	183 331	326 625	732 868	10 391 781
顺天	125 756		9 230		400	2 787	138 173
奉天	4 702 015	3 866 933	3 530 469	11 503	390 937	1 659 127	14 160 984
吉林	1 157 411	1 171 044	3 021 505	299 114		456 211	6 105 285
黑龙江	1 099 168	305 084	1 913 905	255 705	74 092	219 654	3 867 608
山东	7 140 436	149 817	1 629 264	73 463	34 522	2 220 400	11 247 902
河南	6 899 716	521 099	2 180 605	58 442	1 719	432 321	10 093 902
江苏	9 083 308	4 597 132	664 116	160 044	64 612	709 900	15 279 112
安徽	3 488 025	1 691 338	617 623	46 923		225 169	6 069 078
江西	4 515 916	2 547 425	640 808	4 208	10 000	273 367	7 991 724
湖南	2 997 701	2 374 515	889 576		400 042	513 572	7 175 406
湖北	2 215 879	3 401 463	1 308 125		384 746	507 372	7 817 585
福建	2 888 577	1 315 246	1 021 565	86 353		281 974	5 593 715
浙江	7 263 465	3 655 254	528 727	596 772		1 271 655	13 315 873

（续表）

款别 省别	田赋	厘金	正杂各税	正杂各捐	官业收入	杂收入	共计
广东	3 533 632	4 251 293	3 808 711	309 969	620 339	3 068 357	15 592 301
广西	879 437	1 331 198	838 197			166 245	3 215 077
山西	4 146 440	808 743	833 678	5 257		633 810	6 427 928
陕西	3 848 579	698 767	297 567	4 410	24 584	210 700	5 084 607
贵州	719 539	303 310	380 711			147 200	1 550 760
云南	938 222	595 162	596 290	29 887	621 475	170 956	2 951 992
四川	6 926 836	1 425 388	4 172 876	1 066 632	437 900	356 616	14 386 248
甘肃	492 629	1 029 708	220 083		98 076	2 384 170	4 224 666
新疆	919 483	164 415	310 600	85 255	43 490	122 677	1 645 920
热河	1 410 409		752 325	28 674		149 410	2 340 818
察哈尔	19 406	1 767	40 057			21 659	82 889
伊犁			31 467				31 467
统计	82 396 602	36 882 877	33 725 644	3 305 942	3 533 559	16 938 177	176 782 801

表 1-2-10 民国二年度预算各省岁出分类表

款别省别	外交费	内务费	财政费	陆军费	海军费	司法费	教育费	农商费	交通费	共计
直隶	30 473	3 577 523	413 849	4 315 634	157 830	901 044	314 856	118 858		9 830 067
顺天		130 685	4 149	172 839						307 673
奉天	80 312	1 058 782	846 066	4 589 550		753 951		118 094	47 146	7 493 901
吉林	119 924	817 924	433 401	2 840 593		564 271		34 323		4 810 436
黑龙江	34 268	545 980	301 496	2 566 738		311 872		231 140		3 991 494
山东	51 700	2 292 933	667 389	4 986 158		627 474	65 566	43 961	71 123	8 806 304
河南	41 226	2 075 523	573 866	3 989 868		498 800	121 233	24 015	15 018	7 339 549
江苏	113 216	3 232 340	1 011 975	7 867 364		993 866	122 081			13 340 842
安徽	6 120	1 179 197	371 090	2 358 286		605 098	35 894	46 497		4 602 182
江西	46 120	1 460 533	474 283	2 729 778		761 028	65 000	12 804		5 549 546
湖南	5 000	1 614 012	473 494	2 148 207		1 053 555	70 034			5 364 302
湖北	93 044	2 179 370	743 940	7 040 146		997 726		116 272		11 170 498
福建	51 158	921 640	511 161	2 054 099	420 000	368 567	24 934			4 351 559
浙江	37 430	2 266 438	1 099 897	3 358 161		780 000	9 582	874		7 552 382
广东	29 437	3 248 339	1 281 966	12 335 230		1 053 869	101 839	24 745		18 075 425
广西	6 120	1 617 968	219 806	4 363 554		274 047	33 606			6 515 101

（续表）

款别＼省别	外交费	内务费	财政费	陆军费	海军费	司法费	教育费	农商费	交通费	共计
山西		1 537 156	314 914	3 804 648		799 220	30 000	231 170	4 261	6 721 369
陕西	26 296	1 332 786	173 063	3 061 137		284 125		49 625		4 927 032
四川	51 408	3 300 687	562 987	7 043 832		667 562	135 195	61 298		11 822 969
云南	89 252	1 080 804	88 431	6 162 229		491 431		93 953	204 696	8 210 796
贵州		967 108	275 285	1 586 200		182 419		24 644		3 035 656
甘肃	2 640	729 720	187 515	1 843 809		178 465				2 942 149
新疆	47 824	774 708	288 702	5 579 534		107 404		17 532		6 815 704
热河		32 628	139 047	3 351 120		37 644		18 945		3 579 384
西藏	21 000	212 250	60 000	103 500						396 750
川边				3 591 556				69 600		3 661 156
察哈尔	8 400	16 628	178 304	371 505		3 466		5 382		583 685
乌里雅苏台						205				205
塔尔巴哈台		32 128		8 414						40 542
阿尔泰	2 000	50 000	8 605	411 560				35 761		507 926
绥远				1 131 846						1 131 846
西宁青海				23 548						23 548
统计	994 368	38 285 790	11 704 681	105 790 643	577 830	13 297 109	1 129 820	1 379 493	342 244	173 501 978

表 1-2-11　民国二年度预算各省岁入岁出总表

省别	岁入总数	岁出总数	比较	
			盈	亏
直隶	10 391 781	9 830 067	561 714	
顺天	138 173	307 673		169 500
奉天	14 160 984	7 493 901	6 667 083	
吉林	6 105 285	4 810 436	1 294 849	
黑龙江	3 867 608	3 991 494		123 886
山东	11 247 902	8 806 304	2 441 598	
河南	10 093 902	7 339 549	2 754 353	
江苏	15 279 112	13 340 842	1 938 270	
安徽	6 069 078	4 602 182	1 466 896	
江西	7 991 724	5 549 546	2 442 178	
湖南	7 175 406	5 364 302	1 811 104	
湖北	7 817 585	11 170 498		3 352 913
福建	5 593 715	4 351 559	1 242 156	
浙江	13 315 873	7 552 382	5 763 491	
广东	15 592 301	18 075 425		2 483 124
广西	3 215 077	6 515 101		3 300 024
山西	6 427 928	6 721 369		293 441
陕西	5 084 607	4 927 032	157 575	
四川	14 386 248	11 822 969	2 563 279	
云南	2 951 992	8 210 796		5 258 804
贵州	1 550 760	3 035 656		1 484 896

省别	岁入总数	岁出总数	比较	
			盈	亏
甘肃	4 224 666	2 942 149	1 282 517	
新疆	1 645 920	6 815 704		5 169 784
热河	2 340 818	3 579 384		1 238 566
西藏		396 750		396 750
川边		3 661 156		3 661 156
察哈尔	82 889	583 685		500 796
伊犁	31 467		31 467	
乌里雅苏台		205		205
塔尔巴哈台		40 542		40 542
阿尔泰		507 926		507 926
绥远城		1 131 846		1 131 846
西宁青海		23 548		23 548
共计	176 782 801	173 501 978	32 418 530	29 137 707

　　三年度各省之预算，与前年度预算相同，仅就国家之出入编列。而地方之收支，概未增入。岁入总数，为 15 749 万 7 668 元。内如直、奉、吉、豫、苏、皖、赣、晋、陕、闽、粤、桂、川、滇、黔、甘、新、热等处，均较二年度预算所列之数为减，如京兆、黑、鲁、鄂、湘、浙及川边等处，均较二年度预算所列之数为增，岁出总数，为 14 606 万 4 903 元。内如直、鲁、苏、赣、鄂、湘、闽、浙、桂、粤、晋、川、滇、黔、新及热河等处，均较二年度预算所列之数为减，如京兆、奉、吉、黑、豫、皖、陕、甘等处，均较二年度预算所列之数为增。而有盈余者，仍为直、奉、鲁、豫、晋、苏、赣、鄂、湘、川、浙、闽、粤等省，其余各处，均有亏数，大体与二年度相同。惟各省盈亏之数，前后稍有增减耳，兹列表 1-2-12、表 1-2-13、表 1-2-14 如后。

表 1-2-12 民国三年度预算各省岁入分类表

款别 省别	田赋	货物税	正杂各税	正杂各捐	官业收入	杂收入	共计
京兆	374 998		214 790		400	173 115	763 303
直隶	4 464 150	491 192	2 294 526	181 276	56 756	408 559	7 896 459
奉天	2 420 741	3 470 567	3 982 586	236 400	556 581	1 128 859	11 795 734
吉林	539 757	1 629 561	1 805 850	7 589		98 395	4 081 152
黑龙江	1 325 336	956 967	918 081	52 457	1 151 277	81 173	4 485 291
山东	7 207 136	374 394	1 400 172		22 983	1 032 697	10 037 382
河南	5 974 696	704 040	2 175 476	9 596	14 246	123 283	9 001 337
山西	4 344 491	910 380	277 801	13 687		60 000	5 606 359
陕西	3 509 975	702 496	146 690		11 766	98 810	4 469 737
甘肃	717 488	1 029 708	478 800		98 076	53 611	2 377 683
新疆	989 284	245 672	195 193			142 799	1 572 948
江苏	8 789 670	4 365 400	347 729	100 000	163 912	130 741	13 897 452
安徽	3 660 795	1 096 796	910 463	11 380		17 820	5 697 254
江西	4 436 717	2 202 689	907 743		10 000	128 785	7 685 934

（续表）

省别\款别	田赋	货物税	正杂各税	正杂各捐	官业收入	杂收入	共计
湖北	2 887 958	3 633 503	1 417 409	592 185		117 614	8 648 669
湖南	2 898 125	2 932 910	840 000		584 427	260 565	7 516 027
四川	6 510 655	267 097	2 870 041		398 641	277 056	10 323 490
浙江	9 103 130	1 536 155	850 320	2 480 141		134 946	14 104 692
福建	2 888 577	1 305 765	703 797	420 000		50 330	5 368 469
广东	3 618 791	4 215 469	3 680 124	309 969	1 248 510	1 708 916	14 781 779
广西	700 000	1 086 364	326 164	472 920			2 585 448
云南	841 884	489 861	467 725		109 774	104 265	2 013 509
贵州	804 904	403 350	126 488			42 183	1 376 925
热河	84 965	118 911	563 895	43 904		57 332	869 007
察哈尔	19 527	1 800	34 125	15 777	155	22 071	93 455
绥远						253 009	253 009
川边	114 059	15 000	64 436				193 495
阿尔泰						1 669	1 669
总计	79 227 809	34 186 047	28 000 424	4 947 281	4 427 504	6 708 603	157 497 668

表 1-2-13　民国三年度预算各省岁出分类表

费别\省别	外交费	内务费	财政费	陆军费	海军费	司法费	教育费	农商费	交通费	共计
京兆		734 229	23 824	41 872		1 050	36 000			836 975
直隶	128 587	2 212 161	273 560	4 471 163		350 000	307 481	45 000	10 735	7 868 687
奉天	57 980	1 489 613	1 399 685	6 203 276	70 000	450 000	69 013	68 567		9 738 134
吉林	102 366	947 099	441 113	3 244 205		320 000		30 000		5 084 783
黑龙江	117 786	602 466	310 607	2 932 580		160 000		377 784	50 000	4 551 223
山东	37 248	2 598 166	227 083	4 292 023		350 000	56 928	23 431		7 584 879
河南	43 059	2 040 025	222 150	4 777 033		320 000	100 000	10 749	69 720	7 582 736
山西		1 588 970	204 886	3 171 740		270 000	100 000	4 000		5 339 596
陕西	9 859	1 100 311	163 142	3 629 930		209 207				5 112 449
甘肃	61 212	863 460	185 107	1 731 593		200 000		39 670	83 647	3 103 477
新疆		835 701	76 434	3 398 586		121 303	24 347	16 000	196 287	4 729 870
江苏	60 000	3 592 004	721 350	4 862 800		320 000	100 000	24 000		9 680 154
安徽		1 798 140	502 666	3 845 566		129 862		46 497		6 322 731
江西	18 000	1 504 842	326 592	3 240 848		320 000	40 000	12 000		5 462 282
湖北	47 513	2 324 639	488 552	5 123 782		344 865	175 104			8 504 455
湖南	2 000	1 217 323	531 814	3 154 431		350 000	100 000			5 355 568

（续表）

费别／省别	外交费	内务费	财政费	陆军费	海军费	司法费	教育费	农商费	交通费	共计
四川	36 347	2 738 756	296 202	5 293 021		350 000	120 000	151 075		8 985 401
浙江	26 170	2 175 347	558 647	3 275 415		451 280				6 486 859
福建	35 724	1 302 888	236 318	1 879 537		220 000				3 674 467
广东	11 891	2 107 905	591 131	7 538 683		350 000	63 942			10 663 552
广西	1 200	1 117 832	318 075	4 253 652		106 883	26 458		72 000	5 896 100
云南	67 127	1 305 761	113 566	3 106 288		220 000		30 476	164 775	5 007 993
贵州		952 882	200 540	1 248 326		113 134				2 514 882
热河		360 178	110 000	1 218 183		20 000	17 253		1 716	1 727 330
察哈尔	10 000	70 400	28 000	337 326		3 531	10 000	5 382		464 639
绥远		196 932	25 000	609 788		17 544	20 000			869 264
川边	3 726	240 271	15 736	1 623 600			27 440	4 280		1 915 053
西藏		202 200	60 000	130 000			10 000			402 200
阿尔泰	2 000	56 687	7 000	298 951		6 000			10 000	380 638
塔尔巴哈台	6 948	48 000	8 000	154 578			1 000			218 526
总计	886 743	38 325 188	8 666 780	89 088 776	70 000	6 074 659	1 404 966	888 911	658 880	146 064 903

表 1-2-14 民国三年度各省岁入岁出总表

省别	岁入总数	岁出总数	比较	
			盈	亏
京兆	763 303	836 975		73 672
直隶	7 896 459	7 868 687	27 772	
奉天	11 795 734	9 738 134	2 057 600	
吉林	4 081 152	5 084 783		1 003 631
黑龙江	4 485 291	4 551 223		65 932
山东	10 037 382	7 584 879	2 452 503	
河南	9 001 337	7 582 736	1 418 601	
山西	5 606 359	5 339 596	266 763	
陕西	4 469 737	5 112 449		642 712
甘肃	2 377 683	3 103 477		725 794
新疆	1 572 948	4 729 870		3 156 922
江苏	13 897 452	9 680 154	4 217 298	
安徽	5 697 254	6 322 731		625 477
江西	7 685 934	5 462 282	2 223 652	
湖北	8 648 669	8 504 455	144 214	
湖南	7 516 027	5 355 568	2 160 459	
四川	10 323 490	8 985 401	1 338 089	
浙江	14 104 692	6 486 859	7 617 833	
福建	5 368 469	3 674 467	1 694 002	

（续表）

省别	岁入总数	岁出总数	比较	
			盈	亏
广东	14 781 779	10 663 552	4 118 227	
广西	2 585 448	5 896 100		3 310 652
云南	2 013 509	5 007 993		2 994 484
贵州	1 376 925	2 514 882		1 137 957
热河	869 007	1 727 330		858 323
察哈尔	93 455	464 639		371 184
绥远	253 009	869 264		616 255
阿尔泰	1 669	380 638		378 969
塔尔巴哈台		218 526		218 526
川边	193 495	1 915 053		1 721 558
西藏		402 200		402 200
共计	157 497 668	146 064 903	29 737 013	18 304 248

　　五年度各省预算案，系合国家地方两次之出入，统行编列，与二三两年度预算，仅就国家之出入编订，而不及地方之收支者不同。故其岁入门内，如向归地方之田赋附税，及各项杂税，均经列入。而岁出门内，如向归地方之内务、教育、实业、财政，各费，亦经编列。此收支两数，所以较增于二三两年度预算之数也。岁入总数，为 19 865 万 3 119 元，岁出总数，为 16 856 万 8 836 元。直、奉、吉、鲁、豫、晋、陕、甘、苏、皖、赣、鄂、湘、川、浙、闽、粤等省，均有盈数。此外各省区，咸系入不敷出。而各省出入之数，所以较二三两年度预算有加者，并非新增之款，乃地方之收支合并列入之结果耳，兹列表 1-2-15、表 1-2-16、表 1-2-17 于后。

表 1-2-15　民国五年度预算各省岁入分类表

款别＼省别	田赋	货物税	正杂各税	正杂各捐	官业收入	杂收入	共计
京兆	434 032		238 953	30 000	400	154 928	858 313
直隶	6 070 951	608 390	3 040 941	619 320	253 961	614 814	11 208 377
奉天	3 331 110	3 120 182	3 934 660	225 350	302 265	1 945 251	12 858 818
吉林	1 084 442	1 826 680	2 560 932	17 138		329 390	5 818 582
黑龙江	1 263 701	1 098 991	1 040 218	92 701	1 296 420	23 184	4 815 215
山东	9 502 355	178 973	1 359 067	223 829	7 588	253 003	11 524 815
河南	7 700 750	783 368	1 966 486	98 297	24 320	222 840	10 796 061
山西	5 949 516	776 380	525 317	93 074		66 051	7 410 338
陕西	5 793 967	1 098 294	380 852	391 000	10 000	159 277	7 833 390
甘肃	1 457 453	771 068	515 968	879 877	124 566	68 963	3 817 895
新疆	1 818 224	263 046	745 681	261 627	17 905	201 152	3 307 635
江苏	11 092 580	5 909 450	397 257	109 380	64 612	179 257	17 752 536
安徽	4 035 619	1 635 157	1 036 694	580 849		304 148	7 592 467
江西	5 397 626	2 802 315	1 019 816	43 772	660	344 921	9 609 110

（续表）

省别＼款别	田赋	货物税	正杂各税	正杂各捐	官业收入	杂收入	共计
湖北	3 233 782	4 754 872	1 272 646	1 514 235	112 737	443 411	11 331 683
湖南	3 335 606	2 674 639	539 378	436 556	104 376	339 880	7 430 435
四川	6 866 911	519 402	3 681 108	218 041	182 715	82 875	11 551 052
浙江	7 712 259	1 984 860	485 050	3 430 442		360 234	13 972 845
福建	3 263 809	1 302 513	706 797	796 849	15 133	390 226	6 475 327
广东	4 403 958	5 066 754	4 307 562	7 269 960		392 546	21 440 780
广西	1 248 000	1 945 014	424 387	604 372			4 221 773
云南	1 094 449	542 757	961 713		116 052	188 184	2 903 155
贵州	745 044	461 299	224 640	94 806		65 194	1 590 983
热河	93 660	128 540	617 254	16 278		80 990	936 722
察哈尔	283 741	37 140	4 471	253 378		31 575	610 305
绥远	86 599		94 675	252 920	4 254	20 364	458 812
川边	253 369		259 181	9 856		3 289	525 695
统计	97 553 513	40 290 084	32 341 704	18 563 907	2 637 964	7 265 947	198 653 119

表1-2-16 民国五年度预算各省岁出分类表

费别＼省别	外交费	内务费	财政费	陆军费	海军费	司法费	教育费	农商费	交通费	共计
京兆		834 199	35 916	42 634		41 428	39 030	7 080		1 000 287
直隶	57 108	2 813 429	807 376	4 392 621	70 000	350 000	1 249 845	112 760	15 554	9 868 693
奉天	60 020	1 552 860	770 296	6 245 169		450 000	405 972	67 748		9 552 065
吉林	72 366	1 031 210	510 617	3 010 379		320 000	280 000	49 492		5 274 064
黑龙江	117 389	639 326	502 064	2 935 988		184 624	174 650	765 423	5 760	5 325 224
山东	25 200	2 542 616	562 147	5 140 396		350 000	530 405	103 225		9 253 989
河南	43 153	2 489 780	190 123	5 637 596		340 000	495 870	38 226	69 720	9 304 468
山西		1 886 838	498 751	2 339 000		290 000	440 705	21 191		5 476 485
陕西	6 000	1 401 758	307 619	3 624 036		272 442	282 140	48 752		5 942 747
甘肃	6 000	925 448	232 153	1 731 593		207 200	188 247	90 835	57 869	3 439 345
新疆	57 956	864 076	139 137	3 388 318		99 560	66 072	17 350	97 810	4 730 279
江苏	65 208	4 732 498	764 758	4 850 108		400 000	1 261 097	304 936		12 378 605
安徽	6 000	1 943 603	461 774	3 835 566		136 836	264 096	77 690		6 725 565
江西	18 000	1 878 959	312 536	2 379 868		320 000	421 119	73 329		5 403 811
湖北	52 124	2 554 437	513 472	5 233 720		350 592	617 450	117 165		9 438 960
湖南	6 000	1 573 075	542 970	3 147 955		349 994	542 956	14 776		6 177 726
四川	36 247	3 037 945	251 449	6 024 078		384 784	791 306	350 488		10 876 297

（续表）

省别	外交费	内务费	财政费	陆军费	海军费	司法费	教育费	农商费	交通费	共计
浙江	26 170	3 124 351	629 542	3 264 012		451 280	734 625	236 669		8 466 649
福建	36 724	1 509 978	342 974	1 888 652		220 000	459 317	33 152		4 490 797
广东	11 483	4 048 645	818 399	7 614 864	578 925	350 000	580 891	42 167		14 045 374
广西	1 200	1 140 970	323 216	3 860 109		106 883	89 398		75 445	5 597 221
云南	24 002	2 184 759	178 235	3 106 288		179 668	351 262	62 149		6 086 363
贵州		1 052 313	186 229	1 251 790		130 332	158 517	71 456		2 850 637
热河		260 820	113 472	1 218 183		52 920	17 185	5 160	1 716	1 669 456
察哈尔	7 076	168 420	60 000	405 899		22 581	16 584	6 648		687 208
绥远		156 780	25 000	809 788		17 544	20 000		4 261	1 033 373
恰克图		33 840		29 132						62 972
乌里雅苏台		39 840		29 132						68 972
科布多		36 000		29 132						65 132
川边		329 985	26 344	1 623 600			37 384	11 192	35 376	2 063 881
西藏		161 000	60 000	130 000			10 000		40 000	401 000
库伦		62 400		132 016						194 416
阿尔泰	2 000	63 347	7 000	298 951		6 000			10 000	387 298
塔尔巴哈台	7 540	68 871	7 891	143 189			1 986			229 477
统计	744 966	47 144 376	10 181 460	89 793 762	648 925	6 384 668	10 528 109	2 729 059	413 511	168 568 836

表 1-2-17　民国五年度岁入岁出总表

省别	岁入总数	岁出总数	比较	
			盈	亏
京兆	858 313	1 000 287		141 974
直隶	11 208 377	9 868 693	1 339 684	
奉天	12 858 818	9 552 065	3 306 753	
吉林	5 818 582	5 274 064	544 518	
黑龙江	4 815 215	5 325 224		510 009
山东	11 524 815	9 253 989	2 270 826	
河南	10 796 061	9 304 468	1 491 593	
山西	7 410 338	5 476 485	1 933 853	
陕西	7 833 390	5 942 747	1 890 643	
甘肃	3 817 895	3 439 345	378 550	
新疆	3 307 635	4 730 279		1 422 644
江苏	17 752 536	12 378 605	5 373 931	
安徽	7 592 467	6 725 565	866 902	
江西	9 609 110	5 403 811	4 205 299	
湖北	11 331 683	9 438 960	1 892 723	
湖南	7 430 435	6 177 726	1 252 709	
四川	11 551 052	10 876 297	674 755	
浙江	13 972 845	8 466 649	5 506 196	
福建	6 475 327	4 490 797	1 984 530	
广东	21 440 780	14 045 374	7 395 406	
广西	4 221 773	5 597 221		1 375 448
云南	2 903 155	6 086 363		3 183 208
贵州	1 590 983	2 850 637		1 259 654
热河	936 722	1 669 456		732 734
察哈尔	610 305	687 208		76 903

（续表）

省别	岁入总数	岁出总数	比较	
			盈	亏
绥远	458 812	1 033 373		574 561
库伦		194 416		194 416
阿尔泰		387 298		387 298
塔尔巴哈台		229 477		229 477
恰克图		62 972		62 972
乌里雅苏台		68 972		68 972
科布多		65 132		65 132
川边	525 695	2 063 881		1 538 186
西藏		401 000		401 000
共计	198 653 119	168 568 836	42 308 871	12 224 588

第二节　国家及地方财政之划分

第一项　划分之起源

前清光绪三十四年秋，预备立宪，朝野望治，宪政编查馆、资政院，会奏九年筹备事项内，有第三、第四、第五，三年，订颁国家税地方税章程之条，是为税项划分之滥觞。宣统年间，各省清理财政局，编订财政说明书。于税目之划分，论列特详。然其分类，大率专就税目之性质而言，初未议及政费之范围。民国元年夏，划分两税之议又起。江苏程督，①力主整理财政，须将国家地方之经费，同时划清界限。先述出款，如外债、军政、司法、及政官厅各费，应归中央担任，如民政、实业、

---

① 这里指民国首任江苏都督程德全。

教育,各费,应归地方担任。后述入款,如关税、盐税及其他各种税之属于间接者,应归中央收入,如地税,应归地方收入,由是分配。政费与划分税款,遂相提并论矣。嗣后各省函电交驰,互有主张,或趋重国家,或趋重地方,见解既属相歧,持论每多偏执。是年冬,财政部特设调查委员会,派员讨论,金以分配政费。划分税款,尚有先决之前提,均应预为议定,兹将当时议定各项,分述如下。

（一）宜定国家与地方之界说。地方二字,原有两义：一、对于国家而言之地方;一、对于中央而言之地方。对于国家而言之地方,则地方者,专指地方团体而言,其义较狭。对于中央而言之地方,则地方者,不能专指地方团体,国家之地方行政区域,亦包括在内,较而论之,应从前解。何则,划分国家地方之主旨。原以划为国家税者,为国家之收入,充国家行政之用。固非专指中央所在地之行政,即各地方行政区域内之国家行政亦属之。划为地方税者,为地方团体之收入,专充地方行政之用。而地方行政区域之国家行政,则不属之。划分之后,使两者不相混淆,以各谋收支之适合也。

（二）宜定地方团体之级数。地方团体之级数,尚待省制规定。惟级数之多寡,与政费税款有关。级数多,则政务繁而经费增,级数少,则政务简而经费减,经费增则地方税自宜从多,经费减则地方税不妨略少,故级数之多寡,直接影响于地方财政,间接影响于国家财政,至深且钜。但省制议决,尚需时日。而划分政费与税款,又不容或缓。前清各省设咨议局,已具自治团体之雏形,而县及市乡,在历史上,亦久成地方之区域。惟有暂定地方团体,为省县及市乡之三级,以期有所根据耳。

（三）国家行政地方行政之范围。国家行政,与地方行政,之界限,照通例言,以利害关系全国及地方团体不能自谋之事,则隶诸国家。而其利害仅局于一方。或虽亘全国,而地方团体所能谋之事,则属诸地方。然划分之宽严,恒随团体而转移。我国今日中央集权、地方分权,两主义,亟宜并用,不可畸轻畸重。暂定外交、陆军、海军、司法,等项行政,应为绝对的国家行政。内务、教育、农商、交通、财政,等项行政,应以一部分属诸国家行政,一部分属诸地方行政。庶几国家之政务,集权于中央,地方之政务,授权于各省,而能收各自发展之效。

以上三端,系当时调查会筹议之情形,旋经部厘定国家政费、地方政费、国家税、地方税,各项章制,派员分赴各省磋商。而各省疆吏,间有以地方职权过狭,难期自治之发展,故前项章制,一时未能实行。翌年春,财政部改设国税厅总筹备处,旋呈颁国税厅筹备处暂行章程,同时又简放各省国税厅筹备处处长,设厅分科,专管国家之政费,及税款事项。而地方之政费及税款,仍归财政司主办。初行之时,国税厅与财政司,每以事权所在,多所争议。而国家地方之职权,实由此以判别焉。

第二项　税项之划分

整理财政之道,首在改良税制,改良税制之方,首在厘订两税。民国初年,旧章既废,新制未立,中央财政,既陷于困难之域,而自治行政,又亟待推行,经费亦须先为筹措,故宜厘定税目。举应属于国家者,作为国家税,由国家管理征收,应属于地方者,作为地方税,由地方管理征收。不然,则国家与地方之财政,永无划清之一日。权限一日不清,即整理不能着手,头绪久而益纷,弊害积而愈甚,安能有增加岁入之望,又安能使国家行政,与地方行政,同时并进哉。二年冬,财政部以时势所趋,两税应早划分,遂订定国家税、地方税法草案。翌年,复于原案稍事修正,以资遵循。兹将修正原案,录之如下。

一　现行税目之划分

（一）下列各项,定为国家税。

　　1. 田赋

　　2. 盐课

　　3. 关税

　　4. 常关

　　5. 统捐

　　6. 厘金

　　7. 矿税

　　8. 契税

　　9. 牙税

　　10. 当税

　　11. 牙捐

　　12. 当捐

　　13. 烟税

　　14. 酒税

　　15. 茶税

　　16. 糖税

　　17. 渔业税

（二）下列各项，定为地方税。

　　1. 田赋附加税

　　2. 商税

　　3. 牲畜税

　　4. 粮米捐

　　5. 土膏捐

　　6. 油捐及酱油捐

　　7. 船捐

　　8. 杂货捐

　　9. 店捐

　　10. 房捐

　　11. 戏捐

　　12. 车捐

　　13. 乐户捐

　　14. 茶馆捐

　　15. 饭馆捐

16. 肉捐

17. 鱼捐

18. 屠捐

19. 夫行捐

20. 其他之杂税杂捐

二　将来新税之划分

（三）下列各项，定为将来应设之国家税。

1. 印花税

2. 登录税

3. 继承税

4. 营业税

5. 所得税

6. 出产税

7. 纸币发行税

（四）下列各项，定为将来应设之地方税。

（甲）特别税之税目

1. 房屋税

2. 国家不课税之营业税

3. 国家不课税之消费税

4. 入市税

5. 使用物税

6. 使用人税

（乙）附加税之税目

1. 营业附加税

2. 所得附加税

3. 地方特别税及附加税之制限

（五）地方特别税，有妨碍国税者，财政部得禁止其征收。凡特别税，经财政部认为不正当者，亦同。

（六）凡地方附加税，不得超过左①之制限。

 1. 田赋附加税，不得超过百分之三十。

 2. 营业附加税，不得超过百分之二十。

 3. 所得附加税，不得超过百分之十五。

（七）遇有特别事项，须增加附加税之成数时，非经财政部认可，不得超过前条之制限。

附则

（八）第三条所列各税法，另以法律定之。

（九）地方税之分配，由地方团体自定之，仍由该管地方官吏，报国税厅查核。

（十）俟新税法实行时，凡旧税，无特别保存之理由，且与新税相抵触者，应即废止。

以上十条，系国家税地方税草案之全文，当时财政部筹议原案之理由，约分四端，兹详述如下。

（一）现行之税目亟宜划分也。现在国内所有税项，在赋税系统中，惟收益税，与消费税，稍稍发达。而营业税、行为税，与所得税，尚在萌芽时代。赋税系统既未完备，则国家与地方税之划分，自不能尽据乎纯粹之学理。而参酌事实以行之，或亦不失为因时制宜之道。田赋、盐课、关税、常关、统捐、厘金、矿税、契税、牙税、当税、牙捐、当捐、烟税、酒税、茶税、糖税、渔业税等，或历史上久认为正供，或性质上不宜归地方，故本法有第一条之规定。商税、牲畜税、粮米捐、土膏捐、油捐、船税、杂货店捐、房捐、戏捐、车捐、妓捐、茶馆捐、饭馆捐、肉捐、鱼捐、屠捐、大行捐，及其他杂税、杂捐等，或本属国家税之一，或向为地方之财源，以其参差零星，性质上应归地方团体，故本法列入地方税内。至田赋一项，向来带征各款，本含有地方附加税性质，惟名目既属不一，额数亦有多寡，错杂纷纭，已达极点，故本法于地方税内，设田赋附加税。举凡带征名目，概与删除，庶可省计算之劳，而收划一之效。

---

 ① 左，即下列。

（二）将来之新税宜预为划分也。现在中央与地方之财政，同处于匮乏之境，仅就现今固有之税目而划分之，非仅中央政费日益膨胀，终岁收入，万难敷用，即就地方团体论，其自治行政，亦随岁月而增加。区区收入，又岂能足供其用。值此民力凋敝之秋，固未便遽议增税，以竭税源。而将来元状回复之后，添设新税，实为不可缓之事。印花税、登录税、继承税、营业税、所得税、出产税、纸币发行税等，各国均定为国家税，行之已久，且认为良好之税源，故本法第三条，定为将来应设之国家税。房屋税、国家不课税之营业税、国家不课税之消费税、入市税、使用物税、使用人税等，或性质上宜为地方财源，或征收上宜归地方经理，故本法第四条，定为将来应设之地方税。至施行营业、所得两税时，若不予地方团体以设附加税之权，则调查匪易，隐匿自多。故本法仿照日法制度，于地方税内，许将来得设营业所得附加税，以期推行无碍。

（三）地方特别税及附加税宜设限制之条也。地方团体，虽有课税之权，而所课之税，政府若认为不正当者，得禁止其征收，此为各国之通例。盖地方所征课之税，虽不至远违乎本地人民负担之力，然往往囿于地域之见，与国家所定之政策，有所妨碍。故本法设第五条之规定，以预防其弊。日本地租附加税，其最大限，为百分之三十二，营业附加税，其最大限，为百分之十一，所得附加税，其最大限，为百分之四。法国虽无所得附加税，而地租及营业两税，各地方团体均设附加税。我国自治，尚在幼稚时代，经费均甚竭蹶，附加税之制限过宽，固足减正税之收入，而过严，复足妨自治之发展，斟酌再三，似以仿照日制为宜，故本法有第六条规定。

（四）将来新税施行时重复之税目宜同时废止也。夫重复税，违乎公平之原则，理财者所当力避。盖同一课税物件，而征二次以上之税，负担过重，必致枯竭税源，源竭而税亦无由附丽矣。各国于添设新税时，必废止类似之旧税，以纾人民纳税之力，职是之由，故本法有第十条之规定。以上四端，系财政部厘定原案主要之理由。是项草案，通行各省后，疆吏电请酌改原案者颇多，而坚持漕粮应归地方之说，以江苏为最著。初程督致电国务院、财政部,略谓部拟税目,大致不甚悬殊,自应遵照,候院议决。惟漕粮一项,其性质同于贡献,负担本不平均。浙省有漕各县,不认完纳,争持甚烈。苏与浙邻,虑受影响,若归入中央,适贻人民口实,将来断难持久,不若还诸地方,事理较顺。如全案业经交院,应请另行提出声明,以免窒碍。旋经部复,现在浙省漕粮,已由朱督与省会协商,每石改征抵补金四元,即由本部提交院议,俟议决后公布施行。苏省似不至再受影响,所有苏省漕粮,仍拟列入国税,以归划一。二年二月,程督又电国务院,称苏省众议院及省议会议员,在宁开恳亲会,议决漕为江浙所独有,人民担负太重,自应留充本省经费,免筹他税,并电达参议院主持等语。正值内外争执之际,热河熊都统上大总统函,国税性质,约有三要素:一曰、简单,二曰、统一,三曰、平均。钱粮地丁,尚兼三要素之义,若漕折一项,各省互有多寡,人民负担不均,归之地方税,似为相宜,地方多一入款,国家少一补助,仍属中央之利,倘斤斤计量,势必中央与地方日生恶感。他种新税,更难施行,因小失大,甚非所宜。同时苏浙绅士,吴廷燮、陈汉第、张一麟等,上大总统说帖,略谓漕粮一项,江浙为独重,倘必令照征,悉解中央,或划归中央支配拨用,恐中央不能得收入之实益。而地方转得借口减轻输纳之负担,为保存旧税计,为顺从舆情计,可分两法:一、此项漕粮收入,于国家财政未经整理以前,由地方征收,暂时划抵中央,负担地方行政之费。二、俟国家财政整理后,有新增各税,足抵漕粮收入时,即纯然划归地方行政支出,似此办法,漕粮不致废止,中央地方,两有裨益,利害所关,宜权轻重,乞发下财政部核议,等语。旋由国务院,将前项电文、函稿、说帖,交部核办,嗣经财政部分别核议,拟具说帖,呈复大总统,仍以维持原案,将漕折列入国税为主旨,兹录原文如下。

　　窃查上年十一月,程都督致国务院皓电。本年二月,程都督等致国务院江电。二月十二日,熊都统上大总统函一件。吴廷燮等,上大总统说帖一件,先后俱由国务院交部核办。细阅各案,其主张苏省漕粮,应划归地方税则一也,惟办法略有不同。而所持之理由,又多大同小异之处，兹应即其所持之理由剖释之，再详陈其办法之当否，以明本部划分宗旨之所在，谨分别缕晰言之。查程都督等所持之理由，约可分为三端：一、学理上之理由，即谓苏漕，为不普及不公平之负担也。程都督等江电，称苏省议员恳亲会，提议漕为江浙所独，人民负担过重，等语。殆以漕为违背租税普及之原则也。程都督皓电，称漕粮一项，其性质同于税率，其负担本不平均，等语。熊都统函称，漕折一项，各省互有多寡，为国家收税人民负担之最不平均者，等语。吴廷燮等说帖称，全国漕粮所入以江浙两省为最多，等语，殆以漕为违背租税公平之原则也。此为学理上最有根据之理由。其次体制上之理由，即谓苏漕非民国所宜有也。吴廷燮等说帖，称漕粮为帝政时代天庾正供。此项名目，在民国本无存在之理，系属不可恃之税源，等语。殆以前请漕米，专供上用，故国体已更，此制即当改革也。又次为事实上之理由，即谓苏漕不归地方，势必牵动税制也。程都督皓电，称浙省有漕各县，不认完纳，争持甚烈，苏与浙邻，虑受影响，等语。吴廷燮等说帖，称上年各省议会，已创废止收漕之议，浙省且议决停收，嗣又改名抵补捐，暂行征收一次，仍不免再生争议，若划归地方，或因维持本省收入起见，尚可不至废止，等语。殆恐以苏漕而牵动浙省之抵补金也。吴廷燮等说帖，又称中央若争此不可恃之漕粮，而地方议会，变本加厉，复创地丁一项，亦尽划归地方之议，国家经济，更形支绌，等语，是又虑以苏漕而牵动田赋全体也。以上三种之理由，于学理上、体制上、事实上，俱有实在之关系。唯本部尚有须详细剖陈者。自学理上言之，谓漕粮为不普及不公平之租税者，疑漕为江浙之所独，而江浙人民负担特重故也。然前清旧制，征漕省分，计有江苏、浙江、安徽、江西、湖南、湖北、山东、河南八省，漕固非江浙之所独也，但江浙之改折最后耳。征漕者，虽仅八省，而征米者，无省不然。但有起运之省，指名为漕耳，不得以苏漕为不普及之证明，不待智者知之矣。至于负担不平均之一语，必以征漕八省，此较江浙两省漕额较多，为借口。查前清户部则例，载江南苏松粮道属，额征正兑正米 103 万余石，改兑正米

9万余石。而其余各省漕额，均不及此数，似乎轻重悬殊矣。然此乃配赋额之多少，非负担公平与否之问题也。吾国旧制，无论丁粮漕项，均用配赋法，即预定一总额。而配赋于各省，省又配赋于各府县也。负担力大者，故配赋额多，负担力小者，故配赋额少。非此省配赋额较多于彼省者，即指为不公平之租税也，即让一步言之。江浙之漕粮，配赋额与负担力，不能相等，此诚为不公平之租税矣。然前清旧制，东南赋重役轻，西北赋轻役重，此中调剂之宜。又自有道，不得遽指一端而訾议之。更让一步，而尚有不公平之处，则又整理田赋之问题也。今值划分税项，若以此争执，则所有租税。省与省不同，县与县互异，即至一乡一镇，亦有参差，群起效尤，不堪其扰。此学理上之理由应为剖陈者一也。至于体制上之理由，谓漕为天庾正供，不宜存在于民国，此殆未究漕项之用途欤。若漕米全供太庙之粢盛，宫廷之玉食，则帝政已废，此制自随而消灭。然旧制漕米之用于以上二项者，不及十分之一。而其余充兵米、甲米者，居最多数，官俸米、慈善米、司狱囚粮、蒙古王公各口粮、俸米等，均有定额。要言之，则国家行政之所需也。夫国家行政之所需，以实物颁给者，经济幼稚时代所不免也。若谓其与国体有关则误矣。然今则江浙漕项，亦已一律折征。而各项兵米等，又将全行折放，以固有国家之所入，充国家之所用，夫复何疑。若谓漕为天庾之供，例应废止。则各省地丁盐课，及关税，项下，准其开销贡品，报效织造者，今既帝制颠覆，亦应一律蠲除耶。此体制上之理由应为剖陈者二也。最后为事实上之理由，谓漕项不归地方，势必牵动于浙省之抵补金，及田赋之全体。夫田赋应否归于地方，其应归于国家，系有何种之理由，此本部当另为议案。而待决于国会者也。浙之抵补金，既经参议院议决，征收一年。至一年以后，应否继续，亦系国会待决之一事。苏漕性质，本与浙漕相同，俱在田赋之内，计辛亥预算草案。田赋一类，内列漕粮1 694万余元。若苏倡于先，各省起而效之，则国家即亏此1 694万余元之收入。本部所虑影响牵动者，固在此不在彼也。此事实上之理由应为剖陈者三也。以上三种理由，既经剖陈于前，则其主张办法之当否，似不待解而决矣，兹不厌烦详，应综核其办法，分为三端研究之。一（甲）种办法，以漕粮作为地方收入也。江苏程都督皓电，称苏漕若归入中央，适贻人民口实，反致两俱无着，不若还之地方，征收较易，等语。熊都统函，称因势利导，举漕粮归诸地方，地方多一入款，国家亦少一补助，等语。此皆主张以漕粮作地方收入者也。二（乙）种办法，以漕粮作地方费用也。江苏都督江电，称议员恳亲会，提议漕为江浙所独，自应留充省经费，免筹他税，等语，即系乙种办法之主张。三（丙）种办法，以漕粮暂抵中央负担地方行政之经费，俟将来改作地方行政支出也。吴廷燮等说帖，称应分两层办法。（一）此项漕粮收入，于国家财政未经整理以前，由地方征收，暂时划抵中央负担地方行政之经费。（一）俟国家财政整理后，有新增各种税项，足抵漕粮收入时，即纯然划归地方行政支出，等语，即系丙种办法之主张。查甲种办法，自地方收入方面言之，乙种丙种办法，自地方支出方面言之。持论不同，而其注重于地方则一。今欲研究其主张办法之当否，当先问其所指地方之意义。甲种丙种之所称地方，及乙种之所称省经费，若指地方自治而言，谓漕粮应为地方自治之收入。而供其支出，则与本部之宗旨大异。而不然者，省行政即地方行政，亦即国家行政。省经费即地方经费，亦即国家经费，彼以漕粮留为地方收入，充作省经费者，不过名义之不同，其实际与本部之划作国家收入留充国家经费之宗旨毫不刺谬。若实际归诸国家，而名义归诸地方，则将来办理预算，既多窒碍，管理征收，亦不分明。设地方自治团体，因误会而起争端，更又何说以解之。故本部对于三种之办法，无甚轩轾，而划分之宗旨，必留归国家者。虽曰名义之争实有慎重之意，故综其颠末，详悉陈之。

是年夏，财政部编订二年度预算册，即按照草案办理。苏省所送预算分册，将漕折归入地方，经部重为订正。三年夏，续办三年度预算册，亦照旧制分列。旋又以国用日增，财政困难，地方税划分之后，所办自治、学堂、实业，等项，徒有其名，多无实效，呈准取销国家税地方税名目，统由主管财政官署支配。嗣后各种税款，复归统收统支。两税分合之情形，其大略盖如此。前清各省，虽尚有内销外销之分，迄是而无论何款，均须报部核销矣。四年冬，财政部编订五年份预算册，将原有之地方入款，一并列入。五年八月，众议院建议，恢复二年时财政部所修正厘订之国家税地方税法草案，旋经国务会议议决，由部通电各省。国家税、地方税，仍照前项草案办理，其民三预算未列之收入，为民五预算列入国家岁入者，仍暂依民五预算办理。至各省应解中央之解款及专款，仍照现在定额，如数报解。国税内如有不敷，酌量由地方税内协拨。俟两税划分确定后，再另定办法。自是各种税项，复由合而分，渐复二年之旧矣。

第三项　政费之划分

考划分政费，乃随厘定两税而生，划归于国家之政费多，则国家税之范围宜广，而地方税之范围宜狭。划归于地方之政费多，则地方税之范围宜广，而国家税之范围宜狭。故厘定两税，当视划分政费之多寡为衡。民国元年冬，财政部曾定国家地方政费之标准，为内外编订预算之依据，兹分述如下。

甲　国家费之费目

一、立法费。此项专指国会经费而言。至省、县、市、乡，立法机关之经费，不在此限。

二、官俸官厅费。此项以属于官治行政之职员俸给，及公署费用为限。自总统府、国务院、都督府、省长署、及县知事署，均属之。

三、海陆军费。海陆军费为国防所需，故无论为中央所在地之海陆军费，或外省之海陆军费，统由国家预算内支出。

四、内务费。内务行政，大半属诸地方团体。然如国都所在地，及省城商埠之警察，与内务部直辖之内务费，统由国家预算内支出。

五、外交费。外交以国家为主体，故无论为中央所在地之外交费，或外省之外交费，统归国家预算内支出。

六、司法官厅及监狱费。司法独立。久成各国通例，且以保障人民生命财产，故全国各地之司法费，亦应统由国家预算内支出。

七、专门教育费。此项仅限于教育部直辖之机关。国立专门以上学校之费，至省立、县立、各学校之费，则不属之。

八、官业经营费。邮、电、路、航、山林、矿业，及各部直接经营之官业等所需之费，均从国家预算内支出。

九、工程费。此项专指重大工程而言，如河工经费等是。盖其工程之利害，亘及于各省，故经费由中央支出。

十、西北拓殖费。西北拓殖事业，非仅仅增进西北之生产力，其利害亘及全国，故其经营费，当从国家预算内支出。

十一、征收费。此项仅指征收国家入款所需之经费而言，至地方收入之征收费，则应由地方经费项下支出之也。

十二、外债偿还费。外债关乎国家之信用。凡中央政府自借之外债，皆由国家预算内支出。至各省自借之外债，则不属之。

十三、内债偿还费。此项仅限于政府公债偿还费，而地方公债偿还费，则不属之。

十四、清帝优待费。优待费载在条约。而此项条约，既以民国为主体，则其经费应由国家预算内支出。

乙　地方费之费目

一、立法费。此项专指地方议会之经费，而国会费不属之。

二、教育费。此项除教育部直辖机关，及国立学校外，凡专门教育、普通教育、义务教育，诸费，均应由地方支出。

三、警察费。警察为保持地方治安而设，除京城、省会、商埠、所需之警察费外，其他警察费，应由地方支出。

四、实业费。此项除中央所营之实业外，凡农、工、商、各业，由地方团体自办者，均由地方支出。

五、卫生费。卫生行政，系保卫地方人民之生命，其费自应由地方支出。

六、救恤费。救恤行政,系减轻地方人民之困苦,其费亦应由地方支出。

七、工程费。此项除国家所营之工程外,凡地方团体经营之工程,其费均由地方支出。

八、公债偿还费。此项仅限于地方公债之偿还费,至政府公债之偿还费,则不属之。

九、自治职员费。此项如市长、乡董之薪水等是,而与立法费有别。

十、征收费。此项专指征收地方收入所需之费,至中央收入之征收费,则不属之。

以上各端,系财政部厘定国家政费与地方政费之标准。至地方各费内,何者属于省,何者属于县及市乡,统由各级地方团体自定之。二三两年度预算案,均照此分编。国家岁出预算案,交国会议决。地方岁出预算案,交省县各级议会分别议决。迨三年春,国会停职,地方议会,亦遂中辍。六月,财政部呈准取销国家税地方税名目,而地方应支各款,亦改归财政官署一并支配。四年冬,续编五年份预算案。凡属国家及地方原有之出款,统归编入。惟款项之下,遇从前属于地方者,间在说明栏内择要声叙。五年八月,国会重行召集。九月,财政部规定暂时办法。凡各省办理岁出预算,应按照民国三年核定预算案内之费目办理。经国务会议议决,通电各省照办。此国家地方政费分合之源流也。

第四项　地方财政之收支

前清各省财政,在初收支款项,均须年前列入估拨册内,依限达部,为编订黄册之用。咸同以来,时事多故,疆吏以军糈紧迫,每多就地筹款之举。而原有之款,则仍遵照旧制奏报,谓之内销款项,其新生之款,则由各省自行核销,谓之外销款项。而外销各款,不尽为地方政务之用,核与今日地方税之性质,殊难强同。至光绪季年,度支部派员清理财政。外销各款,始与内销各款,同入奏册,然尚未和盘托出也。宣统年间,划分国家地方两税之议起。三年预算案,地方收支,仍系合编。四年预算案,虽系分编,而地方预算册由各省自定,迳交咨议局,畸零分散,无从汇集。民国以还,财政部先订国家政费地方政费之标准。次定国家税地方税法之草案,故二三两年度之预算案。各省于地方岁入岁出之预算,均系分编,一份送部备查,一份交省议会议决。综计全国地方预算,属于二年度预算案者,岁入为3 866万8 745元,岁出为5 931万9 863元,以收抵支,不敷甚巨。因当时各省官绅,力谋自治之发展,兴办之事较多,故致入不敷出也,其属于三年度预算案者,岁入为3 849万9 332元,岁出为3 232万531元,收支相抵,尚有盈余。以是时地方议会奉令停职,自治事宜,间多缩小,故入多于出也。四年冬,办理五年份预算案。省地方收支各款,统经全数编入。惟册内关于地方提入之款,均经于说明栏内声叙,兹特分别提出,统计岁入为2 737万6 516元,岁出为1 883万996元,较诸三年度地方预算案,岁入岁出所减甚钜。盖当时承中央集权之余,自治事务,益为式微,亦时运使然也,兹将历年地方财政之岁入岁出,列表1-2-18于下。

表1-2-18　历年地方财政岁入岁出表

岁入门			
年别 省别	民国二年度 预算数	民国三年度 预算数	民国五年度 预算数
京兆	16 530		
直隶	1 092 150	3 864 651	1 962 751
奉天		5 271 459	1 032 974
吉林		2 971 285	463 865
黑龙江	1 403 311	223 509	21 186
山东	1 261 508	1 778 675	1 722 575
河南	3 292 090	2 308 250	1 895 753

（续表）

年别 省别	民国二年度 预算数	民国三年度 预算数	民国五年度 预算数
山西	2 401 241	1 492 774	646 571
江苏	4 155 739	3 125 246	2 700 886
安徽	1 246 933	1 239 864	1 252 424
福建	891 203	891 621	1 128 039
江西	1 547 288	1 708 339	1 243 965
浙江	2 058 452	1 936 911	2 025 882
陕西	1 544 550	691 176	837 953
湖北	2 115 677	777 670	949 956
湖南	248 493	847 796	1 070 650
甘肃	808 122	679 395	654 624
新疆	1 004 325	1 057 582	960 898
四川	6 306 379	1 077 397	1 105 615
广东	3 580 625	4 617 827	4 940 950
广西	1 017 251	141 029	18 223
云南	1 736 215	1 643 322	519 737
贵州	610 159	153 554	221 039
热河	260 047		
察哈尔	70 457		
总计	38 668 745	38 499 332	27 376 516

岁出门

年别 省别	民国二年度 预算数	民国三年度 预算数	民国五年度 预算数
京兆			
直隶	5 546 938	2 154 119	1 581 599
奉天		4 224 306	529 465

（续表）

年别\n省别	民国二年度\n预算数	民国三年度\n预算数	民国五年度\n预算数
吉林	2 270 332	407 709	306 219
黑龙江	1 504 356	254 269	194 650
山东	1 403 172	1 778 675	977 385
河南	7 396 738	1 242 958	916 557
山西	3 511 632	2 336 064	887 472
江苏	8 529 778	3 125 246	2 571 094
安徽	2 253 815	872 100	581 203
福建	1 193 519	826 940	644 363
江西	3 008 038	1 708 339	866 525
浙江	2 339 805	1 959 394	1 672 599
陕西	4 433 024	384 279	482 163
湖北	2 959 048	1 915 275	901 259
湖南	1 131 360	1 424 519	832 502
甘肃	1 691 000	453 786	351 978
新疆	259 428	181 524	122 096
四川	6 306 379	1 077 397	1 017 146
广东		2 642 435	2 319 103
广西	830 899	87 934	91 265
云南	1 778 154	2 868 411	688 227
贵州	579 199	394 852	296 126
热河	339 326		
察哈尔	53 923		
总计	59 319 863	32 320 531	18 830 996

第三章
财政方针之变迁

　　我国古时任度支之责者，仅就一事一物，有所建议，而无具体之计划，以公示于世也。近年以来，国会成立。财政总长就任之始，须在两院内宣布政见，而其政见之宣示，遂为朝野人士所称述焉，兹分述于后。

第一节　周学熙长财政部时期

一　现在财政之状况

　　欲谋改革全国之财政制度，须先知财政弊害之所由来，及其现在之状况。譬诸医者之治疾，欲为起死回生之计，必先审病源所由始，及现在病状之如何，然后始能定方药、下针砭也。财政困难，至今极矣。而其受病之源，两言以蔽之：一曰、紊乱，一曰、枯竭，而已矣。今欲探紊乱所由起，其积困非一朝一夕之故也。前清旧制，财务之统系不明。中央拥考核之虚名，各省操征权之实柄。中央需费，则取求于各省。于是有解部之款，有京饷之款，各省不足，又仰给于中央，于是有拨部之款，有受协之款。前后之丰啬不同，始而认解，继则截留者，有之矣。彼此之盈绌互异，本系认协，改为拨补者，又有之矣。案牍艨辒①，款项

　　① 指官方文书错综杂乱。

纠缠，但期弥补挪移，苟且敷衍。其时固无所谓国家经费与地方经费之分，亦无所谓国家收入与地方收入之别也，此其紊乱之原因一也。田赋、盐、茶，及其他厘税，虽皆责成督抚管理，而督抚又分寄于藩司。然藩司承宣布政，非专司财政之官也。盐使、关道，各自分立，不归藩司节制。迩年①以来，因筹饷筹款之故，局所林立，各拥征收之权，虽长官有不能过问者矣。财权不一，事务纷歧，此其紊乱之原因二也。新政繁兴，岁计日绌，旧有之田赋、课税，不足以应正供，于是因就地筹款之议，巧立名色，苛索于民。税目，捐项，以千百计，或则同名而异质，或则同质而异名，省与省殊，县与县异。无论清厘之不易，抑亦统系之难明，此其紊乱之原因三也。旧税既未能蠲免，新税又未便推行，农商小民苦于苛索，而巨绅富室有坐拥厚赀，竟无丝毫之贡献者。揆诸租税公平普及之原理，实有未合，即或仿效新规，更立名目，行房捐铺捐者有之，似乎家屋税矣，而实非家屋税也。行贾捐商捐者有之，似乎营业税矣，而实非营业税也。行报效捐输者有之，似乎所得税矣，而实非所得税也。办法既参差不齐，分配亦彼此悬绝，负担不均，弊窦百出，此其紊乱之原因四也。若夫枯竭之病，又非可一二言尽之矣。财政之窘，一由于岁出频增，一由于岁入短绌，此尽人所知也。而我国又有特别原因焉。收支悬殊，欲求其适合之道，增加租税，变卖官产以外，只有募债之一途。然此在公债发达之国则然，若信用未孚，强迫既有所难行，劝导又不足济事，故一旦财政破裂，别无他法可为挹注之赀，此其枯竭之原因一也。其次则为币制未统一之故也。银钱比价，随时涨落，非有损纳税之户，即贻累征收之官，况以银元充斥，为蠹更甚。对外则又有金银之比例，镑亏愈重，岁耗愈多，币制不清，国用日绌，此其枯竭之原因二也。又次则银行未发达也。中央银行本为调剂金融之机关，亦即管理国库之枢纽，调度得宜，则财政与经济两收其益。运用失当，则财政与经济俱受其害。今者银行之基础未立，国库之寄托无从，纸币之通用未灵，现款之流通有限，是以国库出纳，倍觉困难。今

---

① 近几年。

日交付之借款，明日即消耗于无形，此其枯竭之原因三也。最后则困
产业未发达之故。光复以后，农失其业，工滞于场，商贾贸易，日趋窳
败，民生凋敝，方求蠲免之不遑。国计艰难，虽增税增捐而何补，盖未
有不藏富于民，而能藏富于国者也，此其枯竭之原因四也。紊乱之四，
因行政机关之不统一故也。枯竭之四，因金融机关之不灵活故也。不
统一者欲求所以统一之，不灵活者欲求所以灵活之。然非通盘筹画①，
兼顾并营，不足以立百年不拔之象，而维一发千钧之局也。故竭其一
得之愚，著为是编，姑与国人共商榷焉。

二　整理财政之目的

现在财政之状况，既如前章之所述，则当就其受病之原因，求一整
理之方法。然欲陈其方法如何，须先述整理财政之目的何在也。

一、目的在欲使国家财政与地方财政立明晰之界限，国家收入不
与地方收入混淆，国家支出不与地方支出糅杂。此所以破第一之紊乱
原因也。

二、目的在欲使财权统一，财政机关以一系相承，无彼此牵掣之
嫌，有内外相维之益。此所以破第二之紊乱原因也。

三、目的在欲使租税统系分明，删烦杂之名称，立简明之项目。
此所以破第三之紊乱原因也。

四、目的在欲使文明先进国最良之税制，推行于吾国，使一般人
民公同担负，以与租税之原理原则符合。此所以破第四之紊乱原
因也。

五、目的在欲使租税之收入，不足以供国家之支出时，政府得以
有信用之公债，补救财政之穷。此所以破第一之枯竭原因也。

六、目的在欲使旧烂之纸币绝迹，代之以一律之钞票，且国内有
法定之本位，使币纸归于统一，国库出入均不受币制混淆之影响，而财

①　筹画，同"筹划"，下同。

政亦可借此而转机。此所以破第二之枯竭原因也。

七、目的在欲使旧币收回新币推行之后，中央有最巩固最完备之国家银行，以为各银行之母，且兼管国库事务。对于全国金融从容调剂，间接以纾国家之财力。此所以破第三之枯竭原因也。

八、目的在欲使全国金融活动，恢复产业，以次休养生息，富力渐充，税源自裕。此所以破第四之枯竭原因也。

整理财政之目的如上，而求所以达目的之方法如何，试于下章详述之。

三　整理财政之方法

将欲达前述第一至第四之目的，须以财政政策，使行政机关归于统一，是乃直接整理财政之方法也。将欲达前述第五至第八之目的，须以经济政策，使金融机关全行灵活，是乃间接整理财政之方法也。顾欲施财政政策经济政策，须遵何道而行之，更分节说明如下。

甲　财政政策

将欲以财政政策直接整理财政者，有当先决之问题四，即税项如何划分、税权如何统一、税目如何厘订、税制如何更新是也。今欲解决四者之问题，可分四目详叙之。

（一）税项之划分

兹所称税项之划分者，即厘定国家税地方税之谓也。欧洲各国在封建时代，税项混淆，与我国近日情况相似。至法国大革命以后，文明进步，皆图租税制度之革新。而其首告成功者，则德国财政大臣米古伊尔氏是也。氏之改革要旨，即注重于一般财政与地方财政之划分。英法步其后尘，旧态渐革。前清季世，筹备宪政，亦议及国家税地方税之划分者也。当局者苦于标准之难寻，遂乃徬徨①莫决，亦尝反覆②推

---

① 徬徨，同"彷徨"，下同。
② 反覆，同"反复"。

求其故矣。财政当局所以踌躇未决者,第一,则因中央权限与地方权限未清之故也。第二,则因中央经费与地方经费未定之故也。第三,则因各家之学说与我国事实不符之故也。第四,则因列邦之成例与我国历史不合之故也。兹可分别略述如下。

子、中央权限与地方权限未清之故。东西各国政治之组织,非取中央集权制度,即取地方分权制度。前者中央行政之经费大,故国家税之范围亦大。后者地方行政之经费大,故地方税之范围亦大。前清时代,谓其为中央集权欤,非也。谓其为地方分权欤,亦非也。权限不清,故经费之范围难定,而税项亦无从划分也。

丑、中央经费与地方经费未定之故。军政外交交通司法,其当为中央经费,无甚疑义。若内务若教育若实业,固中央与地方俱可兼营之事务也。但以何者之行政费目,应属于中央经费,何者之行政费目,应属于地方经费。有因国体而不同者,亦有因时代而互异者,大政之方针未定,即行政之费目难分,故税项亦无从厘定也。

寅、各家学说与我国事实不符之故。世之议分国家税地方税者,其主张之学说不一。谓间接税宜为国家税,直接税宜为地方税者,一说也。谓租税之性质有重复之虞者宜为国家税,租税之性质无重复之虞者宜为地方税,此又一说也。然直接税间接税之定义,各国已不一其学说。而我国又无行政上一定之分类,何者为直接,何者为间接,不甚明瞭也。至于重复与否之区别,亦因税目繁多,难于推测。此各家学说与我国事实不符,亦税项难分之原因也。

卯、各国成规与我国历史不合之故。德之分税项也,当米苦伊尔时代,尝以地租家屋税营业税编入地方财政。日本则以地租家屋税营业税俱归国家,而府县市町村只征收是三者之附加税而已。盖各因其国情而异也。我国租税历史上本无家屋营业之名称,而丁粮即类似于地租。究以仿德为宜,抑或效日为当,殊难下一定之判断。何也各国成规与我国历史不合,又成一税项难分之原因也。

今者省制未定,权限问题与经费问题,固无从解决。然参观旧制,酌度现情,以事实为指归,而不拘于各家之学说,以历史为依据,而不泥于各国之成规，爰酌拟划分两税之标准如下。

壹、税源普及于全国，或有国际之关系，而性质确实可靠，能得钜额之收入者为国家税。

贰、税源多囿于一定之区域，不含有国际之关系，其性质虽亦确实，而收入额比较的稍少者，为地方税。

（二）税权之统一

税项既划分矣，即当清征收之权限。地方税项，应归地方团体征收，或由国家带征。国家税项应归中央政府管理，或用委托方法，此理之至明者也。虽然，征诸我国之沿革，及现在之情势，盐税关税与一般普通之国税，又有难以概论者。兹因研究税权之统一，分三项说明之。

子、关于盐税权之统一。盐法纷淆，至前清季世而已极矣。其时力思整理，设立专院，脱部臣之羁绊，为直隶之机关，原为改革盐务力筹进行起见。当今谈盐政者谓盐务官署宜直隶于国权之下，亦具此意。然此以云盐政之独立则可，而以语财权之统一则未合也。窃以为盐务乃全国收入一大宗，非力图改良，不足以兴利而除弊，亦非特设专署，不足以絜领而提纲。唯于隶属之问题，似以暂归本部兼管为宜，既可节省经费，又可统一事权。至于改革盐务计划，其大要则在于就场官专卖。质言之，即官收商运之谓也。盖就场征税，既格于事势而难行，归官专卖，又困于财力而莫举，势不得不折衷二策之间，定一过渡时代之办法焉。

丑、关于关税权之统一。我国税关因受条约之制限，不能完全独立，此事势所无可如何者也。然第就统一财权方面言之，实非无道以善其后。唯是前清旧制税务处不归度支部兼管，而督办会办乃为独立之机关，总税务司只听督办之指挥，其与度支部长官固不生僚属之关系也。至于各关监督，均以盐巡等道兼充，黜陟之权，不出于部，亦不由税务处直接管辖。遇事必须禀承督抚，而征收税款，全委诸税务司。税务司与各关监督之关系，似相统属而又非统属者也。不特此也，闽海粤海，向不设关道，均由督抚兼充，另设关务处以为办理税务之机关。税权之不统一，莫此为甚。改革以后，益觉混淆。各省关道，有分外交一部而为交涉使者,有分常税一部而为常关监督者。各省税务司有自刻监督关防以征税者,亦有不承认特设监督者。江西之赣关,则且归财政处科员兼办矣,安徽之凤阳,则且委正副两经理接充矣。名目纷淆,事权不一。今者整理税务,自非设官分治,不足以专责成。故本部拟具税务处官制若干条,税关监督官制若干条,使内外之官一气相承,实收纲举目张之效。兹将设立官制之要旨略陈于下。

壹、税务处设督办一员,以财政总长兼任,名称虽沿旧例,事权实可统一。

贰、财政总长本系政务之官,不能不设会办一员,以司税务处之事务。

叁、税务处人员均作为专官,以革从前兼任差缺之弊。

肆、各省税关监督,直隶于税务处,以期内外相维,渐袪隔阂之病。

伍、常关向归海关兼管者,仍归税关监督兼管,不另设官,其向不隶于海关者,改归国税厅管理。

凡斯要旨,实为统一关税权计也。

寅、关于国税权之统一。盐税关税有特别之历史关系,故内外均设专官,另为统系。前清旧制,藩司揽全省之财政。而盐关两道,各有专司,盖已早寓此意。然前清藩司之制,实非专管财政之官,且因受督抚节制,不能直接中央,故责任不明,隔阂日甚。清季,各省因筹款之故,增设局所,各自为政,视正供如私产。虽藩司亦不能稽核其出入,即东三省设立度支司,以示与民政司分立,较之旧制稍良。然度支司以一人而兼管国家及地方之财政,又以一人而兼负收入及支出之责任,与各国财政机关之组织,亦觉不合,固非仅牵制于内外长官已也。光复以后,各省财政机关,尤为紊乱,今既划分税项,以为根本之图,尤应统一征收,以示权限之别。地方税如何管理如何改良,地方团体之事也。若征收国税,不可无一直隶中央之机关。查日本全国设税务监督局十八处,其下又分设税务署若干处,如身使臂,如臂使指,法至良意至善也,泰西①各国例多类此。今拟效则是意,拟具国税厅官制,以

━━━━━━━━━━

① 泰西,泛指西方国家。

立统一国税之基，兹特将要旨略陈如下。

壹、国税厅分设于各省，直隶财政部，使之监督执行国税之事务。

贰、旧有之国税，改归国税厅征收，且使之筹画国家应办之新税。

叁、各地方得设分厅支厅管理征收事宜，或采用委托方法使地方行政官或自治团体代为征收国税。

凡斯要旨，实为统一国税权计也。

（三）税目之厘订

租税之原则，以公平普及为最要。故近代之谈税制者，均以国家经费频增，须求种种之税源，使一般人民共同负担。此复税之说所以盛行于今日。而土地单税论、消费单税论、财产及所得单税论，于财政上政治上社会上俱生无形之弊害，故均不免学者之攻击也。然则复税之说较胜乎。从复税之说，势必谓租税之种类愈多，名目愈繁，愈为完全之制度。此等之主张，亦不可不深长思之。昔者亚沙耶古氏之主张，谓租税之美制，在使人民负担多数之轻税，不负担少数之重税，否则税目过简，既难期负担之公平，又难望租税之普及，斯固理所易明事所必至也。然实行复税，其弊又有不可胜言者，名目繁芜，制度复杂。征收之费既繁，弊窦且因以潜伏。前清开国之初，税目尚简，其定例所载者，斑斑可考也。中兴以后，饷项渐增，税捐迭起。清季举办新政，又有托就地筹款之名，以行头会箕敛之举者矣。同一田赋也，而其分目，或曰耗羡，或曰串费，或曰随捐，或曰带征。同一盐税也，而其分目，或曰灶课，或曰票课，或曰加价，或曰盐捐。同一茶税也，而其分目，或曰茶捐，或曰茶厘，或曰引价，或曰纸价。有名为警费学费者，似指岁出而言，其实为收入之一种。有名为芦课渔课者，似为独立之税，其或并丁粮而统征。阳避加赋之名，阴有增税之实，流弊所极，税则愈繁，产业愈碍其进步，而经济无发达之期。税项愈多，民生愈受其苦痛，而政治有危险之象。为今之计，固以删繁就简，为改良税目之要策也。日本在封建时代，各藩有征税之权，其时巧立名号，苛取于民，与前清之旧制仿佛。维新以后，蠲除税目千百种，其留贻者仅数十种，今则不过十余种而已。我国光复以后，免厘蠲税，时有所闻。涤荡澄清，正在今日。唯民国新建,政费日增,税目之厘分,虽无事于过繁,亦不容于苟简。故本部厘定国家税地方税法案,第一条即列举税目十七种,定为国家税:一曰田赋,二曰盐课,三曰关税,四曰常关,五曰统捐,六曰厘金,七曰矿税,八曰契税,九曰牙税,十曰当税,十一曰牙捐,十二曰当捐,十三曰烟税,十四曰酒税,十五曰茶税,十六曰糖税,十七曰渔业税。第二条即列举税目十九种,定为地方税:一曰田赋附加税,二曰商税,三曰牲畜税,四曰粮米捐,五曰土膏捐,六曰油捐及酱油捐,七曰船捐,八曰杂货捐,九曰店捐,十曰房捐,十一曰戏捐,十二曰车捐,十三曰乐户捐,十四曰茶馆捐,十五曰饭馆捐,十六曰鱼捐,十七曰屠捐,十八曰夫行捐,十九曰其他之杂税杂捐。此厘订税目之大略也。至于如何兴革,如何改良,须就其旧有之成规,酌定各种之法案,当另为一编以明之。

(四) 税制之更新

税项之划分,税权之统一,税目之厘订,前已详言之矣。然而税制之良否,不仅三者之关系已也。欧洲各国,在 19 世纪上半期时代,经济思想幼稚,国家之租税,专对生产事业以事征收。土地有税,家屋有税,营业有税,惟无财产而但有收入者,则可免国费之负担,以致全国国民一部分负重大之税额,一部分独免纳税之义务,此揆诸普及公平之原则,乃相背而驰者也。至 19 世纪下半期,经济思想发达。知富力之分配,及于社会各阶级之人民,有纳税之义务者,不仅在生产事业已也。于是不认财产收入为租税之源泉,认一般之收入,为租税之源泉矣。普鲁西改革财政制度,于 1851 年,新设所得税,即其能利用最新之学说也。我国现有税目,如田赋如契税如牙税当税如关税厘金等项,其课税物件,非集注于生产机关,即集注于消费物品。此等经济思想,犹是欧洲 19 世纪上半期之时代。今欲更新税制,非采用最新之思想及最近之学说,不足以剂租税之平。故中国今日当于固有之旧税以外,更求新税之来源。而新税又最易与旧税重复,且即旧税言之,已不免重复之弊。况替代以新税,又加一层之重复,不尤陷于不公平之地乎。譬如登录税施行时,则契税牙税应同时废止也。营业税施行时,则牙捐及当捐应同时废止也。出产税施行时,则常关统捐厘金应同时废止也。房屋税施行时，则房捐应同时废止也。盖不如是则不免重复之弊也。然此数者之新税，犹是对于生产机关而言也。而今日所最宜注意者，则在于印花遗产所得三种之新税。前二者之税目，对于行为而征收，即为中国向来未有之税目，而又无重复之可虞。若最后之所得税，则尤与 19 世纪下半期之经济思想符合，而又与最新之学税相近，即集注于富力之分配，而不仅仅著意于生产机关也。且是税之所长，适用累进之税法，与公平之原则既符，而亦易达普及之目的。英德革新税制，即因着手于此税，告厥成功。前事之不忘，后事之师也。本部即拟于印花税推行以后，先提所得税法，以待国人之研究，而其余新税，则以次推行，固不必同时并举也。

综以上所述观之，诚欲以财政政策为租税之改良，达前述第一至第四之目的也。顾以如此之政策，达如彼之目的，其设施之方法如何，当更揭大纲如下。

一　本部设立财政调查委员会，调查财政上以往之历史，及光复后变更之情形，以为改革财政之准备。

一　本部设编纂处，编纂租税总说明书盐务总说明书，说明我国租税及盐务之沿革，以为现在改良之材料。

一　本部设盐务筹备处，筹备改革盐务之事宜，并暂办现行盐政之事务。

一　本部派遣财政视察员，实地视察财政上之状况，且与各地方财政当局，协商划分税项，设立税厅之事，并委任其兼查盐务事宜。

一　本部按照新定税项及国家行政范围，编制岁出入总预算，采量出为入主义。

一　本部实行印花税，并以次提出新税法案，以期推行新良税，废止旧恶税。

以上之设施方法，不敢谓达于完善之区也，只以财政紊乱至今，非一朝一夕之故，一旦欲改弦而更张之，亦非一朝一夕之间，骤能收效，循序以进，逐渐而图，故略示大纲以俟诸君子之商榷而已。

乙　经济政策

前节之所述，谓以财政政策直接整理财政之方法也，顾此只足以救财政紊乱之穷，而不足以挽财政枯竭之弊。在文明未发达之国，财政之规模狭小，但能于财政政策加之意，国家即可免忧贫之虞。今者文明进步，事业勃兴，生产之机关，日形发达，信用之制度，亦觉扩充，经济界正在大放光明，而国家应于新社会之要求，各项行政，不能不改其旧步，政费遂亦与年而俱增。于是国民之经济，与国家之财政，生密切之关系。而其中互相为用之妙，亦当代研究财政学经济学者所常言，固非一己之私论也。光复以后，财政破裂不待言矣，而经济界亦大受其影响。长江以南，金融机关，全行停滞，长江以北，秩序虽未大乱，究难保持其原状。故今日整理财政之道，非但注力于财政政策所能为功，必以经济政策为间接整理财政之方法而后可。而此所谓经济政策者，须举公债政策币制政策银行政策产业政策同时施行，使之收相辅而行之效，直接而经济受其益，间接而财政见其功，乃足为整理财政之后盾。顾欲行四种之政策，有当先决之问题，即公债如何筹划、币制如何统一、银行如何计划、产业如何保护，是也。今欲解决四者之问题，可分四目详叙之。

（一）公债之筹画

我国至今日为负担外债最多之时，而又为内债非常不信用之日。甲午以后，外债渐增，国民已不堪命，其时即思以内债为外债借换之用。然一经昭信股票之失败，政府信用，因以坠落。光复之始，南北相持，南京政府发行军需公债，迫于义愤，尚觉踊跃。北京之募集爱国公债，卒无良果。今者百端待举，需财孔亟。外债既未告成，内债又未着手，应偿之款，不免愆期。积欠之额，实同山积。居今日而言筹划公债之事，诚非易易也。窃以为局势已处于困难，事理必权其缓急，筹划公债，当分三种办法：一则先筹积欠之偿还，次则再谋旧债之清理，又次则力求新债之推行。兹将三种办法略述如下。

子、关于积欠之偿还。所谓积欠者，指去岁光复以后自八月起至本年底止应还之洋款赔款，及前清政府南京政府所借之短期外债积欠未还之款项也。计洋款一项，由税关项下提存外国银行备抵略可相符，唯年底应还之辛丑赔款 375 万镑，前清各项旧债应还者，1 500 余万元，南京政府新债到期应还者，850 余万元，约共合银 6 450 余万元，均系本年底必不能缓之款。在我履行条约，表示信用，本应及早筹还，而况民国成立，未经列邦承认，届期不偿，信用全失，不唯承认问题，因此大受影响。抑且各项债款，均有抵押，势必协以谋我，实行干涉，破产之祸，殆不忍言。且赔款在前清时，曾已展缓一年，此时万不容我再展，即他项旧债款，丁此时会，亦无商允展期之望。故此项欠，必须设法速偿，以免耄聱。现经电商各省协力同筹，将来如有不敷，只有以大借款为借换之一法而已。

丑、关于旧债之清理。所谓旧债者指前此对于外国所负之洋款赔款，及洋款赔款以外之零星借款，及内国公债并历年兴办铁路实业实负之外债也。三者之中，以洋款赔款为最钜，铁路实业项下所负之外债次之，零星借款及内国公债又次之。而清理之法，要各依其性质而定指归。铁路实业所负之外债，约 24 482 万 6 320 两，多指明本路产业业并进款作为抵押，此即以其收入备本利之偿还。虽有亏短，亦易弥补。若零星借款及内国公债，其数约以 5 000 万元计。期短重息，我国民之负担实重，故拟发行新公债以为借换之资。至洋款赔款统计总额合银 13 万万余两。举中国五年进款全数偿抵，犹有不足之虞。虽分期偿还，每年亦在 6 000 余万元以上，几占全国岁出七分之一。如此巨额之债务，不筹一完善偿还之方法，则我国民及我国民之子孙，宁有脱离债款之一日耶。窃以为偿还公债之法，不外二种，一曰自由偿还法，一曰减债基金法。二法各有利弊，而与我国今日相宜者，则以减债基金法为胜。此法当 1786 年之时，创自英国。厥后 1816 年，法国仿行之。1817 年，奥国仿行之。日俄战争之际，日本募新债 18 万万元，亦尝采用此法。而我国近日谈财政者，亦共认为良规。今拟每年由政府筹拨 1 000 万元，编入预算，专备减债基金，由外国之市场，收买此项之债票。收买以后，仍复对之付以利息，而不即行销却。如此则利息与资本金两项，递年累进，而买收公债之数，亦必递年累增。从前巨额之洋款赔款，约计银币 174 388 万 9 060 元 7 角 6 分 4 厘，约计二十二年以后，而此项债务可清偿矣。此对于旧债清理之大略也。

　　丑①、关于新债之推行。以上言借换零星借款及内国公债，须发行新公债以代之，斯固然矣。现在中央银行，缺乏资本，收回旧币，短少资金，亦非发行新债以为周转不可。顾国民无信公债之诚心，亦乏通用公债之习惯，欲言募集，诚非易易。窃以为此时欲推行新债，须具三种之条件：一曰扩充流通公债之机关，二曰广求公债之用途，三曰确实公债之担保。三者条件具备，而后拟定募集总额，及募集目的，并利率额数，方足以为利导国民信用公债之资。流通公债之机关，以银行及股份懋迁②公司为最要。公债之用途，莫便于充银行发行钞币之准备，及其他公务上之保证，且许民间随意买卖抵押。而银行及股份懋迁公司为之媒介，则公债之价值生，固将不胫而走矣。至于担保问题，窃谓契税及印花税，均为确实可靠之财源，以此为付息还本担保之用，夫固绰绰有余矣。募集总额由于募集之目的而定。此次募集之目的，在乎借换零星借款及内国公债，需用 5 000 万元，此外筹备中国银行资本需 3 000 万元。收回纸币据前清度支部调查之数，各省发行者，约 9 600 万元。又据本年闽粤江浙湘鄂赣滇陕奉等省报告，共和以后所增发者，约 5 400 万元。而起义以后，各种旧纸币收回者，为数亦非浅鲜，收发两抵，总额约在 12 000 万元内外。欲达三种之目的，募集公债之总额，当以 2 万万元计。南京政府原定公债利率为 8 厘，固足以广招徕，而国民实难堪此重息之担负。今拟改为 6 厘，即定名民国元年 6 厘公债，另具法案以待公决。此推行新公债之大略也。

　　（二）币制之统一

　　币制为财政之总枢，与国计民生最有关系。我国币制之坏，由来已久。人民经济思想之幼稚，中于旧来之习惯又深，偏隅僻壤，语以币学，将愕然不知所云。惟通都大邑，感触潮流，始有悟于改革币制之必

---

　　①　此处应为"寅"。
　　②　懋迁，即贸易。

要。前清季世，设立币制局，延聘币制顾问，言整理币制者有年，未竟其功。而武昌起义，东南各省，因军需缺乏纸币充塞于途。西北一带，经济恐慌，兑现者纷纷而来，纸币销声匿影，市场上竟成为实物交换之时代。金融之变迁，南北两地竟成为纸对之反比例，此固成何景象哉。为今之计，标本兼治，一则先研究纸币之如何收回，一则须研究本位如何规定也，以一劳永逸之图，使币制有确定之基础，道固无逾乎此。兹分说明如下。

子、研究纸币之如何收回。日本在藩封时代，各藩有发行纸币之权，种类既参差不齐，价值亦涨落无定。维新以后，由政府设法买收，尽行销毁，而后代以中央之钞票，统一币制，始告成功。我国近今纸币之情形，顾何如哉。军兴以前，各省财政竭蹶，挹注无资，多恃官号之银票以资周转，然此虽足以济一时之急，而滥发之弊，有不可胜言者。光复以后，南京政府发行军用纸票，流通于苏浙之间，始以强迫而盛行，继以滥发而跌价。闽粤赣湘鄂滇陕奉等省，亦因军需无出，增发钞票。若在金融敏活信用保全时代，其势已将不支，况自去岁军书旁午，各省银根，非常紧涩，纸币价落，意中事也。鄂粤两省减折七八，东三省汇银至沪，每千两仅兑 560 两，湘南则每千两汇水增至 150 两，其故皆由纸币逾额。现款缺乏，以致贸易衰颓，市价无人过问。工商各界，几频死症。故今日对于纸币问题，非通盘筹算，速从根本解决，不足以清凤弊而利将来。今之议者动谓币制政策与银行政策公债政策有密切之关系。三者当冶为一炉，而后吾国纸币问题方有解决之一日。其所拟办法，大意将使政府发行公债以为收回旧纸币之资金。又使国立银行欲发行钞币者，须以此项公债为领取新钞币之保证，主张最大之理由，一则在于公债有销路，一则在于银行易发达。然而公债之有销路与否，在公债自身之信用如何。设元利确实可靠，国家银行亦可承售，或认作确实抵押品以充发行钞票之保证准备，初不必畅销于国立银行之一途也。若公债之信用薄弱，国立银行虽恃此为保证，一旦破产，出售不易，则一家钞票既失兑换信用，不难牵动他家之钞票，此第一理由之不可恃也。至于银行之发达与否，全视其业务情形如何，而发行钞票,并非银行最要之业务。且实行国立银行制度,稽察不易,监督难周,愈见发达之日,即愈成散漫之时,此第二理由之不可恃也。美国从前所以采此制度者,因其历史上政治上之关系不得不然,非以此为善制而采用之。日本明治初年间,亦试用此制,不久即改为集中主义,其中所受种种之恶果,稽日本改革币制始末者,类能言之。窃谓解决今日纸币问题,第一着手,当自销却旧纸币始。旧纸币销却之后,同时发行新钞之权,当集中于国家银行。各省之官银号官钱局概行停止,各地由国家银行设立分行分号及兑换所出张所,或缔结代理契约,以实行集中主义。改革之始,国家虽担负绝大之经费,而后来直接间接所获之利益,不仅以相偿已也,卫斯林博士谓中国欲行金汇兑本位,须有完备之国家银行。所谓完备之国家银行,固亦对集中主义而言者也,今可更进而论币制本位之问题。

丑、研究本位之如何规定。币制之定本位,为先用银之说,既非天演界中之所宜,舍银而金,又非我国实力之所能。无已,择其最适于我国情形者,其唯金汇兑本位制度乎。金汇兑本位之制度,唯用金于国际汇兑,不用金币于国中。在国中仅以银币纸币作金之代表,其随时与金兑换,专为国际之需。政府第筹备现金供国际汇兑之要用斯可矣,故名之曰金汇兑本位。国人或误称为虚金本位,或假金本位,其实顾名思义,颇有不当。彼盖事实上国内不用金,当国际汇兑时始用金,初无虚金假金等事存于其间也。此说之入我国,始于精琦氏,而近日卫斯林博士亦宗是说。[1] 窃谓吾国今日之本位,当采用金汇兑本位,而着手之初,当以轻值币为金单位之代表也。今将分期计划之大纲,略陈如下。

第一期(约以二三年为限嗣后再行酌定)

1. 定单位。

---

[1] 清末民初,应邀帮助中国设计币制方案的外国专家,包括精琦(J. W. Jenks)、卫斯林(G. Vissering)和甘末尔(E. W. Kemmerer),他们为中国设计了各不相同的金汇兑本位制。详见叶世昌:《中国近代货币本位制度的建立和崩溃》,《中国钱币论文集》第四辑,中国金融出版社 2002 年版。

2. 国际汇兑,统用金单位计算。

3. 印刷代表金单位之钞票。

4. 组织并推广中央银行。

5. 中央银行就各地方次第发行代表金单位之钞票,政府予以无限法偿。

6. 政府簿记,均改用金单位计算,全国租税数目,亦合成金单位。

7. 中央银行出入款项,均改用金单位,不得再用银两银元计算。

8. 借外债金1 000万镑,存储于国外诸大商埠之银行,再与该银行等订一预备借款合同,以金1 000万镑为限。无论何时,如中国应清算之负差而需用金款,即可在此数内支取。

9. 中央银行以兑换钞票之现款,购买生金或外国有价证券,以补助金准备,分存于国内国外。

10. 定旧币及生银暂行通用之法。

(甲) 政府收入,准用生银及旧银币折合金单位。

(乙) 旧银币照其所含纯银与单位定一比价。

11. 禁止外国银元及生银进口。

12. 定金银之比价。

13. 定轻值币及辅币之重量成色,实成鼓铸。

第二期(以二年为限)

14. 发行轻值银币及辅币,并定其法偿。

15. 政府收入,不得用生银或旧银币。

16. 政府收回各种旧银币。

以上所举者大纲而已。至于金准备之额数,不过为预估之标准,而实际应需若干,须视国际贸易及国债元利相抵之差额而定。若欲知差额正负如何,又非有详细之调查分数年比较而平均之不可也。

(三)银行之计划

银行者全国金融之机关也。一国之内,无一巩固完备之银行,即无一活动之金融机关,而财政与经济俱受其害。我国向不解银行之作用,各省银庄票号营业之方法不一,与外国所谓完全之银行者迥异,即大清银行略具中央银行之雏形，然以视英兰银行日本银行，其规模组织，相去甚远。私立之商业银行，与大清银行不生关系，反立于竞争之地位。大清银行迹近垄断，有失为中央银行之态度。而私立银行，又受天演而不能自立，较之东西各国以中央银行为各银行之母，遇有恐慌，相维相系以立于不败之地者，何若也。去岁武昌起义，金融阻滞，私立各银行，不能以自存，固矣。而大清银行奄奄一息，卒至于停止支付而后已，虽未破产，究与破产无异也。银行之基础既坏，纸币不能流通，国库无从统一，汇兑不通，工商坐困，而乘机攫利，操奇计赢，得以高下其手。操纵我国金融者，则外国银行也。其在平昔，我国无国际银行，内外贸易，已无转运之机关，吃亏不少。今则零垫大借，外资之输入不少，扣大息重，我国民所昭知也。而无形之汇费，及金银比价之亏损，分之不见多，合之亦不为少也。居今日为中国谋银行之发达，须由三方面合筹之，一则立中央银行之基础，二则筹商业银行之发达，三则图国际银行之推行，分项说明如下。

壹、立中央银行之基础。中央银行即所设国家银行也，有代政府管理国库发行国币之义务。今者，我国政府欲实行金汇兑本位，尤须有最巩固最完备最信用之中央银行，方能收效。卫斯林博士言之极详矣。顾近日所最宜研究者，则资本问题也。资本出于国家者，则为官办，即纯然主张国有者也。资本出于股东者，则为商办，即所称股分有限公司而纯然主张民有者也。其折衷二说之间，则为官商合办，前之大清银行即其成例也。近日世界大同之办法，均采民有主义。盖国有之不可行者，有二种绝大之理由。一则以中央银行为经济界之总机关，不可与财政有密切之关系。设资本出自政府，则政府得以操纵银行，财政破裂之日即经济摇动之时。不然，经济恐慌，又不免牵动全国财政，此国有之不可行者一也。又国际之通例，国有财产与民有财产处分之法不一，如遇战争时，占领地内敌国之民有财产，有保护之义务，而国有财产则可随意差押。前清之大清银行所以被差押于民国者，亦为其一部分官有之财产故耳，此国有之不可行者二也。卫斯林博士亦极端反对国有之说，谓中国今日不可不采民有之制度。于是有为折衷之说者,其实前述之一弊仍不能免也。完全民有,既为世界所公认,自当引为先导之师。唯是民穷财尽,募股甚难,挽用外股,又滋流弊,信用虽可期于异日,而筹办要难缓于须臾。整理纸币,发行公债,均赖中央银行为活动之机关。而代理国库,亦为目前最急之务。故最终之目的,虽在于完全民有,示政府无与民争利之心。而开办之初,资金无出,可由政府先行认股,俟募集逾额之时,再将政府暂认之股退出。日本初创中央银行之时,盖亦采用此法。此则于事实无妨,而于最终欲达之目的,亦不背也。

贰、筹商业银行之发展。盖纸币政策,采集中主义者,唯使中央银行总揽发行钞票之权,他银行即不许各自发行之。采分立主义者,凡多数银行皆有分领发行之权,固无所谓中央银行也。德日之制,属于前者。美加之制,属于后者。彼主张我国之商业银行,宜有纸币发行之权者,无非为适合现情及扩充公债之用途起见。惟采多数银行发行纸币之国,往往以钞票发行过多,久则变成不换之纸币,国计民生,俱受其敝,前车不远,可借鉴也。商业银行之发达,在乎中央银行有保护扶持之力,及夫一般金融之活动与否,固与发行权之有无无关也。银行政策,既采集中主义,使国家有独立之中央银行,而中央银行有完全之钞票发行权,若商业银行,虽不与发行权,而国家亦主助长主义,使之为长足之进步,借以为中央银行之补助焉。

叁、图国际银行之推行。以上所述之中央银行商业银行,乃内国银行之组织也,商业银行散布各地,不过为中央银行之补助,非有雄厚资本可管国际之金融也。中央银行魄力固大,而因法律及其他之关系,不便于外国设立分行分号,故日本于国家银行之,外又有正金银行,以为国际贸易及国外汇兑之机关。我国素未有国际银行,国际汇兑之利权,均落于外人之手,甚且全国之财政经济,如汇丰汇理等,均能随意左右之,此国际银行之所宜亟亟设立者也。况夫币制问题既定,则金汇兑本位决在必行,而金准备之如何分配,如何措置,必有一调节之枢纽。公债问题既定,则减价基金法,即日举办,而旧债票之如何收买,如何定价,必有一总汇之机关,盖国际银行之基础立,则前述之币制政策公债政策始能见诸实行也。

（四）产业之保护

本部所为亟亟于实行公债政策纸币政策银行政策者，凡以为活动金融机关计也。而金融机关之能活动与否，则尤视产业之兴废盛衰而定。于是而产业政策，又为近今之要图。盖产业政策，直接能使经济界转其机，即间接能使财政界受其益。吾国虽以农立国，而农业仍守旧贯，未加改良，工商又在最幼稚之时代，故国富薄弱，税源有限。光复以后，经济秩序大乱，产业均受其影响。湘鄂一带，荒野千里，工商破产，累累以千万家计，乘此疲敝之余，不特身受其害者，颠踬竭蹶，无以自存。而国家推行公债，既苦于应募无力，发行纸币，又虑其跌价更甚。银行所恃以圜转者，吸收现款，而放资于生利之途，工商失败，存放俱穷，银行亦儳然①不可以终日。若议增旧税，设新税，民不堪命，推行无效，更不待言。此为上下交困之秋，亦即国家存亡绝续之日也。况夫边事孔亟，军备繁增，国际贸易，日形退步，国内经费，益以膨胀，仰屋徬徨，百思无计，而推求其因果之关系。窃谓今日理财，须以培养税源为第一义，而培养税源，须以保护产业为第一义。保护之道，首在恢复，次言发达，此为助长主义必经之次第也。产业现象，一败涂地矣。休养生息，非可以旦夕期，譬如饥饿之夫，一旦欲续其生命，必先之以饘粥，俟精神渐复，而后可恣其大嚼也。

顾或谓租税之源泉，在重农时代，均谓其源泉出于土地之纯收入。至后经济发达，多认一国之纯收入为税源，是则培养税源。当计全国富力之发达，若专注于生产机关，犹是19世纪上半期之思想也。期固然矣，无如我国现状，经济思想犹在幼稚之时代。事实昭彰，无可讳者。是以租税制度，惟偏于生产机关，负担最重，而其余部分，或全然免税，或担负间接之消费税，租税之不平均，无如今日。夫根本之图，固当自改良制度始，而为目前治标之计，则保护生产机关，使恢复其向来之纳税力为尤亟。盖田赋为岁入大宗，其直接负担者农民也，当先

---

① 儳然，指放肆自恣貌。

恢复农民之纳税力，如盐税、如关税、如茶税、如酒税、如当税、如牙税，之数者，皆吾国最大财源，转嫁之次第，虽由一般人民负担之，而其为第一次之纳税者，非工即商，必工与商先有能堪纳税之力。而后税源可裕，产业亦有渐发达之期，无如纸币充斥，银行滞涩，无从以求贸本之途。今拟利用公债，输入外资，一面求币制之统一，一面求银行之发达，使以低息资本，得应产业之要需。而国际贸易，活动金融，又赖乎金汇兑本位之实行。汇业银行之巩固，内外消息既觉灵通，后此汇拨，自无亏损。此外如租税中足为产业之障碍者，无过于厘金及其他之恶税或有类于重复之课税，自当分别蠲免轻减，归并裁汰，使租税之制度一新。而产业又实得其保护之力，税源既裕，岁入自增，举个人所难办公司所难成之事业，均由国家直接经营之。富国之基在此，强国之基亦在此。不唯前述第五至第八之目的能达，即第一至第四之目的，亦因以贯澈，盖此中有互相为因互相为果之妙用，固不可不深长思者也。综以上之所述观之，无非以经济政策为间接整理财政之作用，顾欲施行此等之政策，其设施之方法如何，更当揭大纲如下。

　　一　本部设驻外财政员，使掌外国债款及国际金融之事。

　　一　本部设币制委员会，讨论币制问题并研究改良及其推行方法。

　　一　本部延聘名誉币制顾问，征求其意见，以为我国改良币制之参考。

　　一　本部从速补充造币厂印刷局之工程，以为本国印刷债票钞票之准备，并另定造币厂及印刷局官制，使专责成而重职务。

　　一　本部设中国银行筹备处，筹备国家银行事宜，又设大清银行清理处，以为大清银行之结束。

　　一　本部拟定暂行国库出纳章程，以立国家银行兼管国库之基础。

　　一　本部拟聘外国财政大家，实行国家社会主义，使各种产业勃兴，大开利源，其拟办之事业如下。

　　（甲）云南铜矿，（乙）延长石油，（丙）利国铁矿，（丁）漠河金矿，

（戊）秦王岛商埠海塘船坞，（己）口北铁路，（庚）各省铁路，（辛）沿江一带荒山实行森林法，（壬）纺织工厂，（癸）其他之实业。

四　收支之大概

我国财政情形，在前清时代，表面上虽为中央集权，实际则为地方分权也。中央无固有之财源，其用费均出于各省之贡献，既无预算以稽全国之盈虚，又无决算以示实际之出纳，事前虽有估册，事后亦有报销，要皆一部分收支之大要，不足以窥全体财政之情形。宣统三年，始渐露预算之萌芽，而其时预算尚分而为二，一曰在京各衙门预算，一曰各省预算。至宣统四年始合而为一，渐立全国预算之雏形，而实际财政之收支尚未统一也。民国初兴，各省军队林立，所有京饷，虽截留外用，尚且自赡之不足，而中央坐困一隅，势更岌岌。其在升平无事之日，中央直接收入，全年不过 300 余万两，不足供一月之支出。而自支出一方面言之，庚辛之间，部库支出经费，月不过六七十万两。光绪末年，新政繁兴，每年部库之支出，亦不逾 2 000 万两。今则每月至少必需之经费及协助边省之饷需，月以 400 余万两计，视五年以前，已增一倍，十年以前，且增七倍，而回顾收入，除北方之税务，近畿各省之协济外，毫无可恃之财源。所赖以偷旦夕计生活延国命者，商借也，垫款也，借款也，此顾可为长治久安计哉。此北京一部分之财政情形也。以言各省之财政，田赋减征，漕粮停课，其原因非出于盗匪之横行，即由于征收官吏之不谙练，厘捐豁免，旧额无著，税关抵充赔款，更无挹注之资，即使前述之政策能行，划分税项，设立税厅，亦非咄嗟之间，能筹巨款。若经济政策，更须广集资本，宽假时日，方能有效。故今日欲言整理财政，自当将最近之支出与收入，比较其盈亏之情形，而后再求筹补之法，始于事实有当，而不为理想之空谈也。今将民国二年以后支出之概数分别四种，略陈如下。

（甲）寻常支出约共 41 000 万元

（一）各行政经费约 4 万万元

(说明)查前列经费系据各主管衙门编送概算之数统计约7 000余万元,而最要之经费,计41 000余万元,其中再加节省,约4万万元,亦可敷用。

(二) 减债基金约1 000万元

(说明)查此项基金,系除每年应还之赔款洋款已列入前项外,每年由政府另支出1 000万元,为减债基金之用。

以上二项,所称为寻常支出者,谓每年应用之经费也。

(乙) 特别支出约共16 300万元

(一) 工程费约800万元

(说明)查本项系指崇陵工程及造币厂印刷局造纸厂及议院各工程。

(二) 裁兵费约1 500万元

(说明)查据陆军部调查现在全国兵数,计100余万人,拟留50万人,编练五十师,其余尽行裁撤,约需此数。

(三) 整理盐务经费约3 000万元

(说明)查前项经费,本需4 000万元,缘第一项各行政经费内,已编入1 000万元,故此处补列3 000万元。

(四) 偿还积欠外债约6 000万元

(说明)查此项积欠外债,系指短期公债及积欠赔款,计应还6 000余万元。

(五) 借换零星借款及内国公债约5 000万元

(说明)查此项零星借款及内国公债,指各衙门各地方之借款及爱国公债军需公债等,息重期短,应从速募集新债,以为借换之用。

以上五项,特别支出,指支出一次,而非继续之性质者也。

(丙) 基本金约共23 000万元

(一) 整理纸币基金约1万万元

(说明)查此款约需12 000万元,缘第一项各行政经费内已编入2 000万元,故此处补列1万万元。

(二) 实行金汇兑本位准备金约1万万元

(说明)查此项准备金,应寄存外国银行,以为汇兑之准备,实需若干,须详细调查商务之差额,而后得其确数,兹姑约计 1 万万元,虽不中不远矣。

(三)中国银行资本金约 3 000 万元

以上三项,系基本金性质,且不必于一年以内筹备足数也。

(丁)各种实业开办费约 1 万万元

(说明)查上列各种实业开办费,即第三章所列举之云南铜矿延长石油等项所需经费,应俟详细调查方能开列预算,兹姑约计 1 万万元为开办经费。

以上一项,系继续费性质,将来应陆续承借外债办理。

统计前列甲乙丙丁四项支出共银 90 300 万元。

兹更将民国二年以后收入之概数,分别三种,略陈如下。

(甲)寻常收入约共 25 573 万 3 208 元

(一)田赋约 5 269 万 988 元

(说明)查田赋一类,照壬子①预算数,其划归国家者,计 7 903 万 6 432 元,光复以后,旧制变更,明年虽极力恢复,恐难尽符原额,今拟减去三分之一,定为明年之收入,计得此数。

(二)盐课约 4 995 万 4 259 元

(说明)查本部改良盐法,虽拟变更旧制,仍极力保全旧课,期以逐渐施行,然更张之始,收入必绌,今拟照壬子预算 7 127 万 2 280 元之数,减去十分之三,约得此数。

(三)关税约 5 369 万 6 465 元

(说明)查壬子预算,关税一类,计列 6 712 万 582 元,现在商务退步,税款必绌,明年逐渐恢复,应可保旧额十分之八,税银计得前列之数。

(四)厘金约 1 829 万 2 002 元

(说明)查厘金一项,本为恶政,光复以后,各省多已停止,虽其间

————————

① 即 1912 年。

有改办统捐,究尚未著功效,今拟按照壬子预算厘金之数 3 658 万 4 005 元,减去一半,约得此数。

(五) 正杂各税约 3 263 万 3 135 元

(说明)查正杂各税,照壬子预算计列此数,光复以后,虽有短收,然逆计明年推行印花税及契税等,以新收之额,为筹补之资,当亦不甚相远,故仍照原数开列。

(六) 正杂各捐约 634 万 2 217 元

(说明)查正杂各捐,壬子预算,系列 1 507 万 7 563 元,唯自民国成立,捐输停止,现在禁烟綦严,土膏一捐,必骤形短绌,故照旧额减去十分之四,计得此数。

(七) 官业收入约 1 254 万 9 627 元

(说明)查此项官业,系各省官办之局所,今因经费支绌,大半停止归并,约较壬子预算 2 091 万 6 046 元,减去十分之四,共得此数。

(八) 杂收入约 2 857 万 4 515 元

(说明)查杂收入一类,壬子预算计列 3 174 万 9 461 元,内中如减平节扣报效等款,现在当然消灭,自应较原额减少,唯司法收入,将来或有增加之望,今姑照原额减去十分之一,约得此数。

以上八项,所称为寻常收入者,谓每年可以常得之收入也。

(乙) 特别收入约共 7 000 万元

(一) 伦敦借款约 7 000 万元

(说明)查伦敦借款,本系 1 000 万镑,约合 1 万万元,除元年已交 300 万镑外,尚有 700 万镑,尽明年九月底交清,约合前列之元数。

以上一项,特别收入,指收入只有一次,而非继续之性质者也。

(丙) 继续收入约共 4 万万元

(一) 内国 6 厘公债约 2 万万元

(说明)查此项公债虽经定为总额 2 万万元,而不必于一年以内尽行募集,故列入继续收入内。

(二) 大借款约 2 万万元

(说明)查大借款初次提议时,本系 6 000 万镑,折合 6 万万元左右,今拟以此为最大限度,而先借用 2 000 万镑,约合 2 万万元,其交款之期,恐亦不能于一年以内交足,故亦列继续收入内。

以上二项,继续收入,谓一年以内不能收齐,分年分期而有收入者也。

统计前列甲乙丙三项收入,共银 72 573 万 3 208 元。

综合前列收支之大概观之,不敷之数,约 17 726 万 6 792 元,而推行各种实业之经费尚不在内,其中更分别言之。

计寻常收入 25 573 万 3 208 元

寻常支出 41 000 万元

两者相抵,不敷 15 426 万 6 792 元

特别收入 7 000 万元

特别支出 16 300 万元

两者相抵,不敷 9 300 万元

继续收入 4 万万元

基本金及各种实业开办费 33 000 万元

两者相抵,盈余 7 000 万元。

以上综计寻常特别两项收支相抵,计不敷 24 726 万 6 792 元,以继续收入与基本金及各种实业开办费对抵之盈余金 7 000 万元相抵,实不敷 17 726 万 6 792 元。而此不敷之数,除变卖官有财产或增加新税外,又当求之于最大限度大借款之内,此最近收支之大概情形。若至民国三年以后,赋税渐复旧规,或较原额增益,实业发达,私经济收入与准私经济收入亦复与年增加,则其财政规模,一变旧态,而得斟酌盈虚,分别缓急,固又有因时制宜之道也。

五　结论

上列之政策,不外求达其目的,而所设施之方法及收支之大概,业如前述。虽不敢谓为万全之擘画①,而审时度势,准理酌情,比较的尚

---

①　擘画,同"擘划"。

为弊少利多之办法。间尝稽诸世界19世纪之历史矣,财政纷乱,至18世纪末而已极,而中国则尤甚。又尝征绪中国2 000余年之历史矣,财政枯窘,至清季而已极,而今日则尤甚。虽然,18世纪之欧洲,因财政失宜,人民呻吟于暴敛横征之下,苦痛流离,无可告诉,遂演成惊天动地之佛兰西大革命,①一发而不可收拾。然至革命告终,人民得参与政治之权,财政制度一新耳目,至今谈欧洲财政史者,类能道之。去岁武昌起义,各省纷纷独立,其原因虽不一而足,而财政腐败,实亦一爆发之导线也。今者,破坏告终,建设伊始,为民国创规模,即当于财政求整理,此非特当局者应尽之义务。凡我国民均与有责也,所愿全国一致,戮力同心,但知其事之可行,即须合谋以共进,持之以毅力,而障碍渐消,示之以诚心,而功过不计。财政立法之事,期诸国会,财政司法之事,责诸计院。而财务机关复实行其行政监督,三权并立,互以催促财政之进行。民国前途,庶有豸乎,此则所日夕祷祝不遑者也。

第二节　熊希龄长财政部时期

一　内外财政之现状

内治之根本,厥惟财政。财政现状艰险,稍爱国者类能言之。然艰险之程度,果至何等,非在当局,恐未能喻也。即以中央言之,约计今年十月至明年六月,须支出之费,除铁道借款,须另设法挪补外,自余各费,尚需21 600余万元,每月平均2 400余万元,其中国债费约占15 000万元,平均每月1 600余万元,占三分之二以上。而收入则本年正月至六月共收5 800万元,每月平均不过1 000万元,其中盐关两税占5 700万元,每月平均950万元有余,占百分之九十五以上。此皆担保外债者,以还长期诸债息,犹苦不足,更无论行政军事各费也。夫使

---

①　即法国大革命。

此种竭蹶情形，仅限于中央，则危急犹非至极。盖中央政费由全国各地方人民分担，本属天经地义，各国皆然，中国前此亦何莫不然。苟能藏富于地方，则中央何尝不可视为外府。乃今者各省于前清额定应解中央之款，与摊派之赔洋各款，既已尽停。计自民国纪元以迄今兹，所收齐豫湘粤赣等解款，不过 260 余万，地方既不负担中央政费，宜若易于自给，而环顾各省，其仰屋兴嗟之状，抑又甚焉。计两年以来，中央除代偿各省应摊赔洋各款 7 700 余万元不计外，其特别协助各省之款，已 1 400 余万元，又代各省偿还所借地方债 1 300 余万元，此皆中央额外支出为前清所无者。而日日请款告急之电，且纷至沓来而未有已也，中央既一无所入，惟仰给外债以度岁月。地方则又思分中央所借外债之余沥以自活，循此不变，债债相引，其势将举全国所入，尽充外债利息，如此则破产之祸岂俟数年后哉。现政府受事之初，已值善后借款垂馨之日，投艰遗大，责无可辞。为今之计，惟有治标治本两策，同时并用，庶竭绵薄以救危亡，今请举所计划者，为诸君一陈之。

二　治标之方法

何谓，治标之策，则将二年度之岁出入结束之而求一着落是也。前清宣统三年预算岁入 27 000 余万两，岁出 32 000 余万两，虽云不敷，其数抑非甚巨也。民国元年至二年六月，以百事扰攘未行正当预算。七月以后，大乱粗平，系统的财政，略可着手。于是前内阁有二年度预算草案之编制，而岁出之额已骤增至 64 635 万余元，其岁入项下因欲使预算形式完全表示。故（第一）就各省列报之数比照宣四预算酌加成数为 30 000 余万元，（第二）添列印花税所得税验契费等 896 万元，（第三）其犹不足则以公债充之，于善后借款奥国借款外，添列 6 厘公债约 13 000 万元，合此三者共 64 600 余万元。形式上强指为收支适合，实则第一类之比照宣四预算者，岂惟不能增加。且因兵燹摧残，灾变迭告，与夫纸币票面价格之下落，征收机关之不如法，所收或反减于旧。第二类印花税等项无他种计划与之相辅，能否如该案所期之额，殊难预定。其尤要者则第三类所列 6 厘公债，苟非金融机关确立后，更无销售之望。此著一空，全盘俱舛。故希龄等受事后立即面请缓议，拟修正后乃求实施，诚不得已也。夫岁出而陡增至 64 000 余万，骤闻之孰不惊心动魄。然试一检岁出之种类，则可以证明此为本年度特别现象，非可以概来兹，故以此为中国财政绝对悲观之据，希龄等窃所未承。盖此 64 000 余万中，公债费实占 29 000 余万，而此项公债费，则前年度积欠洋款赔款转入本年度补偿者，10 770 余万元，各种短期小借款为明年六月以前应还者 7 500 余万元，又二年度内长期洋款 5 000 余万元，赔款 3 000 万元，暨前后五国借款保息 1 395 万余元，垫款 2 140 万元，内除长期洋款 5 000 余万元赔款 3 000 万元外，此皆本年度之特别支出。今距年度开始已四阅月，积欠洋赔各款并善后垫款已由善后借款划拨 12 800 余万元，其本年度应还之长期洋赔各款，可由海关收入足抵 5 000 余万元。所余者即为无着之款，计洋赔款约 4 000 万元左右及短期小借款 8 000 余万元也。政府拟将此项，列为特别会计，与各债权者协商，将陆续到期者整理之，划为一定期限，而借一大宗长期之外债以偿之，摊分其负担于将来，此无可如何者也。公债费既如此略作结束，其须以全力整顿者，实惟行政费。公债费不能不量出以为入，行政费则不可不量入以为出，故于岁入一面宜力求实征实解。而于岁出方面宜厉行节减政费。原预算除公债收入外，其较为确定者为各种租税及税外收入，共 31 700 余万元。据过去一年余之现象，除海关税实收可稽外，余皆性质不明，或各地方收入，本自减少，或虽不减少而不能听国家之指拨，其大病源在各省行政系统什九破坏，无从核督，重以攉科之职，不得其人，故人民负担毫未减轻，而国库则所至如洗。根本之计，在澄吏治，核名实。其下手方法于下方内务行政方针条下别言之。苟使办理得宜，则此 31 700 余万之岁入，当不至无着，于是即据此以为岁出之分配。除交通行政支出不敷，应列为特别会计设法腾挪抵补外，此 31 700 余万中，复除出关盐两税约 14 000 余万元，照合同均为借款担保，存入外国银行，其得列于普通会计者，实仅余 17 700 余万元。此 17 700 余万元，务求用之于最要之政务。今日最要之政务，莫急于维持秩序，先求政象之安固，次乃徐图发达，故当大别为军事费及军事以外行政费之二种。本年军事费预算，据各军及都督所计算为 25 000 万元，前内阁力持搏节，改为 13 000 余万元，连裁遣费为 16 000 余万元，今拟重加裁汰，作为 11 000 万元，其计划别详于下。各项行政费本宜推广，现时财政困难，亦以维持秩序为度。（立法司法皆取此主义）今拟暂定国会用费为 200 万元，大总统府中央各官厅及外交公使领事与夫中央之警察财政征收机关学校京师审检各厅等，共暂定为 3 600 万元。清皇室经费及旗兵俸饷定为 1 000 万元，财务征收费 2 500 万元，临时特别事件费暂定为 400 万元。其各省除军府及民政长所辖警备队在军费范围内不计外，各项民政司法以及教育实业各费，全国各地方合计共暂定为 6 300 万元，计共行政费 14 000 万元。现在各军统帅各省都督深明大义，则军费 11 000 万元，当不超出范围，议员均知稼穑艰难，各省长官力顾中央，则行政费 14 000 万元当可勉强应付，二者合为 25 000 万元，以较岁入约不敷 7 000 余万元。政府或筹画新税，请国会于年度内即行议决，或再减经费求中外之共谅，或稍借内债呼将伯于国民。三者之中，或择其一或三者并行，俟理有条绪后，再行报告。要之政府对于预算，第一义，求实际上之收支适合，第二义，求勿以外债充经常政费，诚以此为财政之最要基础，虽知其难而不得不竭绵薄以赴之也。

三　治本之方法

治本之策，一曰、改正税制，二曰、整顿金融，三曰、改良国库。

我国人民平均负担之轻，为万国所无。故以 4 万万人之国，而岁入仅及 3 万万。国用坐是支绌，百废无自而兴，然夷考其实，则人民又曷尝蒙轻税之利者。盖税制不善，违反租税公正之原则，故国既病瘠，而民亦不蒙泽也。今欲准衡学理，以立我国正当之租税系统，此殆非今日所能骤几。惟一面就现行诸税，择其中最烦苛厉民者，裁汰之余则加以改良整顿，一面酌量情形，略参以国家社会主义，添设新税，以求国家增加收入，而民亦间接受其利。计应采用之税目，曰田赋，曰盐课，曰契税，曰宅地税，曰印花税，曰出产及销场税，曰烟税，曰酒税，曰矿业税，曰一部分之营业税，曰一部分之所得税，曰遗产税，曰通行税，曰银行兑换券发行税。其征收方法，及前途之希望，略为概计如下。据暂行预算，田赋7 800余万，若实行测量调查后，比例收益，以征课其所入，自当视今倍蓰，今未能骤语于此，惟于换算国币表中，酌加极轻微之成数，当可实收至8 000万，盐税原算7 600余万，改为就场官专卖，或就场征税，将来所入，岁可增丰，目前先改用均税法，预计亦可得8 400万，关税原算6 300余万。惟免厘加税，各国多表同情，又物价变迁，税表亦宜改正，此两事若办到，可望增至1万万以外。契税原算1 300万，若加入新定验契费，可增900万，合为2 200万。前此田赋，严于耕地，宽于宅地，若宅地能依据地价征收，初办时可假定为600万。厘金若豁除后，出产及销场税仍可酌征，可假定为1 500万，烟酒两税现收不及千万，若将来能实行烟专卖法，所入可增数倍。今但先征烟酒特别营业税，施行得宜，亦可增500万，合为1 500万。矿税原算百万，若酌量开放奖励，将来次第增加，诚不可量，即在最初一二年间，亦当倍收至200万。旧有之营业税最重者，为牙税当税，今加以整顿，稍改经常税率，及临时换给部帖，所入亦可假定为1 000万。所得税本为最良之税，而我国开办殊非易易，拟先从有价证券，及公职俸给下手，其有限公司，亦分别酌量薄征之，务养成此种纳税义务之观念，初办时不求多收，可假定为500万。遗产税保障产权之移转，民所乐从，适用累进法，最少亦可得200万。通行税铁路、轮船、电车，三者并征，可假定为300万。兑换券发行税拟就保证准备额，税其百分之二。今正筹借巨款，收回各省滥钞，15 000万，一面厚集其力，吸集现金，应税者最少亦当得300万。其他印花税登录税渔业税等，合计假定为500万。其他租税以外之收入，如度量衡专卖，既画一便民，国家亦可得巨款，约计国中5 000万户，每户所购，平均官入4角，已可得2 000万。官发证婚书，而薄收其费，以代登录，民不以为泰，而于民法上之保障，极有关系，每张平均征1元，假定每年300万人结婚，亦可得300万。改革币制后,除铜辅币,或须收缩外,其银、镍、等辅币,皆须增铸,约计第一年所铸总额须在 1 万万元内外,其鼓铸余利,当可得 2 000 万。若各种规费(日本称手数料)与夫官业、官地、官款生息收入等,原预算案列为 2 000 万,改革后当有增无减。以上所拟,若非大谬,则国家收入,略如下表。

（甲）租税收入

田赋,8 000 万。

盐课,8 400 万。

关税,1 万万。(此指免厘加税后言之若不加税则不免厘数亦略相抵)

契税,1 300 万元。(验契费系临时收入一两年内如能施行有方约年可得 900 万元,合契税为 2 200 万元)

宅地税,600 万。

出产及销场税,1 500 万。(若不免厘则此项并于关税内之厘金项下计算)

烟酒税,1 500 万。

矿税,200 万。

部分之营业税,1 000 万。

部分之所得税,500 万。

遗产税,200 万。

通行税,300 万。

兑换券发行税,300 万。

其他,500 万。

（乙）税外收入

度量衡专卖收入,2 000 万。

官发证婚书收入,300 万。

鼓铸辅币收入,2 000 万。

各种规费,及官业、官地、官款生息收入,2 000 万。

统计约 40 600 余万。

以较二年度预算草案所列,约增 1 万万元左右。据政府所揣度,此种整理税制之计划,若立见实行,则三年度收入,当可加增,以之与减政计划相辅,弥补 7 000 余万元之不足,殊非难事,则财政基础,可大定矣。且以上所举诸种财源,皆财政学上所谓有自然增收力者,苟办理得宜,则年年收入递进,实为必至之符。数年以后,不必增设税目,不必增征税率,而国库所入,数倍此数,亦意中事。大学曰:有人此有土,有土此有财。以我国之地大物博,而常蹙蹙患贫,本无是理。夫中国与日本,境壤相接,人民生活程度相近也,日本每人每年平均负担租税额,约十二三元,而中国现在所负担不及 1 元。倘生计发达,所负担者如日本,则岁入固应 50 万万元矣。即如烟税,日本用专卖法,每年纯收益约 5 000 万元,中国若以 3 000 万人吸烟计,每人每月平均 1 元,亦应年收入 36 000 万元。又如矿税,日本年收千余万元,中国若开放发达后,所收何啻十倍,亦应 1 万万元。其他收入,皆可以此类推。故就财政现状论之,虽若极可悲观,然就整理后之财政前途论之,有无穷之乐观存焉。此希龄等所欲勉矢精诚,完兹宏愿者也。金融为财政及国民生计之枢纽,而币制实与之相维。我国币制紊乱,全球共所患苦,自前清之季,已盛言改革。而筑室道谋,弗底于成,近则各省滥发纸币,价格低落,市面恐慌,人民咨怨,其直接影响及于财政者。则缘币制紊乱之故,征收复杂,官吏得上下其手,汇价参差,国库损失,缘纸币低落之故。国家一切征收,即以其低落之额,为损失之额,凡兹弊害,无俟枚举,故政府拟注全力以整顿此事。其关于改革币制者,前此以本位问题,耗费时日,希龄等虽认金本位为应于世界大势,将悬为最后之鹄。然目前不易办到,故暂照旧习惯用银本位,以谋统一。但使所铸银币不太溢乎人民需要之额,觉将来变进殊非难事,而其下手则在扩充中国银行,巩固其兑换券之信用,俾得随时吸集现金。至于蓄力之厚,有加无已,制既画一,汇兑周便,兑换券之流通,自日加广,得以有价证券,充保证准备,而已足。此种保证准备之最良者,莫如公债。故国家发行公债,银行必乐于承受。而所承受之公债,国家即得资以为建设庶政之用。故直接整理金融,间接即所以补助财政也。至于处分各省滥发之纸币,则首从清理省银行,及官银钱局,下手,由中国银行董治其事,清理既毕,即由中国银行承继其债权债务,随时以新兑换券,易收滥钞,定一期限,收销完结。今计现在各省滥币票面额,约 20 000 余万元,市价平均,约共值 13 000 万元。为额虽若甚巨,但使流通分配得其道,整理固自非难,及今图之,以视前次欧美日本诸国之收回滥币,犹觉事半功倍。但须稍得相当之资本,乃可从事,或须借助于外债,未可知耳。

要之政府计划,以严格的量入为出。为目前之计,以整理税制,为巩固财政基础之中坚,而前后皆以整理币制及金融为枢纽。但恐心力虽坚,而能力未足,旧税征收,能否如额,可虑一也。整理盐,关及新增各税,能否如政府之所期,可虑二也。减政主义实施之时,有无阻力,实施之后,有无流弊,可虑三也。此种大业,原非行政府一部之力,所能贯澈,务求国会之诚心相助而已。

第三节 陈锦涛长财政部时期

锦涛昔在南京政府,承乏财政,适当全局破坏之时,财政基础,一无凭藉,竭尽棉薄,幸免陨越,南北统一,荏苒数年,不意时局又见破坏,锦涛今复出膺财政一席,既感遭际,益切悚惶。窃谓凡财政经一次顿挫,即整理多一次困难,况又顿挫不止一次,财政前途,尚可问耶。然锦涛尝闻欧美人言矣,凡御事非有自信力,不足以决危疑,非有责任心,不足以膺艰巨,锦涛不敏,常懔斯义。民国以来,财政当轴,屡易其人,方针未定,一切计划,无凭设施。中央政费,惟赖各省分担筹解。比年中央收入,原预算列 7 000 余万,然如均赋收入 1 500 万,尚属虚悬之数。厘金、牙税、牲畜税、契税、验契、烟酒税,增收 2 900 余万,尚属约估之数,均不能为确实可靠之款,约计可收入者实不及 3 000 万。现并此数亦不能照解,则中央收入之基础,迄未巩固也。再以全国收入言之,五年预算,原列 47 000 万,全国军费占 12 000 万,国债占 13 000 余万,关税盐税原预算列 14 000 余万,以抵国债,所赢无几,内国公债原预算为 2 000 万，现尚难设法募足，加以均赋收入、厘金、验契、契税、牙税、牲畜税、烟酒税等增收 4 000 余万，均未能视为的款，所赖以支持全国政费者，不过 15 000 万之数，其支绌盖可知矣。则全国岁入之基础，亦未足以语巩固也。以言全国岁入则如此，以言中央收入又如彼锦涛受事之初，已值银行停兑之日，投艰遗大，责无可辞。现当熟筹善后，第一步，自应从恢复原状入手，惟将来全国岁入预算，只有此数，决不敷分配经费之用。故第二步，应决心整理财政，确定财政方针，猛厉进行，以为自立之计，虽知其难，当竭力以赴之，尽其所应尽之责而已。今请举所计划者，为我国人一商榷之。

一　目前恢复旧状办法

（一）整理军费政费

分配国家经费，以节约为主，为国家财政主要原则。比年以来，政府怀抱野心，军费则取扩张主义，政费则取牢笼主义，故军政两费，预算上实较前清增加十之四五。现经此次改革，各省军费，增出尤多，政务停滞，而政费之支出如故，当此财政支绌万状，勿论整理为难，亦恐收拾非易。故现在第一步计划，总以搏节军政两费为入手办法，支配军费，陆军部自当定有方针。但就财力而论，则尚有视为可节之处，不第新招军队，首宜裁遣，即原有各军，应支各费，如有浮滥，亦应核实删除。至于政费，应办之事，固当求其敷用，勿稍冗滥，尤宜分别缓急，次第设施。此则应与京外各机关，并力合谋，以抒目前之急者也。

（二）现在各省征收赋税暂照旧办理

各省赋税，民国以来，增加不少。中央只希望各省解款，征敛之公平与否，本所勿计。现经此次改革，各省元气，又复凋伤，为民力计，本思与各省暂谋苏息。惟当兹财政穷竭之秋，中央经费，尚须仰给外省，以为支持。设各省固有税入，再致短绌，则内外维持之计益穷。故拟各省征收赋税，暂照旧办理，俟中央确定税制，何项税宜推行，何项税宜停罢，再行妥议办法，切实进行。

（三）现在各省认解中央专款解款暂照旧办理

中央专款及解款，总计各省应解数，约4 000余万，其中或系新税，或系旧税，均系从前未列预算及概算案内盈余之数。改革以后，各省借口经费无敷，纷纷延欠，又值金融停滞，国库无力运用，外债未能遽办，财政前途，危险殊甚。现正办理善后，中央苟有余力，尚须兼顾地方，倘此项可恃之款，再多无著，则中央经常要需，势且穷于应付。故拟与各省商议，暂照原认专款解款数目，照旧筹解，如不能按额解足，亦应酌定数目，如期解部，以资济用，仍俟省制颁定，再行由部统筹兼顾，以定制用经久之规。

（四）暂借外债1万万元

国家财政，苟非万不得已，不宜轻借外债。惟以现在情形论之，则部省同一空虚，各省不惟无力解款中央，且有仰给中央之势。军费陡增，须行裁遣，则裁遣之费用，应如何预筹，中交停止兑现，本系权宜之计。现议亟须开兑，则开兑之资本，应如何设备。本年中央预算，不敷3 900余万，不能无所抵补，则抵补之款项，应如何统筹。凡兹措施各端，皆关善后至计，况值财政困难，不可不谋生产事业，以资补助国用，而如收买制钱，鼓铸货币等，皆苦于无资，坐言不能起行，亦属可惜。至于将来整顿会计，统一金库，尤重在改革币制，前清已议币制借款，兹后着手改革，虽不必重提前议，亦须预筹大宗的款，以为整理币制基金。凡兹各项经费，国库皆无力承担，则非商借外债，实难措手。本部将应需各款，详细筹计，此项济急之外债，至少须得1万万元。内以2 500万元，充中交两行兑现之用，以2 000万元，充遣散各省军队之用，以500万元，充接济各省善后之用，以400万元，收买各省制钱，鼓铸货币，以600万元，补助交通事业，以4 000万元，弥补政费。至债款用途，分配之细数如何，决算如何，当俟异日登载公报，以告国人。

二　将来财政整理办法

（一）整理税制

各国税制，有收益课税、所得课税、消费课税、行为课税四大统系。

为国库收入，及课税分配上，必要财源。中国税制，收益课税中，以田赋收入为最多，故以整顿田赋为尤要。旧制，赋额甚轻，惟以银两计算，征银则往往加至一倍以上，故赋额似轻而实重。据本年预算，田赋列 9 600 余万，若实行清丈，至少可获纯田 10 万万亩，比例收益，每亩征洋 2 角，应得 2 万万，今未能骤语及此。惟从清查粮额、归并赋目、平均赋则入手，又于改征银元之中，酌加极轻微之成数，当可实收至 12 000 万。其次营业税，上年已拟办特种营业，将行而未果。然牙当两税，原预算列 900 余万，即为营业税性质。吉省已办之销场税，与广东拟办之商店产销并征，亦属营业税办法。如果详细研究，求一简易可行之法，收入自不在少数。初办时税率稍轻，商民当能乐从，可假定为 2 000 万。房屋税，亦为良税，应由所有者负担，较为公允。各省现办房捐、铺捐，类多抽诸商人，每年收入，尚无确数。日本房屋税，分市街村落，合计赁贷价总额，为 5 300 余万，征百分之五，得 260 余万。中国户口殷繁，十倍于日本，房屋赁贷价额，虽未确实调查，而以日本比例，其价格总额，至少有 2 万万，征其百分之五，亦可假定为 1 000 万。矿税，原算 130 余万，若酌量开放奖励，税收何止倍蓰，至少当得 300 万。所得课税，即所得税是，上年拟办特种所得，从官吏、公司、银钱商、盐商入手。此税如能施行得宜，养成商民纳税义务之观念，亦可与营业税相辅而行，税率本极轻微，初办时不求多收，可假定为 1 000 万。消费课税中，以盐税收入为最多，原预算列 8 400 余万。据各省销盐报告，约 3 200 万担，而无税私销之盐，尚有 1 500 万担，私盐之充斥可知，若拟杜绝私销，则就场征税，最为相宜，专卖尚无此力，目前整理场产，添练场警，酌行均税法，预计亦可得 11 000 万。其次丝税、茶税、糖税，丝茶为出口货，糖则输入货居多。据最近海关贸易册，丝绸缎出口，约值银 1 万万，内地销用，未据调查，约与出口价值等，抽值百之五，当得银 500 万。茶叶出口，约 140 余担①，内地销用，虽不知其详，约可 200 万担，每担征洋 3 元，亦当 600 万。而茶之票税尚不在内。糖税，原预算

————————

① 应为 140 余万担。

为 60 余万，如能由政府扶助资本，推广种植，改良制造，实行输出奖励，亦可抵制洋糖输入，收入约当得 300 万。油为日用所必需，其种类甚多，如豆油、麻油、菜油、酱油等，销路可与盐匹，从前抽收厘捐，偷漏不少，今拟分别定为专税，当为收入大宗。初办时，假定为 1 000 万。行为课税中，以契税收入为最多，原预算为 1 500 余万。改办登录税，税率照旧，再加各种登录，初办时，可假定为 2 000 万。印花税，原预算列 560 余万，如将银钱票据、婚姻证书，等一律贴用，至少当得 1 200 万。遗产税，保障产权，民当乐从，初办时，用最轻累进法，可假定为 300 万。通行税，只征铁路、轮船、电车，三项，与各国运输税相近，可假定为 300 万。至关税一项，加税免厘以后，税收当增一倍以上，目前办法，连常关厘金并计，切实整顿，亦可假定为 11 000 万。此外如棉花税、牲畜税、屠宰税、花生税、竹木税、渔业税以及各项杂税，米谷捐、船捐、斗捐、布捐等以及各项杂捐，约 5 000 万左右。或拟归并名目，税捐统征，或拟分别苛细，酌量停免。当与各省通盘筹计，即将此项收入，划充地方经费之用。其他租税以外收入，如烟酒公卖，原预算列 1 100 余万。若将原有税、厘、捐等归并征收，初办时，亦可得 2 500 万。一二年后，当得 4 000 万。鼓铸货币余利，现在固属无多。惟改革币制后，增铸辅币，每年约在 1 万万元内外，鼓铸余利，当得 2 000 万。兹将所拟国家收入，列表于后。

收益税

田赋 12 000 万

营业税 2 000 万

房屋税 1 000 万

矿税 300 万

所得税

所得税 1 000 万

消费税

盐税 11 000 万

丝茶糖税 1 400 万

油税 1 000 万

行为税

登录税 2 000 万

印花税 1 200 万

遗产税 300 万

通行税 300 万

关税

关税 11 000 万（此指加税免厘以后可收之数若不加税厘收亦可抵）

税外收入

烟酒公卖 2 500 万

鼓铸货币余利 2 000 万

统计约 47 000 万元

（二）整理预算

预算以编成议定为重，尤以施行监督为要。民国预算，办理有年，究之历办预算，如何议定，如何监督，至今尚莫名其故，欲期实行，殊属未易。一国财政，不知预算，是为无政，焉能有财。现当改革之初，整理岁计预算尤关重要，着手准备，兹正其时。窃谓准备预算，以分配经费为最难。比年军费、国债两项，原预算已占全国岁入三分之二。国债，关系国信，无可磋议。现在分配经费问题，惟有从节约军费入手，腾出余款，以补助实业教育，俟岁入增加、军事计划确定后，再议扩张办法，此应与主管各部切商者也。至预算议定范围，英美各国，凡关公债本息、官吏恩俸、公使及法官俸给，均为永久固定经费。国会不得年议变更，中国预算，形式甫具，基础未固，审计岁入，分配经费，正赖国会为后盾，如其议定范围过狭，亦与监督财政主义不合。故拟就公债本息、公使领事、及中央官吏俸给、先行制定法律，作为永久经费。此外各经费，非经国会议决，不得支出，以示限制，此应与国会诸君切商者也。预算编成以后，经费如何支出，应由主管机关，按月编成支付预算，送由财政部，转交金库，各机关支出经费，即照预算定额，填发支付饬书，统由金库照额支付。如有预算以外用途，而无切实计划，关系要政者,不得率请追加。预备金,为日本创例,足以破坏预算。原预算列2 000万,数目太滥,应加限制。款目不准流用,为会计法所规定,实行预算,亦当注意于此。此整理预算之大凡也。

(三) 统一金库

各国宪制,除英吉利外,所有全国岁入岁出,无不以金库为汇归。民国金库条例,虽经政府颁布,尚未由国会议决。中国银行,名为办理金库,实只谋各省解款之统一,而于金库直接征收一层,尚未办到。现拟廓清征收积弊,非办到金库直接征收不可。惟以我国辐员之大,交通之艰,如议遍设金库,亦恐力难兼顾。现在第一步办法,拟将金库条例提出国会议决。另编金库施行细则,规定金库出纳区域,择交通便利县境,一律设立金库,办理直接征收事宜,其在边疆、及交通不便地方,仍由经征官征收、保管,按期缴纳金库。至岁出各款,照预算定额,亦由金库直接支付。总期全国收支,以预算为基础,以金库为枢纽。收入有纳税凭单,支出有支付饬书,收支结束,有金库之计算报告,与经征官之征收报告,可资对照,全国收入一款,支出一款,中央均有账簿登记,可资稽核。如是而财政庶有清明之日也。此统一金库之大凡也。

(四) 整理公债

募集公债,亦财政济急之一法。中国自甲午以还,债款逐年增加,至今长期债额,已达148 600余万,短期债额,亦有2 700万有奇,共计151 000余万。其中内债仅7 900余万,余则尽属外债。其抵押担保品,长期者,为各项国税,短期者,为国库券,及其他债券,年偿本息,约13 000余万。以言目前财力,负担不可谓不重。现议着手整理,一、应确定内外债偿还方法,及特别保管内外债抵押担保品之收入,以固国信,二、应推广内国公债之销路,以养成人民购买内债之习惯。第一办法,拟设立减债经理局,由政府、国会、审计院、商会、派定若干员,组织委员会,将所有内外债抵押担保品之收入,由金库按期征收足额,交由该会特别保存。俟各债本息到期,悉数偿还,如债票有低落之时,不俟到期,亦可自行收买,以减本利之负担。如是则国信可固而票价亦可维持也。第二办法，宜讲求募债资源，切勿强迫购买。公债资源，不尽在民，凡银行、公司之资本金、公积金、分配金、储金、农工商业上之公积金、官有公有储金、公共基本金，皆为公债至大资源。又如个人所得年额，如有剩余，孰不知购买债票，较存入银行，尤有利益。凡兹各项资源，皆关公债销路，故推行内国公债，不惟可养成人民购买之习惯，并可巩固外债间接之信用也。此整理公债之大凡也。

（五）确定货币政策

岁入岁出之金银计算，公债证书之价格上落，均与货币政策有密切关系。言财政者，以改革货币入手，洵为至论。改革货币，先决问题甚多。而最要者，又在货币本位之如何确定，纸币发行权之如何统一。言本位，则有用金、用银之分，又有单制、复制之别。复本位，姑毋论。单本位，则主张用金、用银，尚不一致。近有人创虚金本位之说，采用金单本位，理由最长，虚金本位，专对于国际汇兑。国内则以纸币、银币代表，为折衷办法，亦我国经济实际所必经之阶级也。惟以中国币制紊乱，用银用钱，参差不一。银单本位，尚未实行，遽议用金，以图国际汇兑之便利。究之所得汇利有限，而现在赔款皆以关盐税作抵，由外人代收代还。而我国自设之银行，又少外国汇兑机关，一旦如行金本位，恐汇兑之利益，亦未必权自我操。而况现在各省征收习惯，大率以银折钱，以钱折洋，层层扣折，其弊莫可究诘。设议金本位，则其折合计算，更不可言状，利未见而害已著。金本位，一时既不能议行，虚金本位，又因现时经济状况，行之亦未见有利。故整理财政，第一步，当议实行银单本位，俟全国币制划一，无银钱并用之害。然后再议实行金单本位，或虚金本位，循序而进，其势自顺，于国情最为适合。至于发行纸币，集权、分权，不一其例，要皆视国情而定。前清财政紊乱，都因各省滥发纸币所致。民国以来，筹备巨款，收回旧有纸币，限制各商发票，纸币稍有整理之望。现除湖北、湖南、江西等省，尚有旧发纸币外，其余各省，大抵均用中交纸币。现拟确定货币政策，则纸币发行特权，自应畀诸中央银行，以免再蹈前清故辙。所有各省旧发纸币，一时无力收回者，暂准照常通行。惟不得暗中增发，仍规定切实办法。

限期收回销毁，总期数年以后，达到完全纸币集权之目的，庶全国金融之基础可固，而国民经济之发达可期也。此确定货币政策之大凡也。

（六）实行烟酒公卖

烟酒公卖，办理以来，颇著成效。本届公卖收入，原预算为1 100余万元。烟酒税收入，及增加收入，原预算为1 300余万元，共2 400余万元。惟现在办理烟酒公卖，一面设局征收经费，一面又抽关税厘金，办法纷歧，抽收亦不一致，于公卖政策，尚有未合。现拟切实整理，即将现抽烟酒税厘，以及各捐，概行停免，只征公卖经费一道，除海关税外，概不重征。惟各省烟酒税率，向来层层抽收。税、厘、捐三项合计，只须经过二三省分①，其税率已有值百抽二十、至四十，不等。再加公卖经费，则值百抽五十、至六十，又不等。今拟抽收烟酒公卖经费一道，抽收标准，暂定为值百抽五十。产销各半征收，以均负担。烟叶、烟丝二项，向来分途征税，迹近重征。将来，抽收公卖费，拟将烟叶一项，消纳于烟丝之中，不再抽费用。至各省原有烟酒税、厘、捐等收入不在少数。兹拟归入公卖经费，且系产、销、分，征收数难保无着，故拟由中央统收统拨，以保各省原有收入。如此办理，约计公卖收入，一二年后，必在4 000万以上，初办时，亦可得3 000万。此实行烟酒公卖之大凡也。

（七）整理岁入官厅

预算实行，金库统一，则各省岁入官厅，应从改良征收入手，固矣。现制，财政厅一面管理岁入事务，一面又管理岁出事务。金库统一以后，岁出，则照支付预算定额。各机关官吏，均可填发支付饬书，向金库直接取款。岁入，则照岁入预算定额，由各金库直接征收，其由各经征官保管之税款。究属少数，则所谓财政厅职权，较前减轻实多，与各省行政官吏交涉之事亦少。所管重要事务，只在调查税额，监督税收，编造纳税告知单，造送征收报告书。简言之，即为管理全省岁入官厅而已，则所称财政厅三字。顾名思义，已不甚合，拟将财政厅，改为

---

① 省分，同"省份"，下同。

税务管理厅,其下设税务局,统由财政部直接管辖。税务局,办理征收情形,应按月报告税务厅。税务厅,办理征收情形,应按月汇报财政部。税务厅,则考核税务局。财政部,则考核税务厅。盖因各省岁入,虽归金库直接征收,而催征之权,仍在税务局,督征之权,仍在税务厅。故有征收短绌情形,税务厅,及税务局,均应负责,考成之方,并不能免。至其所管税项,如有委任县知事征收保管者,各省行政长官,应协同监督。如是,则岁入统于金库,管理属于税厅。全国财政,均可统一,将来规定省制,情形或有变更,而国家岁入,不致被其影响矣。此整理岁入官厅之大凡也。

（八）整理中央金融机关

一国金融之盛衰,以中央银行为枢纽,故中央金融机关,最关重要。前清大清银行,以徇私放账为主,卒至现款垂罄,一蹶不振。民国以来,中国交通两银行,稍知准备现款,又以当轴怀抱野心,拟于此操纵财权。为自固自私之计,交通勿论矣。中国银行之官商股本,实力本不薄弱,亦以牵入政治风潮,相率停止兑现,信用大受顿挫。现议统一金库,则将来中国银行办理金库事宜,责任至为重大,非将中国银行基础,设法巩固。全国金融,何以资流通,全国岁收,何以资保管。查中国银行商股,本占 1 000 万元,去岁开始招募,尚未及半。兹拟设法招足,厚集资本,以立于信用经济不败地位。又查各国中央银行,如与政府有借款关系,均有借贷法律,可资遵守。我国政府对于中交两行用款,向无限制,致以重要金融机关,混入政治范围,酿成扰乱现象,实为财政至大隐忧。现拟限制政府用款,另订贷借专律,政府如有不得已用途,须向银行借款,应指定的实税款,为偿还之预备,且其用款多少,亦须规定,照每年全国岁入几分之几,不得超过规定数目。庶银行筹款有准备,政府用款有限制,设有政治上变动情形。中央银行,决不随之而致动摇。全国金融,亦不因之而受影响,不惟中央银行之基础可固,即政府对于中央银行监督之实力亦可益坚。此整理中央金融机关之大凡也。

以上所拟计划,以实行预算、统一金库,为入手办法,以整理税制、实行烟酒公卖、推行公债、改良税厅,为巩固财政基础之中坚,而以整理货币、巩固金融,为枢纽。惟财政情形万变,金库能否统一,预算能否实行,事关全局,原非一部之力所能贯澈。整顿新增各税,整理货币、金融,能否如政府之所期,亦应俟大局平定,筹备进行。惟其结果,总视国会监督之力而定。当此财政艰险万状,舍以上所拟计划,又无以为自立之计,锦涛惟有勉竭棉薄,以尽其所应尽之责而已。此外尚有与财政计划相关者,约有数端,并陈于后。

(一)拟设立征收检查局

金库统一,全国岁入,汇于金库,征收之弊,或可稍绝。然岁入官厅,催征有责,如因已设金库,放弃责任,或至催征不力,则金库税收,必致短绌。且经征官吏乘改革之会,通同舞弊,则侵蚀税款,又所不免。此则不能归咎于金库也。而况办理金库,一时尚难遍设。则在筹备期间,一切税款,须照常征收,设不从严检查,又何以寒蠹吏之心。查本部前设征收检查会,亦因各省税厘频加,而收入并不见增,虑其侵蚀,特设此会,派员实地检查,发见各厘局弊病不少。现拟即将此会改组,名曰征收检查局,章程另定。特派专员办理征收检查事宜,如有发见征收弊病,或报告不实,催征不力者,则提出财政部,分别惩办。盖与司法上之检察机关,性质略近矣。

(二)收买制钱

制钱出口,本干例禁。比年以来,奸商串同外人,私运出口,已数见不鲜。此项制钱,西北数省,照常通用,而运出私毁者,已去其泰半。山东制钱,被外人收买将尽,据闻获利 3 000 余万。长此以往,制钱行将绝迹,而利权悉向外流。现拟筹备的款,遴派妥员,设法收买销毁,改铸铜元,获利必丰。当此财政竭蹶,是项生产事业,似亦与国用有裨,不仅为抵制外人收买已也。

(三)与审计院协议审计方法

监督财政,有事前、事后之分。预算实行,岁出各款,均照定额办理。事前监督,似不在必要之列,惟因库款奇绌,维持预算,尚须续借外债,则因借款关系,外人借口稽核用途,亦已有成例可援矣。外人干涉内政，本于公理不合，惟中国向来借债到手，任意滥用，贻人口实，亦有自侮之道。兹后如议借债，与其外人干涉，毋宁自行监督。故当用款之时，拟送审计院签字核发，如有不正当之用途，审计院可拒绝签字，此即事前监督主义，应与审计院协议者一也。一国财政，以预算始，以决算终。预算款目，财政部可从严核定，然其支出细数，可证明其翔实与否，则当预算之时，尚无此项精确之眼光，非俟送到决算，悉心检查不可。我国决算并未办过，国会将开，则预算须办，决算亦须办。办理决算，必有各项收支物品，证明规程，为检查之根据，当检查时，如有发见①不正确之收支，立可剔除。故第一次办理决算，如能将收支各款，切实检查，必较预算时之核定款目，尤为真确。决算之基础巩固，则第二次核定预算款目，其标准亦易确定矣。此办理预算，与办理决算，实有相连关系，应与审计院协议者二也。

（四）拟确定财务上一切法规

财政法规，所以定进行之方针，达生财之目的。财政最要问题，曰，会计法，分普通会计、特别会计二种。普通会计法，民国二年已编定，不过未能一律遵行。至特别会计法，则尚未编订。故如铁道会计、铁道公债会计、整理公债会计、纸币交换基金会计、赔款会计等，均未能为精确之计算。斯其弊病，殆不可究诘矣。一国财政，最重收支。现在国税征收法，尚未颁行，则征收费用，如何配赋，纳税凭单，如何颁发，恐亦未能着手准备也。以言出纳官吏，则身分②，若何保证，交代，若何证明，检查，有若何规程，征收保管，以及监守，有若何责任，均未能为种种完全之设备也。以言物品会计，则凡关于政府工事、物品购买之随意契约、以及印纸、国税征收费、所属物品出纳规程，均未能为种种法令上之规定也。兹后金库统一，预算实行，设不组织财务上最有统系法规，则财务行政，何以资进行。有治法而无治人，尚且不可，况并治法而无之耶。

---

① 发见，同"发现"。
② 身分，同"身份"。

　　以上各端，或关财政计划，或与财政计划相连，略陈梗概，以告国人。若以为大端不谬，则将循此计划，见诸实行，艰巨劳怨，在所勿辞。惟锦涛更有请者，方今国势，外侮内忧，相逼而来，财政艰险，莫可言状。自兹以后，总以能求自立为主，预算不敷，非自今始，外债之酷，于今尤甚，而欲谋国家生存之的，惟有开辟财源，以供用途。财政为国家命脉，充足，则国家富强，不难立致。而国民办理种种投资事业，亦可日形安固，此实有相维相系之势。西人常言，国民投纳租税，以充国家经费之用，即为国民投纳保险费之一种，其言亦深长有味。则本于此项计划，将来国民负担，或有加重之处。而国民之利益，政府亦当悉心体察，决不以苛细之税累民。此则锦涛愿与国人相见以诚，各加奋勉，以尽所应尽之责，斯国家财政前途之幸也。

　　上述甲乙丙三项，系周、熊、陈三总长之计划。至周自齐总长任内，无正式宣布之政见，其散见于官文书者，约有数端：一、整理杂税，在部设杂税整理处，调查各项杂税，分定章制，以期统一。二、整顿田赋，通饬各省实行编审之制，以旺岁收。三、改良厘金，凡厘税内所征货物，饬令择要改办出产税，为裁厘后之抵补。四、收回滥币，如广东等省纸币，经部分定办法，或用现款收毁，或指定税项，分期收尽，以图补救。五、创办内债，初办三年内国公债，后又参用列邦①富签②之法，广募储蓄票，以充政费。六、办理官产，凡官产较多之者，先后设立专处，从事变价，以增入款。凡此诸端，皆当时所筹办之事，故特附列于后，以资考证耳。

---

　　①　列邦，指各国。
　　②　富签，指富签公债。农业部曾于 1909 年仿照欧洲各国制度，试办富签公债，用于兴办实业。这是一种类似彩票性质的集资办法。

第四章
出入递增之原因

　　考清初迄今,财政出入之数,递增无已。顺治年间,除米豆麦草各项本色不计外,岁入岁出约银 20 万两内外,康熙末年增至 3 000 万两,雍正间又增至 4 000 万两,乾嘉两代岁入之数,与雍正略同,岁出仅 3 500 万两左右,道光季年入款较逊,出款如旧,咸丰中时事多故,收支细数,散失不全。洎乎同治,岁入为 6 000 万两,岁出为 7 000 万两,以入抵出,稍有不敷。光绪初年出入 8 000 万两上下,中年加至 1 万万两,季年又加为 2 万万两,宣统元年又加为 26 000 万两,四年预算案,出入之数,较前稍减,计 23 000 万两,约合银元 35 000 万元。民国以还,二年预算案岁入为 55 703 万 1 236 元,岁出为 64 223 万 6 876 元,出入相抵,不敷颇巨,而其出入之数,所骤增者,以善后借款在年度内收支各数刊入之故,至经常收支之额仍与清末无大出入也。三年度预算案,岁入为 38 250 万零 1 188 元,岁出为 35 702 万 4 030 元,两抵略有盈余。五年度预算案岁入为 47 212 万 4 695 元,岁出为 47 151 万 9 436 元,以地方收支之数并计在内,故较前年为增。综观近三百年来,国家财政出入之数,虽一代之中,前后互有增减,然从大体而言,实有与时俱增之势,考其原因,约有数端,兹分述之于下。

　　一、外交费。清初海禁未开,交涉甚简,乾嘉以后,西力东渐,折冲之事虽日渐繁多,然仅特使之费而已。迨至季年,始设专官,需费较巨。民国以来,外交部交涉员公使馆领事馆等费,年约 400 万元以上。此岁出递增之原因一也。

二、内务费。清初以河工费为最巨，此外祭祀、赏恤、修缮各费，为数无几。若州县经费大率取之平余等项，公家所给，廉俸至为微薄，逮至季年，筹备立宪，自治警政，相继试办，需费较增于前矣。民国以来，道县改定公费，自治事业，亦复稍事扩张。又以荳苻不靖，添设巡警，以资防范，所增之费，约在 3 000 万元以上。此岁出递增之原因二也。

三、陆军费。清康熙时，兵额 59 万 4 414 名，饷银仅 1363 万 3 900 两，道光中，兵额 58 万 5 412 名，饷银增至 1 682 万 1 061 两。咸同以后，旧营改用西操，军械之费已增于前。光宣之交，编练新军，需费益巨。民国以来，时变纷乘，师旅骤增，每年支出之数，视清初约增十倍之谱。此岁出递增之原因三也。

四、海军费。清初注重陆军，而海军无闻焉，咸同年间，海疆多故，始设水师，光绪初年，南北洋先后创设海军。逮季年，始立专部，以管辖之，内河防舰，亦续有增添，宣统间，盛倡重兴海军之议，然限财力，其计划未克骤施。民国以来，因海防重要，订购各舰，相继造竣，民国五年预算，列费 1 700 余万元，视三年稍巨。此岁出递增之原因四也。

五、财政费。清初征收各税，归州县经办，一切用费，尽取于民，国家鲜有给以经费者，咸同以后，关税厘金均定经征之款，为数颇巨。又以库款支绌，常借外资以挹注。自光迄宣，洋赔各款所负本金，约近 10 万万元内外，每年应偿之本息，达 7 000 万元。民国后内外各债，更增于前，应偿本息，每年增至 13 000 万元之谱，均为旧时所无者。此岁出递增之原因五也。

六、司法费。清初囚粮支款，为数较巨，此外刑部及按察司等署之公廉，所需甚少。逮至季年，筹办司法，京师及省会先后设立审检两厅，支款将及 1 000 万元，民国后各级审检厅，时有改设，薪俸公费，较增于前。此岁出递增之原因六也。

七、教育费。清初科场支款，为数甚少，同光之交，推设学校，派遣学生，需费较增，庚子后废科举，设学校，由是大学高等中小各级学校，次第设立，并增派学生分赴东西各国，给以官费，宣统间，年需 700 余万元，民国五年预算，达 1 200 万元以上，而县市乡设学之费，尚不在内。此岁出递增之原因七也。

八、农商费。清初农工商业，向不设官董理，光绪季年，农工商始设专部，一面补助民办之农工商事业，并设立农事试验场，劝工场，商品陈列所等以资模范，民国五年预算，是项经费，为400余万元，而县市乡农商各费，尚不与焉。此岁出递增之原因八也。

九、交通费。清初公家文书，藉驿站为传达之枢纽，需费颇巨，咸同以后，世界大通，邮电路航，相继举办，现在前项事业，作为特别预算，收支总数，约达1万万元以上，而普通预算所列仅交通行政所需之费，故为数尚少。此岁出递增之原因九也。

以上九端，系岁出递增之原因，而出款与入款相为表里，所支之额既增于前，所入之数尚仍其旧，终必贻亏累之忧。当轴不得已乃另筹新增之款以资抵补，甲午所起洋债宜偿也，分摊于各省增税以抵之。庚子所认之赔款宜偿也，分派于各省加赋以补之。他若练新军也，创海军也，设巡警也，兴学校也，筹备司法也，举办四政也，振兴农工商也。每按所需之费而定筹款之方，转辗不已，岁入之数，随岁出之额以俱增，究其财源之所自，恒出于人民之负担，盖今日民力之难胜，其由来久矣。

二、民国续财政史
（总论部分）

例　言

一　全书仍按前编体例于叙述现制而外附以学理之论述

二　是书赓续前编起民国六年迄于二十一年六月止惟前编所阙漏未载者亦间有增入以期详备

三　是书以北京政府财政概要为沿革国民政府财政实况为现情

四　是书仍以叙而不断为旨间缀数语藉醒眉目

五　是书注重事实凡近今法令之涉及财政者均分类汇入

六　是书以官书档案为本而于内外人士之著述亦多征引并增小注以明所自

七　是书注重中央出入之盈绌关于近年实收数及预算数均经详载

八　是书因近今民治日昌于地方财政搜罗綦详另增一编以资参证

九　是书于社会财政思潮相为取证故有所论列率以最新之财政学理为归

十　是书迭承友朋指正其从事赞助者为吴县陆鸿吉衢县戴铭礼及同乡朱莘芍周纲仁周伯祥五君特志数语以表谢悃

十一　是书脱稿仓猝复杂疏漏在所不免　博雅君子幸赐匡正

编者①识
民国二十一年七月上旬

---

①　即原著者。

第一章
近代财政思潮之变迁

  自来财政思潮，恒随经济思想为转移。吾国经济思想，昉自远古，至春秋战国而始盛。老氏书中，于当时经济状况，排斥弥力，尝谓民之饥，以其上食税之多，是以饥。又曰，服文彩、带利剑、厌饮食，财货有余，是谓盗夸，可见其仇视特殊阶级之激切。其心目中之理想经济，则在见素抱朴少思寡欲，实与其政治法律思想之主张自然与放任者，完全一贯。而有合于无政府主义，庄子继老子而兴，为道家巨子。其《让王》《盗跖》《在宥》《胠箧》等篇，陈义高远，而恣肆其词，殆与老氏伯仲焉，此一派也。次则儒墨两家，于春秋战国为显学，微言大义，颇有存者。代表儒家之孔子，固明明以不患寡而患不均相诏示，《礼运》一篇，企向大同，尤为言治之极则。而孟子于王政仁政，重言反覆，深切著明。近人称为保姆政策，良为不诬，综其关于经济学说，则于均产主义为近。墨子之道，惟兼爱是务，其言理财，凡足以奉给民用则止，诸加费不加于民利者弗为，盖与儒家节用爱人之义相类，而其汲汲于民利则尤过之，此一派也。又次则有管商，管子官山府海，主张商业国营，资本国有。商君创为劳商逸农之说，欲驱市廛①之夫，戮力南亩，要皆以富强为鹄的，可称为富国主义，此又一派也。大抵此一时代，旧式均田制度，崩坏无余，人民全趋于自由竞争之域。故儒墨道诸家，立说务与相反以矫时弊。法家主以政府权力，整齐人民趋于一致，尤与自由

---

  ① 市廛（chán），意为商店。

竞争之原则，背道而驰。然自是抑商重农政策，遂足左右一时矣。降及中古，汉武表章六经，裁抑百氏，学术统于一尊，思潮无由横溢。因之经济思想，亦遂陵夷，其间可称举者。惟董仲舒荀悦师丹何武孔光辈，鼓吹均田限田。王莽更务贯澈此种政策，下令更天下田为王田不得变卖。其男口不盈八而田过一井者，分余田与九族乡党，又设五均司市以平市价。官卖盐铁等物以杜商人垄断，为有合于社会政策。而宋王安石佐神宗行青苗免役保马手实诸新法，亦颇欲施行社会政策之一部。然莽既灭亡，安石亦归失败。后之当轴，鉴彼前车，动色相戒，但知故步自封，不复谋社会之改革，是可慨已。迄至有清，如顾亭林黄黎洲之徒，①其经济思想，昌言富利，一洗陋儒耻于言利之旧习。然欲求天下安富，则又在乎藏富于民，故亭林之论田功，②梨洲之述田制，③皆以民得自养阐扬其义。而洪亮吉创人口论，其意与英国经济学家马尔塞斯氏④相同。孙鼎臣著刍议，于振兴农业改良货币整顿盐政诸端，论列綦⑤详，贡献甚大。漫漫长夜，渐被朝曦，亦学术界之异彩也。洎乎晚近，经济思想，益复风发云涌，人争握椠，家竞怀铅⑥，以视春秋战国时代，亦何多让夫。近年经济思想之发达，固由远西学说渐染使然，抑亦四周环境激刺所致，原因种种，可得而言。

　　（一）外力侵略之关系。近百年来，外人之于我国，恒挟其帝国主义以为侵略之具，始则政治侵略，破坏国权之完整，继则经济侵略力，谋财权之宰割。而经济政策之乘隙抵瑕⑦，猛进不已，且较政治力量而尤有过之。试举其要者以言，如强索赔款，或强以最不利之条件借给钜资，而扩张其运用资本之势力一也。既夺取我国关税权、路矿权、沿海及内港航权，复凭藉条约于租界内增设工厂，利用中国原料与劳力，

---

① 顾亭林即顾炎武，黄黎洲即黄宗羲。
② 指顾亭林著《田功论》。
③ 指黄黎洲著《明夷待访录》中的《田制》三篇。
④ 指英国经济学家马尔萨斯。
⑤ 綦（qí），文言副词，意为很，下同。
⑥ 握椠怀铅，指写作、校勘。
⑦ 乘隙抵瑕，指钻空子。

经营制造，使货物畅销，更较舶来品为有利。而我国之旧式小手工业与新式大工业，以及各种企业均被压迫而末由自振，同时更使中国政府收入锐减，愈不得不仰给于外债以任受其盘剥二也。在中国设立大规模金融机关，独占关盐税款存放之权，直接既操纵我国金融，间接复垄断经济命脉，使公私生活完全握于列强资产阶级之手，惟有俯首听命三也。吾人既日在外力侵陵之下，宛转呻吟，去死不远。然痛极而奋，人之恒情，势不得不怀疑旧制，思启新规经济思想，乃应运而生矣。

（二）国内战争之关系。近自内战频仍，国内经济界之杌陧①窘状，垂十余年而不获即安。国家财政，亦交受其弊，而帝国主义者，复利用军阀秘密贷借，助长内乱，有如二年五年讨袁之役、七年护法之役、十三年讨伐贿选之役，衅端一启，战费浩繁。彼且凭藉外资，昌言黩武，其中以袁世凯五国善后借款、段祺瑞西原借款、及解决法国金佛郎悬案，为数尤钜。此外局部战争，如直皖之战、奉直之战、苏浙之战、南口之战，几于无岁不寻干戈，无地不罹锋镝。国民军北伐以来，全国虽同在党治之下，然亦兵争迭起，战事蔓延。夫疆场之炮弹皆人民之膏血，故每经战争一次，借款有加，内债有加，新旧赋税更有加。质言之，即经一度战争，而国家损失至多，民众痛苦加甚也况，复工商停滞，陇亩荒芜，其直接损害民众经济者，更难偻指。人民既苦战争，社会益形纷扰，形势所迫，瞿然以起，遂时时惩前毖后，发生改善经济之思。此亦理所必然者也。

（三）赋税不平之关系。吾国赋税制度，大都沿袭历史陈迹而来，赋税分配，不按国民纳税力之大小而定。往往富者纳税较轻，贫者纳税反重，违悖负担均平之原则，妨碍社会经济之发展，莫此为甚。自顷内争迭起，急筹军费，不得不增收新税，多募新债。然一考察现情，豪富仍可规避。虽公债募集，多赖富者之承购，而偿还之款，仍出于赋税，适以为其贮蓄机关而已。试就负担之现状言，如田赋一项，名虽征于田主，实仍出自佃农。盐税一项，以盐商包税之结果，年获余利，仍

---

① 杌陧（wù niè），意为不安定。

出自民众,遂使一般人民于纳税国库而外,对于盐商,又负一重纳税义务。迩来厘金裁撤,弊制铲除,而现行税制中,亦尚有贫民日用必需之品。因财政关系,一时未能完全豁免者。夫负担既失其平,反响即由而起,此后租税系统之如何确定,征收方法之如何改善,要皆为促成思想之进步,穷则思变,固其宜矣。

(四)贫富悬殊之关系。贫富不均,自古已然,昔汉董仲舒尝以富者田连阡陌贫者地无立锥,致其慨叹。然犹未若今日之甚也,古者工商之业未广,豪强兼并,仅在田土。而中人资产曾不少减,尚足收调和贫富之效。近则工商发达,所谓资本主义者,以私有财产为体,以自由竞争为用,因财富集中之影响,遂使富者愈富,贫者愈贫。吾人试就机器与原料之输入额一为考查,则前后十余年间,骤增数倍,而各种公司资本之额量,亦复称是。由此可知中国资产阶级势力之进展,并非昔之兼并买卖,以大田主为富者,所可同日语矣。而就贫民阶级状况观之,生计艰窘,与日俱进,宛转哀号,无术自救,都市盗窟之多,乡村匪氛之炽,事实具在,宁不寒心。更就贫富之日常生活以为比较,则天堂地狱,犹未足以相喻。夫人类以竞存为目的,相形见绌,至于如此铤而走险,又何惑焉。不有根本之解决,难期社会之繁荣,此研究中国经济问题者之所以多也。

如上所述我国经济思想之与时演进,谓为环境所驱使,固可无疑。而同时学术方面,其灌输所及,多受外国经济学说之影响,则又至有关系也。请约略分述之。

(一)资本主义之影响。自资本主义自由竞争以来,生产力之尽量发展,实可惊人,自不得不承认其功绩之绝伟。顾分配方面,则财产集中,其结果使社会之财富,为少数人所垄断。而被掠夺之阶级,则日增其痛苦,劳资纠纷,随之而起。弊害所至,胡可胜言。吾国曩①以贫弱为患,一时士夫,相与探讨富强之术,见列邦资本主义之发荣滋长,遂汲汲于振兴实业。达官钜绅,如盛宣怀张謇辈,躬为倡导。大规模

---

① 曩(nǎng),指以往,从前,过去的。

之企业，得因是而筚路蓝缕者，未必非受资本主义之影响也。近年欧西各国，反对资本主义之声，甚嚣尘上。而我国鉴于资本主义之流弊，亦复推波助澜，恣为抨击。然我国为产业落后之国家，近日社会之思潮，复生反动，深恐产业衰落，劳动者无工可作，较前将益为艰困。于是提倡劳资合作，同时一方于现有及将兴之产业，力为维护，使其日益兴盛，一方于劳动者之待遇，分别改善，使其生活安适，时人或推为资本改良主义焉。

（二）社会主义之影响。欧美个人集富之资本主义，为世界所不满，社会主义者遂欲废止所有权及契约自由，而为空前改革，以期共产之实现，此派以马克思为首倡。其主张可析为四：（一）阶级斗争，（二）直接行动，（三）无产阶级专政，（四）国际运动。充其志愿，不惜将近世文明国家所惨淡经营之经济组织一举而踣之。夫此种主义，不适于中国国情，宁待深论。然自苏俄革命成功以后，借径我国，播其学说，青年学子，渐被浸淫，影响所及，足使社会秩序，骚扰无已，是诚深切杞忧者矣。

（三）社会政策之影响。折衷资本主义与社会主义之间，而在国家一定范围以内厉行社会政策者，德日各国最近所采之施政方针是也。其目的在限制所有权，以缓和财富之集中，限制契约自由，以保障贫民之生活。属于前者为财政社会政策，属于后者为普通社会政策。学者如德国瓦格涅①，日本小川乡太郎，皆此派之中坚，而吾国经济平和改进派，大率主此学说。

以上资本主义偏于个人之自由，社会主义偏于阶级之争斗，即社会政策，亦仅为调和一时之方，而非根本改造之策，要皆未足为尽善也。自孙中山氏揭櫫②民生主义，以为世倡，而后经济问题，始有适当之解决。民生主义之入手方法，厥有二义。一曰平均地权，凡不劳而获之土地增价，应由国家按价增税或依价收用，而蠲除其他苛征，故国家有土地法、土地使用法、土地征收法，及地价税法，以免土地权为少

① 　即阿道夫·瓦格纳，德国最著名的财税学家。
② 　同"櫫"（zhū）。

数人所垄断,而酿成经济组织不平之害。一曰节制资本,凡私人企业之有独占性质或私人无能力经营之重要实业,悉纳诸政府管理之下,同时对于私人财产,并由政府以累进税率徵①收所得税及遗产税,以限制财力集中之趋势。由斯二者以观察民生主义,旨在使贫富阶级去其泰甚,颇类似社会政策。然所谓平均地权节制资本者,犹仅民生主义之初程,而非民生主义之止境。若论其最终目的,则固高掌远蹠②,神游于大同主义,而为登峰造极之思,自非社会政策所可同日而语也。

以上所述中国近代经济思想,如资本主义社会主义及社会政策,仅得一部分之倾向。惟民生主义,则举国景从,无不奉为圭臬焉。吾曩言之,财政思潮,随经济思想而转移者也,本此原则,以为归纳,可得吾国近代财政思潮变迁之大概,而分为世界潮流与自身环境之关系,依次说明如下。

第一节　属于世界潮流之关系

(一)租税之调剂贫富。欧战以还,列邦以资本主义之猛进,社会现状之不安,谓为租税制度。贫富失其轻重,有以致之,毅然改革,确定平均课税融和社会之原则。质言之,即排除富者轻税贫者重税之租税制度,进而为抑制富者维护贫者之租税制度也。近来如生活必需品之免税,劳动所得之轻课,资产所得之重课,财产及遗产税之增设,偶然或超过利得之徵取,以及累进税率之采用,比例税率之改正,各国且已次第实现矣。虽因国情互异,设施容有不同,而以租税政策,调剂贫富,谋社会民众利益为目的,则固已成世界之趋势,可断言也。我国租税制度之弊,已如前文所述,循是不变,则必因税法分配之不平,而使贫富阶级悬殊益甚,其影响于社会问题者,宁不可虑。近自欧洲革新

---

① 同"征",下同。

② 高掌远蹠,比喻规模巨大、气魄雄伟的经营。

税制,以调剂贫富为社会倡,潮流所趋,及于东亚。而我国之研究租税制度者,亦有注重于社会观念之倾向,如近日主张实行所得税增加奢侈税举办遗产税等,其意即使之重课于富民轻课于贫民。进一步言,更当使贫民得以免税,富民则否所谓富民多取之而不为虐,贫民寡取之而亦为害者,势不得不维系调节,而以运用税制缓和贫富之悬隔,避免阶级之斗争。此固适合于时势需要,我国不能外此潮流者也。

　　(二)制用之注重民政。曩昔财政目的,只注重国家经济,而于社会经济之维持与发展恒忽视焉。施行此种方针偏重国防及保护财产等费,其结果不免拥护上级中级社会,而有压迫下级社会之弊,此固中外所同也。然自欧战以后,各国制用之方,已采缩减军费扩张政费之原则,而政费中之民政费复有继长增高之势。试从各国预算总额中,除去国防费及国债费,则英国民政费在战前占百分之五十二,战后已增为百分之五十四,法国民政费在战前占百分之四十,战后已增为百分之四十七,意国民政费战前占百分之五十三,战后则增为百分之五十五,德国民政费战前占百分之四十八,战后则增为百分之六十,俄国废弃国债,民政费遂占百分之九十。惟美国以国债支出太钜,战前民政费占百分之六十一,战后减为百分之五十八,是乃暂时例外耳。更考各国增加民政费之用途,其显著者,为社会救济费、社会改良费、社会保健费、文化教育费、食粮及住宅费、劳动保险费、养老年金费等项,此可见列邦重视民政之精意。而我国近年军事倥扰,辗转不已,各省收入,大半用于军费之一途,以致政费骤形竭蹶。而民政费在政费之中,为数尤少,其有乖注重民生之旨,殆难讳言。兹者民治潮流,奔腾澎湃。关于分配军政两费,已呈急待更新之象。朝野上下,鉴于列邦近年社会设施之费,岁出钜额,至堪惊人,独我国背道而驰,瞠乎其后。夫岂其可,故多主张以裁抑军费扩充政费,为今日制用之先务。而政费内之民政费,尤当预定范围,使之增进。盖一国经费所出,无非取于人民,与其用之而偏重国家经济,为少数阶级资保障,毋宁用之而有裨社会经济,为多数民众策安全。况我国改革伊始,社会痛苦,喘息未遑,保育抚绥,责在政府,更不可不加意民政,厚其实施之财力,以慰群众之望也。

（三）官业之积极发展。一国之生产，为民业而民有，势必自由竞争，激成垄断，而有分配不平之弊。故近世各国已由放任主义，一变而为干涉政策。关于独占事业及公众利害者，多次第改归官有。苏俄之主张极端主义无论已，即夙号自由之英伦。而煤矿国有之声，起于三岛，以改建民主之德国，而电矿公有之律，悬诸国门。可见时势推移已渐渐倾向于新经济之官业发展。此不独限制民有，扩充官营，可铲除私人垄断之具，以救资本主义末流之失也。即以财政政策而论，官业范围既广，国用所需，自可取给羡余，不必专恃租税，直接固增加国家收入以辟富源，间接亦减轻闾阎之担负以纾民力。盖经国远图，固莫逾于此矣。吾国官有事业，夙称幼稚，以言铁道，则因有外资关系，尚未脱离监督，以言邮政，则向归外人管理。今甫从事收回，其完全为国家所经营者，仅造币印刷电气事业，范围既狭，成绩殊鲜。此外大规模之企业，固无闻也。盖我国官业问题，自昔以与民争利为戒，故对于私经济之观念，甚形薄弱，今则潮流激变。所谓国有公有其说已蔓衍于世界，而我国启发国富之思想，亦随国际情势以俱进，以今视昔迥不侔矣。此后关于官业计画，端绪綦繁，举其大要，则凡已归国家经营各事业，不可不设法改进，逐渐扩充，至产业有独占性质而为国家基本工业所系，应一律收回国有。若其他物质建设而有关于公共性质者，亦当由国家处理之，即社会事业若劳动储蓄，若劳动保险，委诸民营，不无流弊，不如改归官营，俾人民之经济生活，得有确定之保障。总之今日注重官业，为现代精神所寄，徵之欧美各国，既以节制私人兼并，使资产集中于国家。而我国以官业幼稚之邦，急起直追，积极发展，更有不容或缓者已。

（四）公债之普及民众。公债者，债权属于人民，亦即人民之财产也。苟集中于少数富者之手，则足以影响富之分配，而贫富益加悬隔，适为资产阶级者助其食利，妨害社会而已，故近世各国，多以公债平均分配为原则，使下级社会，亦易得公债之利益。简言之，即普及民众之公债政策也。所谓普及民众者，其一，公债证券之额面宜小，若额面大,则平民之资力不能及。其二,宜多设募集机关,或委托邮政局代办,平民可易于应募。其三,分期缴款,如一次缴足,平民限于能力,势必减少应募之额,分为数次,则缴纳较易,可以养成储蓄习惯。其四,如募款超过原额,对于少额之应募者,不为比例退还,使平民有应募优先之权。其五,由邮政局代卖,则虽偏隅僻壤,人民可随时购买公债以资便利。凡此皆为民众谋公债之普及。徵诸各国,多已采用此法,盖适合于社会精神,潮流所必至者也。我国发行公债之额,连同新旧有确实担保内债。截至二十年六月底止,尚负本金 79 700 余万元,其数不为不钜。然基金充足之债券,大都握自资产阶级之手,而平民无与焉。即普通恃公债为财产者,亦因银行业以卖买公债操纵市价,影响于生计之危险,滋可惧也。盖我国公债政策,只求筹款之易集,不求分配之公平,只谋局部之承销,不谋民众之利导,以致债权集中于豪富,票价垄断于市场,社会经济,时形纷扰,弊害昭然,无可为讳,此后发行公债,既为国家经营事业之所不能免。然欲矫已往之失,使公债利益,浸润于一般社会,不为少数人所专有,则舍列邦普及民众之法,宁有他道,此我国所当顺应潮流,以改进公债政策者也。

第二节　属于自身环境之关系

（一）财政主权之力谋完整。一国之财务行政,一国之主权系焉。天下未有主权独立之国家,而财务行政之权为外人所侵略者。我国因从前不平等条约之关系,关税则片面协定,不能自主,海关行政权完全操纵于外人之手,盐税则以抵押善后借款,外人设所稽核,实行监督,而盐政权又受国际之制限,盖我国财政主权,固已名存而实亡矣。近顷以来,国人感于外力之压迫痛苦,奔走运动,激昂蹈厉,汲汲以解脱财政主权之束缚,为取消不平等条约之先声,故主张关税自主,全国趋于一致。国民政府成立以来,几经交涉,先后与各国缔结条约,关税自主,幸已实现,海关管理权,亦谋渐次收回。惟尚有一部份落于外人之手,仍须继续努力,俾竟全功。盐税以善后借款本息既由关税项下支付,历次均未愆期,已无设立稽核所之必要,多主张即行取销。此外合同所订拘束行政权各条,亦当同时废止。凡此皆以谋财政主权之完整。方今民气勃兴,思潮激荡,国际力求平等,岂甘使国家财政管钥,久刦持①于外人掌握之中。诚以财政主权,即为国家主权所系,财权破坏,国于何有,其不能不踔厉奋发,攘臂而争,以为失之东隅收诸桑榆之计者,盖亦理势所必然者也。

(二)银行政策之厉行分业。银行政策,恒与财政金融息息相关,苟不明定系统,而以注重分业为原则,则不能收银行业务之功用,可无疑也。我国金融机关,未臻完备,其在平昔,因无国际汇兑银行,内外贸易,失其流通之枢纽,受损匪鲜,即实业银行,亦无大规模之组织,以厚一国生产之力,且以各种银行不按原有地位而发展。惟目前之利是图,往往普通银行侵及国家银行之业务,而国家银行亦兼营普通银行之业务,致令银行系统,日以紊乱,分业制度,亦破坏无遗。而社会事业之不振,未始非受其影响之所致也,故居今日而研究银行政策之改善,必自厉行分业始。试就银行分业原则而言,固各有其任务与目的,如国家银行,则在调剂全国之金融,筹画基金之集散,酌定利率之标准,担任票据之清结,且为国内银行之重心所系。国际银行,则谋内外汇兑之便利,实业银行,则助生产资力之活动。此外若商业、若储蓄、若农民劳工、及其他特种银行,亦应各就组织之性质,为其经营之范围,庶系统不至混淆,业务易于发展。盖银行之宜注重分业,久为经济界一致之主张矣。顷国民政府重订中央银行条例,确定为国家银行,专营国家银行业务,并以中国交通两银行信誉卓著,特许中国改为国际汇兑银行,交通改为实业银行,用以流通国际贸易,发达国内企业,此盖采用银行分业之精神。而对于金融事业,加以根本改革者也。

(三)币制方针之逐渐改进。币制握财政之枢机,其关系于国民经济也亦綦钜。我国币制之坏,由来已久,主币则用银用元,尚未确

---

① 同"劫持"。

定，即如上海一隅，规元之势力，远过于银元，长此不变，大足阻碍全国金融之发展，且于国际汇兑出昂入庳，损失尤甚，纸币则外商银行早已发行钞票，流通于我国商埠。军兴以来，各省因支出过钜，复滥发省银行官银号钞票，凌乱庞杂，不可究诘，其币值跌落或钞券等于废纸者，比比皆是，扰害金融，莫此为甚，故我国币制之亟应改革，久为国人所同感。数十年来内外之缠缠①言币制者，其说不能尽举，而目前所当确定方针，以谋币制之统一者，则不出于两说。币制之定，本位为先，用银既非世界潮流所许，而用金则尤非我国富力所能，其折衷而可行者，第一步当废两为元，确定为银本位，第二步当推行金汇兑本位制度，唯用金于国际汇兑，在国内则仍以银币纸币为金之代表。著手之初，应先设国际银行以为施行本位之助，此金汇兑本位之说也。销却旧币，改发新币，以发行新钞之权，完全归于国家银行，不特外商银行之发行钞票权首当取销，即各省之省银行官银号之钞票，亦应一律停止，各地方由国家银行设立分行，或兑换所以处理之，此集中纸币之说也。现国民政府已以厘订币制为整理财政大纲之一，并将采用金汇兑本位制度及纸币集中主义，以示标本兼治，此诚统一币制之基础，而于我国现情，亦最为适合也。

（四）会计制度之实行公开。财务行政之要端，不外编制预算，核实收支，审定决算。简言之，即谋会计之公开而已。民国成立以来，全国预算案之已编定者，仅有民五民八预算。然一则因国会解散而未能通过，一则虽经国会通过而仍未实行。严格言之，谓我国至今无预算可也，决算更无论已。夫一国而无预算决算以为国用之准则，非特度支之盈朒②，出纳之虚实，无以审订而钩稽，即询以一部分之收支总数，亦且暧昧棼乱，瞠目而不能对，如是而欲会计公开，其可得乎。故十余年来，国家之计政，既利于秘密而为奸弊所丛，人民之观念，亦滋其惶惑而为指摘所集，证以我国已往之事实，固无可为讳者也。今欲树廉

---

① 缠缠(lí lí)，这里形容文章或言谈连绵不尽。
② 朒(nù)，意为亏损。

洁之风,祛隔阂之弊,固非会计公开不可,而欲会计公开,尤非成立预算决算,无以为施行之标准。而明所司之责任,此中相联关系,盖彰彰明矣。近顷国民政府,已确定预算制度,设立主计处,以为统一计政最高机关。而民国二十年度预算,亦经立法院议决,国府公布,从此紊乱之财政,渐有轨道可循,且全国预算既已成立,则决算亦得次第办理,一面对于会计法规,详密规定,严厉执行,务使各项用途,不得稍涉冒滥,厉行会计公开,以听国人之评隲①,则我国财政前途,自有进于清明之望矣。

综上所述以观,我国近代财政思潮变迁之大概,已略具于是矣。抑闻之,思潮者,非由于自由意志,因各方形势所促成者也,故外而世界潮流之震荡,内而自身环境之接触,随在使我国财政思想,有与时勃兴之观。近十余年来,国民之心理,学者之论议,多已趋重于新财政之健全发展,盖感觉愈深,思想愈进,不可谓非我国财政情势之一大变化。推而论之,思潮之激荡排奡②,恒有左右国家政治之力,而默运潜移于不觉,然则自今以往。我国财政之实行革新,必能随社会思潮而与之演进,盖可知矣。故略述我国近代财政思潮变迁情形,俾理论与实际,得以相互参证焉。

---

① 隲,同"骘"。
② 奡(ào),同"傲"。

第二章
国家及地方财政之划分

第一节　划分之沿革

整理财政,首在明定国家地方之权限,而划分收支尚焉。民六以还,国地收支,仍照民初国家税地方税法草案及国家地方政费标准案办理,迄未变更。惟以社会思潮,日新月异,地方分权之说,愈唱愈高,影响所生,遂及财政,主是说者,以为地方收入应增加,如田赋等项之划归地方是,地方政费应增多,如内政教育工商诸费之全归地方是,其始但倡为论议,其终卒见诸法规。民国十二年宣布之宪法,虽仅昙花一现,越年即被临时执政府组织令所推翻,而其中关于国家与省之收支,实本扩充地方政权之旨而规定。吾人尚论民国政制,鉴往知来,亦不得而遗也,爰为摘要如下。(注一)

甲　税项之划分

(子)国家税

一、关税。

二、盐税。

三、印花税。

四、烟酒税。

五、各项消费税。

六、全国税率应行划一之租税。

（丑）地方税

一、田赋。

二、契税。

三、其他省税。

乙　政费之划分

（子）国家费

一、外交费。

二、国籍法实施费。

三、国防费。

四、司法费。

五、划一度量衡费。

六、币制及国立银行费。

七、国税征收费。

八、邮电铁路国道及航空费。

九、国债偿还费。

十、国省财府整理费。

十一、专卖及特许费。

十二、中央行政费。

十三、两省以上之水利费。

十四、移民垦殖费。

十五、特种国营矿业费。

十六、其他本宪法所定国家事项度支之费。

（丑）地方费

一、省教育实业及交通费。

二、省财产处理费。

三、省水利及工程费。

四、省税征收费。

五、省债偿还费。

六、省警察费。

七、省慈善及公益费。

八、下级自治费。

九、其他国家法律赋予事项之经费。

以上所列，固仅存其崖略。然民国元二年间，财部与地方争持最剧之田赋，今已划归省有，亦足觇政论之趋势矣。惟税虽划分，权仍侧重，国家对于各省课税之种类及其征收方法，为免下列诸弊，或因维持公共利益之必要时，得以法律限制之。

一、妨害国家收入或通商。

二、二重课税。

三、对于公共道路或其他交通设施之利用，课以过重或妨碍交通之规费。

四、各省各地方间因保护其产物，对于输入商品为不利益之课税。

五、各省及各地方间物品通过之课税。

上所规定，盖于地方分权之中，仍寓中央统筹之意。惟此一期间，西南既非政府权力所逮，即在北省统属之省，亦复凭藉军权，任意把持，事实上固无所谓国家与地方也。

注一　见民国十二年公布宪法第五章及十二章。

第二节　划分之现情

第一项　税项之划分

民六以还，中枢号令不行，各省专擅跋扈，截留税款，增设苛捐，相习成风，积重难返，如欲摧陷廓清，纳诸轨则，固有待于中央威权巩固之后，而非法令空言所能奏效。惟法令之效力，亦足明权责而促实行，此国民政府奠都南京后，所以有划分国地收入标准案之颁布也。初国民政府出师粤东，不数月克湘鄂，下赣皖，定浙闽，遂宅南都，辖地日广，军事正殷，各省新隶范围，苦无规章可资遵守。财政部长古应芬氏遂于十六年夏提出划分国家收入地方收入暂行标准案，呈奉国民政府公布施行。兹将原案录之于下。

　　一　中央与各省收入权限，暂照本案办理。

　　二　现行收入之划分如下。

　　甲　国家收入

一、盐税。

二、关税。

三、常关税。

四、烟酒税。

五、卷烟税。

六、煤油税。

七、厘金及邮包税。

八、矿税。

九、印花税。

十、国有营业收入。

十一、禁烟罚款。

　　乙　地方收入

一、田赋。

二、契税。

三、牙税。

四、当税。

五、商税。

六、船捐。

七、房捐。

八、屠宰税。

九、渔业税。

十、其他之杂税杂捐。

三 将来新收入之划分如下。

甲 国家收入。

一、所得税。

二、遗产税。

三、交易所税。

四、公司及商标注册税。

五、出产税。

六、出厂税。

七、其他合于国家性质之收入。

乙 地方收入。

一、营业税。

二、地税。

三、普通商业注册税。

四、使用人税。

五、使用物税。

六、其他合于地方性质之收入。

四 地方收入性质,与国家收入重复时,财政部得禁止其征收。

五 地方收入之分配,由地方团体自定之,仍由该管地方官厅册报财政部查核,前项所指地方团体,系统指行省特别市城镇乡各级而言。

六 国家税地方税划分后,各自整顿,不得添设附加税。

七 新收入实行时,凡旧收入性质相抵触之部分,应即废止。

八 中央及各省收入划分伊始,如有窒碍情形时,应由财政部另定补救方法,以期兼顾。

九 本案自公布之日施行。

以上九条,系划分国家收入地方收入暂行标准案之全文,当时财政部筹议原案之理由,约分五端。兹详述如下。

(一)现行税目之划分。现在原有税款,在税系中较为重要者,惟收益税与消费税稍稍发达。所有国地收入之划分,只可按诸学理、参诸事实,为因时制宜之方。盐税关税及内地税常关税烟酒税卷烟特税煤油特税印花税,或历史上久充国税,或性质尚易统一征收,故本条例作为国家收入。厘金一项,各省先后改办,或称统税,或称统捐,或称货物税,名目不一。现拟废止节节留难之厘金,改办征收简便之出产税出厂税,故本条例亦列作国家收入。商税船捐房捐屠宰税渔业税,及其他之杂税杂捐,或向为地方之财源,或应归诸地方,以期易于改良,故本条例定为地方收入。田赋向作国家正供,兹遵先遗理遗训,改归地方,发展公共事业。契税当税牙税,在前亦作国用。今以契税与田赋有关,牙税当税系与营业税及普通商业注册税相联,故本条例改作为地方收入。

(二)将来新税之划分。现在中央与地方之财源,同处匮乏之境,而添设新税,实为不可暂缓之事。所得税遗产税纸币发行税交易所税公司及商标注册税出产税出厂税等,各国均定为国家收入,故本条例亦照此旨,逐一列入。至营业税宅地税房屋税普通商业注册税使用人税使用物税等,在各国大抵属诸地方,故本条例亦照此分列,以期推行无碍。

(三)税目各自独立之精意。东西列邦国地收入之分配,有采独立税目制,或附加税目制者,并有同属一税,一部属诸国家,一部复属诸地方。虽章制各有不同,而谋国情之适合则一。吾国旧案,系采附加税主义,而其结果,往往中央与地方互相牵掣,权责既不明确,税款又多混统,以致酿成利则互争害则互卸之弊,故本条例改采税目各自独立主义,以图补救。

(四)新税施行时重复之旧税应同时废止。叠床架屋之税,违反公平之原则,理财者应当力避。盖同一课税物件,而征收二次以上之税额,负担过重,税源必致枯竭,源竭而税亦无所附丽矣。故本条例规定遇有新税施行时,凡属重复之旧税,一律废止以纾民困。

(五)两税划分之初应预筹救济办法。现在各省财政情形互有不同,施以划一之制,往往窒碍横生,难免削足适履之讥。故本条例第八条规定中央及各省税款划分伊始,如有窒碍情形时,应由财政部另定补救方法等语,系于整齐划一之中,仍寓通权达变之意也。

以上五端,系财政部厘定原案主要之理由,此案经国府公布后,苏、浙、皖、闽、赣等省,先后遵行,边远各省,尚多因袭故迹,未克遵办。然历时稍久,当可推行全国也。翌年财政部长宋子文氏为统一财政起见,特召集全国财政会议,各方代表,翩集一堂,复就原案重行提出,共同研讨,审议结果,大体无甚变更,条文稍有修正。兹照录如下。

一　中央与各省收入权限,暂照本案办理。

二　现行收入之划分如下。

甲　国家收入。

一、盐税。

二、海关税及内地税。

三、常关税。

四、烟酒税。

五、卷烟税。

六、煤油税。

七、厘金及一切类似厘金之通过税。

八、邮包税。

九、印花税。

十、交易所税。

十一、公司及商标注册税。

十二、沿海渔业税。

十三、国有财产收入。

十四、国有营业收入。

十五、中央行政收入。

十六、其他属于国家性质之现有收入。

乙　地方收入。

一、田赋。

二、契税。

三、牙税。

四、当税。

五、屠宰税。

六、内地渔业税。

七、船捐。

八、房捐。

九、地方财产收入。

十、地方营业收入。

十一、地方行政收入。

十二、其他属于地方性质之现有收入。

三　将来新收入之划分如下。

甲　国家收入。

一、所得税。

二、遗产税。

三、特种消费税。

四、出厂税。

五、其他合于国家性质之收入。

乙　地方收入。

一、营业税。

二、宅地税。

三、所得税之附加税。

四、其他合于地方性质之收入。

四　地方收入性质，与国家收入重复时，财政部得禁止其徵收。

五　省市县收入之支配，由各省及各特别市自定之，仍由该管理厅册报财政部查核。

六　国家税地方税划分后，各自整顿，不得添设附加税。惟所得税得征附加税，但不得超过正税百分之二十。

七　新收入实行时，凡旧收入性质相抵触之部分，应即废止，性质相同之税捐，应即归并。

八　厘金及一切国内通过税，遵总理政纲，定期裁撤，以六个月为限，由中央负责实行，在未裁之前，暂由中央接管。

九　田赋收入，虽归地方，但关于土地法规之大纲，仍由中央制定颁行。

十　中央及各省收入虽经划分，但事实如有必要时，得由中央补助地方，亦得由地方协助中央。

十一　本案自公布之日施行。

上案系财政会议过过之全文，十七年十一月经由预算委员会呈请国府批准，并通行内外各署在案。考本案与旧案不同之点有四。一旧案渔业税统归地方，今新案定为沿海渔业税归国家，内地渔业税归地方，此不同之点一。一旧案所得税统归国家，今新案地方得设所得附加税，此不同之点二。一旧案于国家仅列国有营业收入及禁烟罚款，于地方则均疏略未载，今新案按照性质，于国家分定为国有财产收入、国有营业收入、中央行政收入三项，于地方亦定为地方财产收入、地方营业收入、地方行政收入三项，此不同之点三。一国家方面旧案有出产税之规定，今新案改为特种消费税，地方方面旧案有使用人税使用物税两项，今新案复经删除，此不同之点四。以上四端，系新旧案不同之点。十八年九月间财政部以各省所造预算案册，仍照十六年七月古财政部长时所颁之标准，函商财政委员会暂照旧制，当经财政委员会复核国地收入方面，新旧两案在实际上无甚出入，按诸后令取消前令之通例，仍应按照新案施行，此国地收入标准遵照新案之经过情形，斯案既行，迄今未改。惟事实上因关税之修订，而内地税及煤油税之名目裁撤，因裁厘之实施，而常关税邮包税厘金及其他通过税取消，即特种消费税亦归停办，因渔业有提倡保护之必要，而沿海渔业税及内地渔业税同时废止，此又近年税目变迁之略情也。

第二项　政费之划分

政费支出之多寡，与收入范围之广狭成正比例。吾国国地收入标准案，一本均权之旨，凡向属于国家之田赋契税牙税等项，均已改归地方，故为保持双方收支均衡起见，国家直辖事业，宜求减缩，地方直辖事业，宜略增加。民国十六年夏，财政部长古应芬氏提出国地支出标准案，即系根据此种原则而定。兹将条文照录于下。

甲　国家支出。

一、中央党务费，此项专指中央执行委员会监察委员会政治会议政治分会等费而言。

二、中央立法费，专指全国代表大会经费。

三、中央监察费，专指中央监察院及监察分院经费。

四、中央考试费，专指中央各项考试及考试分院经费。

五、政府及所属机关行政费，此项系指中央行政职员之俸给及公署费用，国民政府中央各部所辖各机关均属之。

六、陆海军航空费，海陆航空为国防所需，故凡隶属中央及各省之海陆军航空费，统由国家经费内支出。

七、中央内务费，内务行政。现全属诸地方团体，中央仅居监督指导地位。然内务部直辖之内务费，仍由国家经费内支出。

八、外交费，外交以国家为主体，故无论为中央所在地之外交费或外省之外交费，统归国家经费内支出。

九、中央司法费，最高法院及各省大理分院，均由国家经费内支出。

十、中央教育费，此项仅限于教育部直辖之机关，国立专门以上学校之经费。

十一、中央财务费，此系专指徵收国家收入所需之经费而言。

十二、中央农工费，农工费全部多属地方团体，中央仅居监督指导地位，凡经营或规划增进农工利益之一切经费属之。

十三、中央侨务费，中央为保护海外侨民起见，应有一切设置所需要之经费。

十四、中央移民费，移民事业，其利害亘及全国，故其经营费当由国家经费内支出。

十五、总理陵墓费，总理陵墓，为世界观瞻所系，全国信仰中心，故其修筑等费，应由国家经费内支出。

十六、中央官业经营费，邮电路航山林矿业及各部直接经营之官业等所需之费，均从国家经费内支出。

十七、中央工程费，此项专指重大工程而言，如国道河工经费等是，盖其工程之利害，亘及于全国，故经费由国家支出。

十八、中央年金费，此项专指中央对于先烈及有功之人恤赏各项经费而言。

十九、中央内外各债偿还费，内外国债，关系国家之信用，凡中央合法所借之内外债，皆须于国家经费内支出偿还。

乙　地方支出。

一、地方党务费，此项系指各行省特别市县城乡各级党部所需之经费而言。

二、地方立法费及自治职员费，此项系指地方议会及各自治机关市长乡董等之薪水皆是。

三、地方政府及所属机关费，此项系指地方行政职员之俸给及公署费用，省政府各厅及县政府等均属之。

四、省防费，此项除直辖中央之各军队外，其关于省防军费，由地方经费支出。

五、公安及警察费，警察本为保持地方治安而设。关于公安及警察费，应由地方经费内支出。

六、地方司法费，此项除最高法院及大理分院外，其他各级司法费，应由地方经费内支出。

七、地方教育费，此项除教育部直辖机关及国立学校外，其他各项教育费，应由地方经费内支出。

八、地方财务费，此项专指徵收地方收入所需之经费而言。

九、地方农工费，凡农工商各业由地方团体自办，或为增进农工利益所需之经费，均由地方经费内支出。

十、公有事业费，此项除中央之官营事业外，凡地方公有事业，应由地方经费内支出。

十一、地方工程费，此项除国家所营之工程外，凡地方团体经营之工程，如省道县道以及疏浚河道等，均由地方经费内支出。

十二、地方卫生费，卫生行政，系保卫地方人民之生命，其费自应由地方经费内支出。

十三、地方救恤费，救恤行政，系减轻地方人民之困苦，其费亦应由地方经费内支出。

十四、地方债款偿还费，此项经费，以地方所借合法之公债为限。

以上各条，为国地支出标准案之全文，厥后部长宋子文氏，复提出全国财政会议讨论，亦略有所修正。兹并录于后，以资对照而便参考。

划分国家支出地方支出标准案

甲　国家支出。

一、中央党务费，此项专指中央执行委员监察委员会政治会议政治分会等费而言。

二、中央立法费，专指全国代表大会经费。

三、中央监察费，专指中央监察院及监察分院经费。

四、中央考试费，专指中央各项考试及考试分院经费。

五、政府及所属机关行政费，此项系指中央行政职员之俸给及公署费用，国民政府中央各部所辖各机关均属之。

六、海陆军及航空费，海陆航空为国防所需，其经费统由国家经费内支出，但其总额不得过国家支出总数三分之一。

七、中央内务费，内务行政，中央居监督指导地位，故内政部直辖之内务费，仍由国家经费内支出。

八、中央外交费，外交以国家为主体，故无论国内外之外交费，统归国家经费内支出。

九、中央司法费，司法经费，均由国家经费内支出。

十、中央教育费，此项仅限于大学院直辖之机关国立专门以上学校之经费。

十一、中央财务费，此系专指征收国家收入所需之经费而言。

十二、中央农矿工商费，农矿工商费，全部多属地方团体，中央仅居监督指导地位，而两部直辖之经费，仍由国家经费支出。

十三、中央交通行政费，项系专指中央交通机关而言。

十四、蒙藏事务费，此系专指中央办理蒙藏事务经费而言。

十五、中央侨务费，中央为保护海外侨民起见，应有一切设置所需要之经费。

十六、中央移民费，移民事业，其利害亘及全国，故其经营费，当由国家经费内支出。

十七、总理陵墓费，总理陵墓，为世界观瞻所系，全国信仰中心，故其修筑等费，应由国家经费内支出。

十八、中央官业经营费，邮电路航山林矿业，及各部直接经营之官业等所需之费，均从国家经费内支出。

十九、中央工程费，此项专指重大工程而言，如国道河工经费等是，盖其工程之利害，亘及于全国，故经费由国家支出。

二十、中央年金费，此项专指中央对于先烈及有功之人恤赏各项经费而言。

二十一、中央内外各债偿还费，内外国债，关系国家之信用，凡中央合法所借之内外债，皆须于国家经费内支出偿还。

乙　地方支出。

一、地方党务费，此项系指各行省特别市县市乡各级党部所需之经费而言。

二、地方立法费，此项系指省市等地方议会之经费。

三、地方行政费，此项系指地方行政职员之俸给及公署费用，省政府各厅及市县政府等均属之。

四、公安费，凡警察费及一切维持公安之经费，应由地方经费内支出。

五、地方司法费，此项经费在承审制度未废以前，暂应由地方经费内支出。

六、地方教育费，此项除大学院直辖教育机关及国立专门以上学校外，其他各项教育费，应由地方经费内支出。

七、地方财务费，此项专指徵收地方收入所需之经费而言。

八、地方农矿工商费，凡农矿工商各业，由地方团体自办，或为增进农工利益所需之行政经费，均由地方经费内支出。

九、公有事业费，此项除中央之官营事业外，凡地方公有事业，应由地方经费内支出。

十、地方工程费，此项除国家所营之工程外，凡地方经营之工程，如省道县道以及疏浚河道等，均由地方经费内支出。

十一、地方卫生费，地方卫生行政费，由地方经费内支出。

十二、地方救恤费，地方救恤行政费，由地方经费内支出。

十三、地方债款偿还费，此项经费，以地方所借合法之公债为限。

上案系财政会议通过之全文，十七年十一月经由预算委员会呈请国府批准，并通行内外各署在案。考本案与前案相异之点，国家方面增入交通行政费、蒙藏事务费二项，地方方面，费目与前相同。惟删除省防费一项，系因法令之增改及制度之变迁而成，而支款之出入最巨者，厥惟司法经费。十八年九月财政部以前颁标准仅最高法院及各省大理分院经费，由国家支出，其他各级司法经费均由地方支出，复颁财政会议议决标准，于中央司法费项下，说明司法经费均由国家支出，于地方司法费项下、说明在承审制度未废以前，暂应由地方经费内支出，详绎条文意义，似仅未废承审制度之各县司法费，归地方支出，其正式法院经费似应由国家负担，如按后颁划分国地收支标准办理，则国家骤增司法费年计三四千万元，应付益感困难。当经函请财政委员会呈请国府暂照旧颁标准办理，旋财政委员会呈准国府支出标准，应照新案办理。惟司法经费之划分，加以解释，略谓现在各省承审制度均未全废，则各省以下地方司法机关经费，当然仍作地方经费列支等语，是各省司法经费，无论为各级法院费及承审费，均仍须由地方费项下支给。详言之，国地支出标准，全体均照新案办理。惟司法经费，仍按旧案划分之精神，除最高法院及大理分院经费归中央支出外，其他各省之各级法院及承审费，统归各省在地方费项下支给。此国地支出标准，仍照新案，而于司法费略事变通之经过情形也。

第三章
国家财政之概要

自国家地方财政划分以来，国家财政始与地方财政有明确之分界。迄十年来，民治之说大昌，地方财政之范围，既日见广泛，国家财政之范围，遂缘以缩减，互为消长，此亦自然之趋势也。民六以还，军事迭乘，政失常轨。国家预算，往往经数年而成立一次，即其成立之报告，亦不无牴牾，每与事实不甚相符。北京财政部颁行八年度国家预算案，虽照法定程序编制，然西南各省收支，仍照五年度预算数填列，十四年财政整理会所编国家预算表，按之法定程序，亦有未合，故名曰暂编预算表，以示与正式预算有别，只足为参考之用云尔。兹分二时期说明如下。

甲 八年度预算之概要

八年度预算，曾经新国会通过公布，岁入为四万九千零四十一万九千七百八十六元，岁出为四万九千五百七十六万二千八百八十八元，不敷五百三十四万三千一百零二元。就其大体观察，足以表现财政之危机有三。

（一）岁入门由债款收入列五千零九十四万八千二百三十五元，除赔款可收九十四万八千二百三十五元外，须发公债五千万元，即系实际不敷之款，此其一。

（二）岁出门军费二万一千七百二十一万二千三百八十八元，占岁出总额五分之二而强，军费既钜，不仅足以酿成循环战争之祸，抑亦违背立国制用之方，此其二。

（三）岁出门国债费须一万二千七百九十六万二千八百二十六元，当时金价甚低，尚须如此巨额，足见所借债款之巨，此其三。

以上三端系专就数额而论，加以本届预算，如广东广西云南四川四省，当时册报未到，系照五年度预算数编列，实际上军费之支出，尚须增多焉。兹列表2-3-1如后。

表 2-3-1　民国八年国家岁入岁出总预算表

岁入门			
款别	科目	经常费	临时费
第一款	田赋	86 845 288	3 703 399
第二款	关税	93 268 907	695 749
第三款	盐税	98 815 071	
第四款	货物税	39 224 837	26 685
第五款	正杂各税	29 182 693	
第六款	正杂各捐	4 332 541	3 911 410
第七款	官业收入	2 411 368	31 522
第八款	各省杂收入	5 579 263	293 037
第九款	中央直接收入	47 072 064	17 451 910
第十款	中央各机关收入	3 105 869	3 519 838
第十一款	债款		50 948 235
统　计		409 838 001	80 581 785
经临合计		490 419 786	
岁出门			
款别	科目	经常费	临时费
第一款	各机关经费	22 441 350	2 748 192
第二款	外交经费	4 807 336	1 168 555
第三款	内务经费	43 279 539	4 891 183

（续表）

款别	科目	经常费	临时费
第四款	财政经费	39 154 446	8 149 609
第五款	陆军经费	129 588 829	78 243 653
第六款	海军经费	9 194 882	185 024
第七款	司法经费	10 323 124	6 852
第八款	教育经费	6 058 723	461 912
第九款	实业经费	3 257 050	442 367
第十款	交通经费	1 865 586	163 508
第十一款	蒙藏经费	1 318 742	50 000
第十二款	债款经费		127 962 826
统　计		271 289 207	224 473 681
经临合计		495 762 888	

乙　十四年度预算之概要

十四年财政整理会编订国家预算表内所列全国岁入，总计为四亿六千一百六十四万三千七百四十元。全国岁出，总计为六亿三千四百三十六万一千九百五十七元，出入相较，不敷一亿七千二百七十一万八千二百一十七元。值财源枯窘之时，仅此不敷之数，已觉甚钜，无法弥补，而况证之事实。国家岁出总数，实不止此数，因军费及国债费，尚有一部分未经列入岁出预算总数内也。

子　未能列入预算之军费

（1）西南各省军费，因中央无案可稽，只能照录八年度预算数，而各该省八年度预算，又多系照抄五年度预算数，当时西南军费，实已超过五年度数倍。

(2) 奉军经费在十一年战事以前,原有一部分奉军军饷由中央拨发,后经几次战争,该军改编情形,已无从知其详数,只能仍照陆军部核定有案之奉军饷数开列。然以与现在之实数比较,当必缺漏甚多。此外各省情形,亦多类此。

(3) 凡政府曾以明令取消之一切军队,其经费自不得再列入预算。然考其实际,此类败残军队,被他方面收编成军者,不在少数,且实际并未消灭者,亦复甚多,不过军费多寡,无从知其确数耳。

丑　未能列入预算之国债费

查岁出临时门内所列债款一亿六千六百四十六万余元,系由下列四种债款集合而成。

(1) 有确实担保之外债本利。

(2) 有确实担保之内债本利。

(3) 虽无确实担保,而有一定还本期限及利率容易计算之公债,如九六及元年八年各公债之应还本息数是也。

(4) 无确实担保之内外债款,其本利早已逾期未付,将来如何结算,因债权债务方面之意见不同,无法确算其数目者。

以上四项债款,除第一第二两项预算数目确有根据外,其第三第四两项之本息数目,系暂依片面之假定算法算出,与将来事实必不相符也。其次交通部所拟之最近整理债务案暨债款表内,尚列有四亿五千零三十余万元。据该部说明,谓皆系本息无着,为负债机关之财力所不能应付者,在财政部方面因其数目太大,有待考核,尚未表示完全承认之意,故此暂编预算总案内,亦未能将该项巨额之交通债款列入。然自债权人观察,则均属中华民国之债务,不问其曾否列入暂编预算总案,概不能免除偿还之义务也。此外尚有各省所借之内外债款,其性质上属于国债之部分,而未经报告中央,无案可稽者,尤为指不胜屈,由此论之,未能列入之国债费,其数正自不少也。(注一)兹列表2-3-2如后。

表 2-3-2　十四年度国家岁入岁出总预算表

岁入门			
款别	**科目**	**经常费**	**临时费**
第一款	田赋	87 515 719	2 565 480
第二款	关税	120 365 711	
第三款	盐税	98 859 403	
第四款	货物税	45 672 093	26 685
第五款	正杂各税	28 942 549	
第六款	正杂各捐	4 768 718	
第七款	官业收入	1 873 283	82 000
第八款	杂收入	4 561 630	1 246 203
第九款	中央直接收入	47 840 823	14 439 343
第十款	中央各机关收入	2 803 001	81 100
统计		443 202 929	18 440 811
经临合计		461 643 740	
岁出门			
款别	**科目**	**经常费**	**临时费**
第一款	各机关经费	22 966 934	8 997 096
第二款	外交经费	4 746 062	3 030 342
第三款	内务经费	47 496 343	4 140 508
第四款	财政经费	39 870 986	8 147 940
第五款	陆军经费	262 540 750	16 104 147
第六款	海军经费	15 150 810	3 907 317
第七款	司法经费	13 477 092	238 119
第八款	教育经费	7 057 444	654 366
第九款	农商经费	4 562 978	925 219
第十款	交通经费	3 277 208	603 357
第十一款	债款经费		166 466 939
统　计		421 146 607	213 215 350
经临合计		634 361 957	

国民政府建都南京,首以确定预算为整理财政之方,徒因军事频仍,编造稽延,以致十七十八十九三年度,只有各别之分预算,而无综合之总预算。迨至二十年度,始有总预算案,经立法院通过公布。惟十七十八十九三年度各别之预算,以散合总,尚可窥测全国财政概况,但觉册籍零乱,未经合法手续耳。兹分二时期说明如下。

甲 十八年度预算之概要

十八年度预算,系由主管机关汇编而成。(注一)岁入计六万二千零十六万一千五百元,岁出计六万一千八百七十五万三千一百五十二元,收支相抵,尚余一百四十万八千三百四十八元。就岁入言,无论税收各项,是否可收足额,即能足额矣。而债款收入,列至一万一千四百万元,占岁入总额百分之二十,渐启恃债度日之端,此其一。就岁出言,军费二万六千五百六十五万元,占岁出总额百分之四十二而强,偿还债务费二万零六百五十八万元,占岁出总额百分之三十三而弱,两项均系不生产之费。而投诸普通政费与建设之费,仅占岁出总额百分之二十五,殊失制用之常轨,此其二。因上二端,虽表面上以收抵支,尚有盈余而实际上牵萝补屋、渐露财政之破绽。兹将原表 2-3-3 列后。

表 2-3-3 民国十八(1929)年度国家岁出岁入总预算表

岁入门			
款别	科目	经常数	临时数
第一款	盐税	120 000 000	
第二款	关税	223 736 912	
第三款	烟酒税	26 512 699	
第四款	印花税	10 119 069	
第五款	卷烟统税	38 802 413	
第六款	通过税	53 563 159	
第七款	麦粉特税	6 049 701	
第八款	特种消费税	9 831 780	

（续表）

款别	科目	经常数	临时数
第九款	渔业税	151 700	
第十款	矿业税	986 221	
第十一款	注册费	271 620	
第十二款	国有财产收入		6 204 708
第十三款	国有事业收入	1 449 882	
第十四款	国家行政收入	402 956	
第十五款	其他收入	8 078 680	
第十六款	债权收入		114 000 000
统计		499 956 792	120 204 708
经常临时总计			620 161 500

岁出门

款别	科目	经常数	临时数
第一款	党务费	4 800 000	
第二款	国务费	7 584 022	
第三款	军务费	265 653 142	
第四款	内务费	6 284 716	
第五款	外交费	7 578 444	
第六款	财政费	76 292 578	
第七款	教育文化费	15 746 826	
第八款	司法费	1 362 245	
第九款	农矿费	1 449 128	
第十款	工商费	2 866 832	
第十一款	交通费	2 354 937	
第十二款	卫生费	698 836	
第十三款	建设费	2 658 404	
第十四款	补助费	16 563 470	
第十五款	债务偿还费		206 589 572
统计		412 163 580	206 589 572
经常临时总计			618 753 152

乙　二十年度岁入岁出总预算案

本案系主计处编制,经立法院通过公布,是为国府成立后预算正式成立之第一次,岁入岁出各为八万九千三百三十三万五千零七十三元,收支勉足相抵,细考案内所列之数,可表现之点有四。

(一)军费占岁出总额将及三分之一,军费一项年须二万九千六百万元,在岁出总额之内所占成分,将及三分之一,有背预算通例,即就军费论,各国海军用款,多数倍于陆军之费,今海军支款仅一千二百四十万元,而陆军费竟达二万八千四百万元,亦与世界通例不合。

(二)债务费占岁出总额已逾三分之一,债务费全年计三万四千三百万元,占岁出总额已逾三分之一,全国财政,为债所累,已可概见。

(三)政务费占岁出总额不及三分之一,政务费全年仅二万五千三百万元,在岁出总额所占之数,不及三分之一,政费如此短绌,奚以收进展之效。

(四)收支不敷,加发新债,竟达一万八千万元,本预算案收支相抵,在实际上不敷一万八千万元,即以发行同数之新债列入,以求收支之均衡,虽发行新债弥补预算不足,系各国之通例。然所列新债发行之额,竟占岁出四分之一,将来债债相引,亦足危及财政本身。

以上四端,足以表现财政艰困之实情。兹将原案列后(表2-3-4)。

表 2-3-4　民国二十(1931)年度国家普通岁入岁出总预算表

岁入门			
款别	科目	经常费	临时费
第一款	关税	374 682 000	
第二款	盐税	163 247 417	
第三款	印花烟酒税	48 856 337	
第四款	统税	75 777 228	
第五款	矿税	1 071 288	
第六款	交易所税	101 008	

（续表）

款别	科目	经常费	临时费
第七款	注册费	172 812	
第八款	国有财产收入	88 840	4 982 208
第九款	国有事业收入	6 126 184	
第十款	国家行政收入	3 823 235	
第十一款	国家公债收入		180 000 000
第十二款	其他收入	34 406 516	
合计		708 352 865	184 982 208
经常临时总计			893 335 073

岁出门

款别	科目	经常费	临时费
第一款	党务费	6 240 000	
第二款	国务费	10 830 972	1 404 090
第三款	军务费	279 947 666	16 621 773
第四款	内务费	6 978 296	68 981
第五款	外交费	9 634 730	428 220
第六款	财务费	77 422 432	1 323 191
第七款	教育文化费	16 794 279	1 864 257
第八款	司法行政费	1 316 158	194 972
第九款	实业费	5 336 380	2 097 982
第十款	交通费	3 991 211	7 032
第十一款	建设费	1 792 531	405 083
第十二款	债务费	343 404 644	
第十三款	补助费	78 875 615	
第十四款	总预备费	26 354 578	
合计		868 919 492	24 415 581
经常临时总计			893 335 073

注一　十八年度预算系财政部会计司所编

第一节　中央之财政

第一项　中央财政之沿革

民六以还，中央财政，渐入紊乱之境。然在民十以前，政府威信未坠，各省尚有解款，国内既得募集债券，列邦复假以钜款，军政各费，因之日益扩张，用途诸难稽考，是谓浮滥时期。本时期之财政，中央年支之款，较诸民国初元，约增一倍之谱，支出既增，而经常收入，时有不敷，乃举内外债以应之。其丧失国权者，以西原借款为最著，满蒙路矿森林等权，因以坐失，其扰乱金融者，以盐余借款为最著。国内资力较小之银行，缘之倒闭，历时愈久，国家元气益耗伤矣。然本时期财政上有特别援助之机会二端。（注一）

（一）展缓庚子赔款五年。当欧战时，协约国要求中国加入战团，附有交换条件，其条件为中国若加入战团，则庚款可以展缓五年，即在五年以内，中国停止还款，而将其偿还期限向后展长五年。虽将前人债务，移令后人负担，颇欠公允。然当时得此钜款，财政上遂有活动之余地，而为移缓就急之用。

（二）取消德奥俄赔款。德奥俄赔款所以能取消者，因我加入协约国，德奥败后，其应得之赔款，当然取销，俄国革命后，自愿放弃庚子赔款。我国得以不偿德奥俄三国庚子赔款，合计占赔款总数百分之四十九，政府得此钜款，藉以挹注。

上列两端，系参战后所收之利益，嗣后原有公债与续发公债之本息，得有偿还基金者，正赖此耳。民十以后，政局愈纷，财源渐枯，各省不仅停解中央解款中央专款，抑且截留常关税、印花税、烟酒税，甚至盐税一项，初则请求协助，继且自行收用，当时外债固乏承借之机，内债亦成强弩之末，因是国库如洗，政枢瓦解，是谓枯涩时期。本时期内虽固以军事频仍兵队增多为虑，而中央直接支放之款，反较前减少，亦因财源既竭，军政各费，无由筹发耳。然财政虽云枯涩，尚有稍事救济之事二端。

（一）解决德国赔款问题。政府收入英金一百余万镑，约合国币一千万元，并收回对德借款之债票颇多，此乃德国对于我国之赔款，实以我国应还德国商人之款，如英德借款英德续借款五国善后借款等项之德债部分。自欧战以来，总税务司已由关税收入项下代为扣存伦敦银行，至此次赔款解决，前项存款及对德借款之债票，乃收为我有，作为划抵偿还我国赔款之用。

（二）解决金法郎问题。法国退还庚子赔款余额一案，法使主用金法郎计算。当时吾国国会及舆论界，均主用纸法郎计算，引起莫大之政潮，就条约及历来惯例而言，采用纸法郎计算方为合理。迺①政府急求解决，坐损国权，以徇法使之请，仍用金法郎计算。自一九二二年十二月一日后之二十四个月，作为展缓期内，所有过期未付之款，悉数交与中政府，约计收入现款为一千万一百万元，嗣后意比西各赔款，亦参酌前案解决，所收现款，约在五百万元以上。

以上两端，当时财政，虽赖以救济一时。然无源之水，转瞬即涸，加之内讧日烈，险象环生，积时既久，徒见其分崩离析之状而已。

甲　历年收入情形

财部主管中央收入，向分关税、盐税、中央解款、中央专款、印花税、烟酒税及公债收入，七种。惟册籍有阙，统计维艰，姑就可以查考者，说明概要如下。

（子）关税。考关税收入，六年为六千一百十万零三千零八十四元，七年为五千八百十五万二千零七十元，八年为七千三百六十一万四千六百五十六元，九年为七千九百七十一万一千八百十六元，十年为八千七百十四万零二百二十八元，十一年为九千三百八十一万四千七百九十八元，十二年为一万零一百六十万零六千八百元，十三年为一万一千一百三十五万二千二百零九元，十四年为一万一千一百七十九万二千零零三元。（注二）就大体而言，关税有按年递增之势，此项

---

① 同“乃”。

收入,在六七年间,除抵充关税项下之外债本息外,每月尚有余款,简称之曰关余。军政各费,赖以支给,自七年发行长短期公债后,而关余稍减,自九年整理公债基金案确定后,而关余几尽数作抵,中央遂无可恃之收入焉。此后发行内债,间有以五年延期赔款及德奥俄赔款作抵,乃系新辟之财源,而非旧时之关余也。

(丑)常关税。考常关税收入,七年为六百三十五万九千三百五十六元,八年为七百十八万九千九百三十三元,九年为七百零一万六千八百五十六元,十年为七百二十三万五千二百九十三元,十一年为六百九十万零八千一百五十二元,十二年为七百十八万四千二百零八元,十三年为六百六十八万一千五百三十八元,各年收数,大体无甚变动。惟是项收入,在六七年间,本为中央直接收入,政军各费赖以挹注,旋因三四年公债基金不敷,加拨常关税补充,由是各关监督将所收税款,迳交附近税务司收存。而中央已乏直接之收入,前项公债,嗣后虽已另筹基金。然军事屡起,初则边远之省,就地截留,继则近畿之省,亦纷纷留用,财部每年所得常关税收入日渐减少。迨至十一年以后,实际归诸中央收入者,仅京师税务监督署所收之款而已。

(寅)盐税。考盐税收入,六年为八千一百二十一万三千五百八十七元,七年为八千九百八十三万一千一百零八元,八年为九千零二十三万七千九百十八元,九年为八千九百二十四万七千五百三十七元,十年为九千四百二十八万零五百二十三元,十一年为九千九百二十三万八千三百三十二元,十二年为九千二百零六万一千一百八十一元,十三年为八千一百四十三万三千三百五十四元,十四年为七千九百十四万四千零九十三元。(注三)就此数年观察,盐税收入,不仅未能如关税之按年递增,并有逐渐退步之趋势。在六七年间,此项收入,除抵充盐税项下之外债本息外,每月所得余款,多则四五百万,少亦二三百万不等,藉充政府所需,名曰盐余。九十年间,盐余之数颇钜,内国银行借款,均指定盐余作抵,故有盐余借款之称,嗣后军事频仍,各省初则请求拨款协助,继且自行就地截留,而中央所得盐余之款,致成按年递减之势。迨至十四年后,仅存长芦一区,所得入款,只敷盐税项下外债之本息,而盐余殆无存焉。

（卯）中央解款。各省对于中央解款,本沿吾国惯例,考中央解款之义,即各省每年除以收抵支外,其所剩余之数,应行解部者也,六年实解数为九十六万八千九百余元,实拨数约计一千四百五十万三千二百元,两共一千五百四十七万二千余元,七年并无实解之数,仅有拨款六百零四万二千六百余元,八年仅有拨款五百五十五万三千四百余元,九年仅有拨款四百九十一万七千四百余元,十年仅有拨款二百九十五万八千七百余元,就以上数额论之,逐年递减无可讳言。然各省应行支出之中央军费,仍得指定此款拨抵,不得谓非中央财源之一种。迨至十一年以后,各省解款,已名存实亡,即抵拨之事,亦所罕见。此中央解款之实在情形也（表2-3-5）。

表 2-3-5　历年各省解款额数表

省别	民国六年	民国七年	民国八年	民国九年	民国十年
直隶	750 000	500 000			
山东	1 255 200	1 255 200			
河南	600 000	600 000			
山西	668 000	80 000			
江苏	3 000 000	1 950 000	1 900 000	1 900 000	170 000
安徽	150 000	150 000			
江西	2 160 000	2 160 000	2 160 000	2 160 000	2 160 000
福建	1 080 000	1 080 000			
浙江	2 936 664	2 936 664	1 500 000	1 500 000	1 500 000
湖北	438 000	483 000			
陕西	960 000	960 000			
京兆	150 000				
奉天					
湖南	1 200 000				
四川	3 000 000				
广东	250 000				
总计	18 597 864	12 154 864	4 260 000	4 260 000	3 830 000

(辰)中央专款。专款之名,发生于民国四年,其时只有验契税、印花税、烟酒税、烟酒牌照税、牙税五项,谓之五项专款,五年加入屠宰税、牲畜税、田赋附税、厘金增加等项,改名中央专款,六年以印花税另行划分,设处办理,屠宰牲畜等项,与国家税性质未符,不便提交国会议决,复将中央专款定为六项,即烟酒税、烟酒增加税、烟酒牌照税、契税、牙税、矿税是也。按照各省认额定为若干,多者仍归本省,少则由省款提补,旋因西南六省脱离中央,解额遂行短少,计六年度认定数目为一千二百八十余万元,实解数目则仅一千零三十五万余元。以后历年均照此办理,此一千余万元专款,本可照额收足,乃自八年一月起,烟酒事务设立专署,而烟酒税烟酒增加税烟酒牌照税三项,年收六百余万元之款,复行划分,其仍归中央专款者,仅有契税、牙税、矿税三项,年额合计六百三十余万而已,且自军兴以还,中央应发各省军费,多由专款划拨,往往款未收足,先由各省借垫,迨年度终了,再归专款结算,甚至辗转咨查,经年累月,尚未抵拨清楚者,留拨之数日多,则解部之款日少,此乃历年办理专款之情形也(表2-3-6、表2-3-7)。

表2-3-6　历年中央专款认解及实解总数比较表

年度	各省区认解总数	各省区实解总数	备考
民国六年度	12 878 597	10 359 714	
民国七年度	8 512 964	5 755 271	
民国八年度	6 304 972	4 245 299	自本年一月起烟酒税烟酒增加税烟酒牌照税三项另设烟酒事务署专办中央专款仅有契牙矿税三项
民国九年度	6 340 972	4 245 299	
民国十年度	6 349 072	4 245 299	
民国十一年度	6 289 378		
民国十二年度	6 289 378		仅有十三省区报告抵拨中央军饷等项

表 2-3-7　民国十二（1923）年度各省区应解中央专款及核准拨款表

省别	应解数	拨抵款项
山东	475 894	核准抵拨第一混成旅饷
河南	1 030 000	核准拨新募五营饷额三十八万余元余数临时指拨
江西	750 318	核准抵拨第三混成旅饷年额五十四万元余额临时指拨
福建	210 000	核准抵拨臧师长军饷
湖北	658 197	核准抵拨第二十师及第二混成旅第十七十八两混成旅饷款
安徽	1 157 695	核准抵拨怡大债款四十三万元余款临时指拨
甘肃	49 800	核准抵拨公债本息及经手费等项
江苏	680 000	核准抵拨同济学校及中英公司借款息金及第六师军饷
新疆	180 000	核准抵拨新伊协饷
陕西	854	核准截留拨饷
归绥	10 212	核准抵拨都统署协饷
热河	48 055	核准抵拨欠饷
川边	117 448	核准抵拨镇守使署欠饷
直隶	180 000	以下五省区未实解亦无拨抵之数
山西	622 621	
浙江	1 384	
京兆	42 000	
察哈尔	72 900	
总计	6 289 378	

　　（巳）印花税。印花税为中央直接收入，六年收数为二百五十二万余元，七年收数为二百七十八万余元，八年收数为二百七十四万一千九百七十七元，九年收数为二百九十九万余元，十年收数为三百二

十八万余元,十一年收数为三百三十八万二千二百五十二元,十二年收数为三百万零四千六百三十八元,十三年收数为三百零四万七千六百一十八元,历年此项收入,多被各省留用,就十三年计算,其实解到部者,仅有七十二万余元,全国印花税之收入,逐年虽有增加,而能归诸中央者,则仍寥寥也。

(午)烟酒税。烟酒税亦为中央直接收入之一,合烟酒税捐、烟酒公卖费、烟酒牌照税三项而成,六年烟酒收入实数为一千四百零一万四千三百八十三元,七年实收数为一千二百五十三万零七百七十八元,八年实收数为一千四百三十八万零七百零八元,九年实收数为一千四百九十五万零二百二十元,十年实收数为一千四百五十二万零一十六元,十一年实收数为一千五百零六万九千六百八十六元,中间惟七年收数略逊于六年,十年收数略逊于九年。然平均计算,每年实已增收数十万元,盖烟酒为消费税,烟酒之价值日高,除有特别情形外,其税收亦当然按年递加也。再就此收入之用途言之,近年各省军费日增,中央收入,多被各省就近截留支用,烟酒之收入递增,而各省截留之数亦愈大。近年此项收入,其实解中央,可供中央支配者,八年份仅有二百六十七万三千二百二十二元,九年分实解数仅有二百二十二万九千八百六十三元,十年实解数仅有一百七十八万四千三百一十四元,十一年分实解数仅有一百四十四万九千八百四十八元,九年实解数,比之八年已减少四十四万三千三百五十九元,若以十一年实解数与八年比较,实减少至一百二十二万三千三百七十四元云。

(未)公债收入。考公债收入分为四种,一外债收入,二公债收入,三内国银行借款收入,四库券收入。十余年间,中央依债为活,先后一辙,而借款之钜,实以七八两年为最,六年公债收入,为数尚微,以日本泰平公司第一次购械垫款一千七百余万元为较多,七年公债入款,骤增至二万六千余万元,世所称谓西原借款时代,如泰平公司第二次购械借款、林矿借款、电信借款、满蒙铁路借款、吉会铁路借款、参战借款、三井洋行印刷局借款七种,合计已达一万四千四百余万元,此种借款,每日金一元,仅合华币四角,已属耗损税库,而所得之款,尽以充诸军费，尤为钜大之消耗，加以北京中交纸币，急待整理，又发长短期公债九千三百万元以资收束，八年公债收入，较逊于前。然一面向美国芝加高及太平洋拓业公司借美金一千一百万元，法国中法银行及求新厂垫款九百余万佛郎①，英国费去斯公司及马可尼公司借英金一百九十余镑，同时复发八年公债五千六百万元，东移西凑，弥缝一时，九年外债，途径渐狭，仅向法国中法银行及日本三井三菱等公司缔结小借款，一方向本国银行借七百五十余万元，复发整理金融公债六千万元，赈灾公债四百万元，库券九百余万元，以充政费之用，十年公债收入，骤增于前，当时盐税收入，除偿外债外，尚多盈余，于是向国内各银行借款四千七百余万元，复发七厘公债六厘公债六千七百余万元，及库券一千四百余万元，国内银行乃以借款过钜，遂渐伏异日倒闭搁浅之机矣。十一年发行偿还内外债短期公债九千六百万元，及八厘短期公债一千万元。此外向外国银行内国银行借零星款项一千万元，十二年借债之途径，较前益狭，向日本政府青岛盐业偿价库券一千四百万元，汇业银行付息垫款七百九十余万元，并发特种库券五百万元，十三年向兴业银行商借一千二百余万元，为付息垫款之用，又发特种库券及二四库券五百万元，十四年公债收入列一万三千万元，内列粤省借款展期六百八十六万余镑一款，此系旧欠展期，并非新增收入。此外因日本西原借款，迄未付息，复与各债权商借垫款，用以付息，共计四千三百万元，复发八厘公债一千五百万元，以资周转，总之十年以后之外债，均系旧债展期及付息垫款之用，于国库收入，并无增益，故不得不发行公债及库券，以资周转耳。

以上所述历年公债收入，虽为岁入大宗，然实际上国库所实收者为数较少，综其原因，约有四端。

（一）外债收入，上表以外币合成华币，系照普通市价折合，如日金一元作为华币一元计算，实则如西原借款，当时国库仅得四五角之谱。此外折合汇兑及经手等项，均有耗损。

---

① 佛郎，即法郎。

（二）内债收入，如整理金融各债，往往以大部分抵偿银行旧欠，而国库所得，为数甚微。

（三）内债发行时，在银行方面亦有折扣及经手等费。

（四）外债收入，在十年以后新借外债各垫款，每以大部分之收款，偿还原来欠息，间有款已到期，另换合同而称展期借款，仅略找微数，交付国库。

以上四端，乃公债收入表面虽多实际仍少之原因。兹将历年公债收入表 2-3-8、表 2-3-9 列下。

表 2-3-8　历年外债内债公债库券四项分类统计数

（一）外债部分			
年份	债款名称	币别	原额数
民国六年	英政府代垫中国官民往来英法海峡川资	英金	938
	泰平公司第一次购械垫款	日金	17 186 461
	中法实业银行借款利息展期	佛郎	7 894 736
	中法实业银行第一次资金库券	佛郎	11 250 000
	中法实业银行钦渝垫款展期	佛郎	10 416 660
折合银元合计			20 151 985
民国七年	泰平公司第二次购械垫款	日金	22 420 702
	义品公司北高女师借款	银元	45 000
	马可尼无线电话借款	英金	600 000
	英商安利洋行继承瑞记期票借票	行化银	843 383
	英印度政府代垫中国兵民由西藏回国用费	卢比	123 369
	汇业银行林矿借款	日金	30 000 000
	汇业银行电信借款	日金	20 000 000
	兴业银行满蒙四铁路借款垫款	日金	20 000 000
	兴业银行济顺高徐铁路借款垫款	日金	20 000 000

（续表）

年份	债款名称	币别	原额数
	兴业银行吉会铁路借款垫款	日金	10 000 000
	台湾等三银行参战借款	日金	20 000 000
	泰平公司购用陕械库券	日金	615 072
	三井洋行印刷局借款	日金	2 000 000
	中法实业银行第九期利息展期	佛郎	2 562 500
	中法实业银行保商期票转账	行化银	374 044
	中法实业银行留欧学费垫款	英金	10 000
折合银元合计			153 288 649
民国八年	芝加高大陆商业银行借款	美金	5 500 000
	太平洋拓业公司借款	美金	5 500 000
	文德公司巩县兵工厂借款	美金	171 543
	法国邮船公司求新厂垫款	佛郎	4 062 375
	法国施乃德公司求新厂垫款	佛郎	410 805
	费去斯公司飞机借款	英金	1 803 200
	乌可尼公司合办中华无线电公司	英金	100 000
	恒昶公司湖北造纸厂煤价	洋例银	31 462
	台湾银行留日学费借款	日金	100 000
	泰平公司西北军械运送费	银元	85 733
	中日实业公司汉口造纸厂垫款	日金	916 484
	荷兰政府代垫遣送德奥等国侨民川资	荷金	17 725
	中法银行第二次资金库券	佛郎	4 300 000
	中法银行保商期票转账款	行化银	300 000
	中法银行留欧学费借款	佛郎	150 000
	中法银行第十期利息展期	佛郎	2 562 500
折合银元合计			43 947 357

（续表）

年份	债款名称	币别	原额数
民国九年	美京银行留美学费借款	美金	60 000
	华比银行留欧学费垫款	英金	3 000
	汇业银行拨付利息及福建借款	日金	800 000
	泰平公司边防训练处经费	日金	50 000
	东亚兴业株式会社借款	日金	3 000 000
	三菱公司驻日武官经费	日金	30 000
	东亚通商株式会社汉阳兵工厂借款	银元	300 000
	三井洋行汉口造纸厂借款	洋例银	3 443
	三菱公司汉口造纸厂借款	洋例银	3 394
	荷兰银行保商期票转账	行化银	459 204
	中法银行第十三期利息展期	佛郎	2 564 102
	中法银行实业借款利息展期	佛郎	5 150 640
	中法银行复息欠款	佛郎	562 245
	中法银行第三次资金库券	佛郎	14 000 000
	中法银行钦渝垫款第四次展期	佛郎	5 805 121
	中法银行保商期票转账	行化银	150 000
	中法银行留欧学费垫款	英金	7 500
折合银元合计			8 106 471
民国十年	广益公司整理运河借款	美金	905 000
	孟赛银行留美学费借款	美金	20 000
	醴陵美教会库券	银元	83 000
	茂生洋行上海造纸厂欠款	美金	648 628
	茂生洋行上海造纸厂欠款	规元	85 826
	茂生洋行上海造纸厂欠款	美金	77 506
	茂生洋行上海造纸厂欠款	规元	32 361
	茂生洋行汉口造纸厂欠款	规元	6 428

（续表）

年份	债款名称	币别	原额数
	华昌公司上海造纸厂欠款	美金	408 545
	惟昌洋行造纸厂货价欠款	洋例银	35 008
	中法银行第十四期利息展期	佛郎	2 500 000
	中法银行第八期利息展期	佛郎	2 500 000
	中法银行代售英金库券	英金	250 000
	中法银行垫发军饷期票	银元	202 772
	中法银行留日学费垫款	日金	20 000
	中法银行垫付财政部派员赴法旅费	佛郎	239 600
折合银元合计			5 043 013
民国十一年	新孚洋行上海造币厂欠款	规元	54 495
	慎昌洋行汉口造纸厂欠款	关平	2 771
	华比银行留比学费借款	比金	10 000
	太古轮船公司赔偿损失库券	洋例银	68 113
	怡和轮船公司赔偿损失库券	洋例银	62 129
	汇业银行第一次付息垫款	日金	1 125 000
	国际联合会欠款	银元	1 845 378
折合银元合计			3 243 407
民国十二年	兴业银行第二次付息垫款	日金	7 997 081
	日本政府青岛盐业偿价库券	日金	14 000 000
折合银元合计			21 997 081
民国十三年	兴业银行第三次付息垫款	日金	7 608 226
	兴业银行第三次付息垫款	日金	5 286 820
折合银元合计			12 895 047
民国十四年	奥国借款展期	英金	6 866 046
	兴业银行第四次付息垫款	日金	2 659 923
	兴业银行第五次付息垫款	日金	9 118 766

（续表）

年份	债款名称	币别	原额数
	兴业银行第四次付息垫款	日金	5 300 000
	参战借款付息垫款	日金	10 267 655
	第一二次购械借款付息垫款	日金	16 470 113
折合银元合计			112 476 924
（二）内债部分			
年份	债款名称	币别	原额数
民国六年	无		
民国七年	交通银行	日金	10 000 000
	中国银行	日金	3 750 000
折合银元合计			13 750 000
民国八年	上海四明银行	日金	689 000
折合银元合计			689 000
民国九年	一和行	美金	183 942
	五族商业银行	美金	20 000
	慎记洋行	银元	450 000
	交通银行	日金	30 000
	汉口合记	银元	500 000
	中交两行	银元	4 800 000
	新华储蓄及懋业两行	银元	800 000
	天津交通银行	银元	300 000
	中国交通等十二行	银元	280 000
折合银元合计			7 567 884
民国十年	直隶省银行	银元	1 000 000
	交通银行	银元	12 304 544
	上海通商银行	银元	500 000
	劝业银行	银元	2 700 000

（续表）

年份	债款名称	币别	原额数
	华法银行	银元	900 000
	保商银行	佛郎	2 400 000
	盐业银行	银元	450 000
	交通银行	日金	92 000
	劝业银行	日金	1 300 000
	保商银行	银元	700 000
	日本神户华侨借款	日金	50 000
	义记	银元	175 360
	新亨银行	银元	1 779 000
	聚兴诚银行	日金	300 000
	聚兴诚银行	银元	300 000
	震义银行	义金	12 000 000
	扬子公司	银元	18 880
	扬子公司	洋例银	876
	明华银行	银元	500 000
	明华银行	佛郎	4 500 000
	合记	银元	436 410
	教育部	银元	2 000 000
	北平华北银行	佛郎	12 000 000
	华北华法两行	佛郎	23 000 000
	中国银行	银元	8 487 000
	南昌振商银行	银元	150 000
	津浦铁路四省公司	银元	80 000
	大德通银号	银元	200 000
	宝利公司	银元	250 000
	上海福利银公司	银元	250 000

（续表）

年份	债款名称	币别	原额数
	裕通银号	银元	300 000
	天津华法银行	佛郎	7 750 000
	华孚银行	银元	220 000
	福利银号	银元	50 000
	农商劝业两行	银元	400 000
	中华储蓄银行	银元	700 000
	上海通商及四明银行	银元	1 500 000
	北平中国实业银行	银元	180 000
	上海隆记	佛郎	650 000
	五族商业银行	银元	250 000
	永大银号	佛郎	1 000 000
	华孚中原永大三银号	银元	280 000
	丝绸商业银行	银元	100 000
	上海升顺公司	日金	250 000
	福利银公司	银元	100 000
	大信银号	银元	100 000
	华孚银行	银元	220 000
	边业银行	银元	800 000
	上海隆记	佛郎	650 000
	泰记农商银行	佛郎	1 550 000
	大通银号	银元	400 000
折合银元合计			47 725 056
民国十一年	信富银号	银元	100 000
	中国实业银行	银元	57 098
	聚兴诚银行	银元	37 815
	交通银行	银元	3 127 036

（续表）

年份	债款名称	币别	原额数
	裕通银号	银元	200 000
	劝业银行	银元	20 000
	安利公司	银元	400 000
	明华银行	规元银	350 000
	中华懋业银行	银元	268 000
	大中银行	银元	70 000
	盐业银行	银元	80 000
	豫丰银号	银元	1 426 999
	盐余借款联合团	银元	640 000
折合银元合计			6 776 948
民国十二年	天津中国银行	银元	340 000
	云记	银元	300 000
	聚兴诚银行	银元	160 000
	裕通银号	银元	80 000
	中国实业银行 天津大业银行	银元	250 000
	大中银行	银元	1 827 633
	中国银行	银元	698 825
	交通银行	银元	658 825
	上海华泰银号	银元	250 000
	天津银行	银元	250 000
	上海通兴公司	银元	250 000
	同兴银号	银元	50 000
	盐业 金城银行	银元	189 316
	思厚堂	银元	9 500
	余厚堂	银元	3 000
	盐业银行	银元	20 000

（续表）

年份	债款名称	币别	原额数
	中法振业银行	银元	250 000
合计			5 587 099
民国十三年	中国银行	银元	81 502
	保商银行	银元	57 242
合计			138 744
民国十四年	中华懋业银行	银元	526 970
	北平商业银行	银元	190 356
	东陆银行	银元	9 975
	北平　上海商业储蓄银行	银元	95 000
	中华储蓄银行	银元	330 211
	中国银行	银元	973 013
	银行公会	银元	427 379
	各机关借用印花税票押款	银元	481 449
	印刷局印价欠款	银元	564 600
合计			3 598 957
（三）库券部分			

年份	债款名称	币别	原额数
民国六年	汉口兵站载运局经费库券	银元	120 000
合计			120 000
民国七年	前第一军第九师销款库券	银元	226 000
	奉军服装费库券	银元	1 090 361
合计			1 316 361
民国八年	川军饷项库券	银元	250 000
	四川经略使库券	银元	2 290 000
	鄂省军费库券	银元	500 000
合计			3 040 000

（续表）

年份	债款名称	币别	原额数
民国九年	黑龙江国防经费库券	银元	200 000
	热河经费库券	银元	300 000
	福建军费库券	银元	60 000
	甘肃防勘军费	银元	200 000
	陕西支垫川军军费	银元	250 000
	优待皇室经费	银元	7 968 870
	福建陆军第四混成旅军饷券	银元	150 000
	陆军第十师库券	银元	50 000
	江西军费库券	银元	200 000
	湖南军费库券	银元	400 000
	四川经略使后方服装费	银元	30 000
	张都统援库汽车费	银元	68 000
合计			9 876 870
民国十年	奉军欠饷库券	银元	2 671 627
	热河军费库券	银元	70 000
	陆军第二十师库券	银元	10 000
	陆军第八师库券	银元	80 000
	陆军第八混成旅库券	银元	200 000
	陆军第五混成旅库券	银元	10 000
	湖北军费库券	银元	2 000 000
	广西军费库券	银元	5 000 000
	西南善后军费库券	银元	2 000 000
	江西军费库券	银元	1 000 000
	福建军费库券	银元	1 000 000
合计			14 041 627
民国十一年	交通部库券	银元	600 000
合计			600 000

（续表）

年份	债款名称	币别	原额数
民国十二年	换回大中银行存单库券	银元	940 000
	北平电车公司库券	银元	43 750
	察区各军欠饷	银元	400 000
合计			1 383 750
（四）公债部分			

年份	债款名称	币别	原额数
民国七年	民国七年六厘公债	银元	45 000 000
	民国七年短期公债	银元	48 000 000
合计			93 000 000
民国八年	民国八年公债	银元	56 000 000
合计			56 000 000
民国九年	整理金融短期公债	银元	60 000 000
	赈灾公债	银元	4 000 000
合计			64 000 000
民国十年	整理公债七厘债票	银元	13 600 000
	整理公债六厘债票	银元	54 392 228
合计			67 992 228
民国十一年	偿还内外债短期公债	银元	96 000 000
	民国十一年八厘短期公债	银元	10 000 000
合计			106 000 000
民国十二年	民国十二年八厘特种库券	银元	5 000 000
合计			5 000 000
民国十三年	民国十三年八厘特种库券	银元	1 000 000
	德赔担保二四库券	银元	4 200 000
合计			5 200 000
民国十四年	民国十四年八厘公债	银元	15 000 000
合计			15 000 000

表 2-3-9 历年外债内债库券公债四项分年统计总数

年份	外债	内债	库券	公债	全年债额
民国六年	20 151 985		120 000		20 271 985
民国七年	153 288 649	13 750 000	1 316 361	93 000 000	261 355 010
民国八年	43 947 357	689 000	3 040 000	56 000 000	103 676 357
民国九年	8 106 471	7 567 884	9 876 870	64 000 000	89 551 225
民国十年	5 043 013	47 725 056	14 041 627	67 992 228	134 801 924
民国十一年	3 243 407	6 776 946	600 000	106 000 000	116 620 353
民国十二年	21 997 581	5 587 099	1 383 750	5 000 000	33 967 930
民国十三年	12 895 047	138 744		5 200 000	19 233 791
民国十四年	112 476 924	3 588 957		15 000 000	131 075 881

附注　前表于中外货币折合之率约定如下

英金一镑合洋十元

法金十佛郎合一元

美金一元合洋二元

日金一圆合洋一元

荷金一佛乐林合洋五角

印度金一卢比合洋七角

关平每两合洋一元五角

公砝每两合洋一元四角

行化每两合洋一元四角五分

洋例每两合洋一元四角五分

规元每两合洋一元四角五分

乙、历年支出情形

中央支款大别为三,(一)内外债偿还费,(二)政务费,(三)军务费。兹依次说明如下。

(子) 内外债偿还费　吾国外债之本息,其尚无确实基金者,每多愆期,间有到期另结展期契约,(如奥国展期借款之类)或以欠息过多,另结付息垫款契约,(如日本付息垫款之类)固久未清理也,至向有基金之内外债,均以关盐两税作抵,付息还本,从未愆期。兹分两项列下(表2-3-10、表2-3-11)。

表2-3-10　海常关指拨债款实数表

科目＼年份	民国七年	民国八年	民国九年	民国十年	民国十一年	民国十二年	民国十三年
俄法洋款本息	4 576 084	5 184 031	4 197 889	8 499 795	7 141 152	9 032 343	8 168 752
英德洋款本息	5 543 830	4 664 059	4 483 212	7 344 531	7 762 564	8 320 285	7 946 017
英德续款本息	3 624 507	2 392 957	1 788 607	6 345 267	6 085 093	7 066 815	6 733 584
善后大借款本息	7 159 635	6 105 427	5 938 902	9 559 194	10 874 923	11 954 253	12 461 674
庚子赔款	19 433 778	16 265 790	14 510 337	22 551 165	22 500 145	20 618 260	19 973 794
三四年及七年短期内债		7 193 985	7 085 898				
整理金融公债			1 551 570				
三四年公债				3 474 894			
整理案内公债				15 421 093	16 321 894	14 147 415	21 993 462
合计	40 337 834	41 806 249	39 555 415	73 195 939	70 685 771	71 139 371	77 277 283

表2-3-11 盐税指拨债款实数表

科目 \ 年份	民国七年	民国八年	民国九年	民国十年	民国十一年	民国十二年	民国十三年
克利斯浦借款	1 413 325	1 302 100	1 061 158	1 979 745	2 047 262	2 839 408	2 679 677
日本银行垫款	2 760 051	9 865 952	10 548 853				
善后大借款		453 664	1 916 146	2 483 027		23 632	
湖广铁路借款			350 000	1 063 558	2 660 560	1 425 745	1 340 277
英法借款							
汇理汇丰借款京汉					3 343 589	3 937 976	3 425 616
青岛盐田库券						1 365 401	666 204
合计	4 173 376	11 621 716	13 876 157	5 526 330	8 051 411	9 592 162	8 111 774

以上两项,系关盐指拨各债之情形,就大体视察,均系按年递增,至十三年计须八千五百万元以上,至无确实基金之内外债,每多愆期,间有因欠息过巨,另订付息垫款,亦有因本金到期,另订展期借款,原因复杂,统计维艰,此亦就大概言之耳。

(丑)政务费。考中央政务费,合外交费内务费财政费教育费司法费农商费交通费而成,六年实支四千六百七十一万八千六百七十七元,七年实支五千七百七十七万八千三百六十四元,八年实支为四千五百八十八万六千九百八十六元,九年实支为四千五百八十万零九千六百十七元,十年实支为四千零九十九万零三百八十七元,十一年实支为三千六百十七万三千八百三十一元,十二年实支为四千二百六十五万三千四百九十四元,十三年实支为三千四百三十八万零零三十一元,十四年实支为四千零二十八万六千三百六十四元,上列各数,以七年份为最巨,计五千七百余万元,当时对德参战,故支款较为增多,十年以后,库款支绌,故政务费实支之数,亦较前减缩也。

(寅)军务费。考中央军务费,合陆军费海军费两项而成,六年实支八千三百九十二万八千一百三十四元,虽较四五年间用费已增。然成规尚在,故所增尚不过巨,七年实支一万三千七百五十二万九千六百五十八元,八年总数稍减。然尚实支一万一千二百九十八万五千五百三十四元,此两年间,始之以对德绝交,继之以对德宣战,外交之信用既著,东邻复以钜款相贷,因之军费继长增高,本为参战而借款,复因借款而增费,究其实际,中国何尝派一兵一卒,赴欧参加战事,徒见其虚耗国币而已,九年奉直战争骤起,饷糈尤急,全年军费在财部直接支给者,为一万零七百七十三万三千零一百七十二元,十年军务费较前稍减,为九千七百九十八万四千七百六十九元。嗣后财政日益艰窘,故军费亦按年递减,十一年实支七千二百八十九万一千七百八十六元,十二年减为四千八百四十三万七千四百十一元,十三年又减为二千九百三十七万三千八百二十一元,盖因中央财力日见竭蹶,不得不减缩军费,以轻担荷也。十四年军衅复启,饷糈益增,是年实支五千九百四十万零四千九百零五元,较诸前年所增之数,几及三分之二,此复因战事骤起，而军费遂至漫无限度耳（表 2-3-12、表 2-3-13）。

表 2-3-12　历年中央军政两费实支表（一）　　单位：元

年别 科目	民国六年 （1917）	民国七年 （1918）	民国八年 （1919）	民国九年 （1920）	民国十年 （1921）
外交部及直辖各处经费	3 429 834	3 314 323	3 649 220	3 742 066	4 772 451
本部经费	513 704	463 704	468 704	486 096	231 852
出使经费	2 315 276	2 345 276	2 295 276	2 608 302	2 501 240
各省外交费	131 243	242 432			
其他杂支	469 611	262 911	890 240	647 668	2 039 359
内务部及直辖各处经费	6 169 247	6 469 565	5 957 124	6 720 285	4 420 509
本部经费	655 480	773 943	773 943	1 092 604	1 017 816
本部直辖各机关经费	211 171	161 319	300 168	277 438	289 957
京师警察厅经费	2 150 120	2 329 463	2 424 897	2 874 183	2 405 063
保安警察队经费	144 000	144 000	144 000	150 000	150 000
护军管理处经费	98 752	96 752	88 752	137 352	137 352
步军统领衙门经费	1 129 500	1 149 072	1 168 000	1 716 000	1 700 200
各处河工经费	970 505				
督办京畿水灾河工善后事宜处经费		93 828	39 000	101 200	
管理敌国人民财产事务局暨遣送敌侨经费			672 506		
筹办京东河道事宜处经费				21 600	31 700

（续表）

科目＼年别	民国六年（1917）	民国七年（1918）	民国八年（1919）	民国九年（1920）	民国十年（1921）
督办账务处暨筹募赈灾公债处经费					35 930
各省区内务各项经费	462 496	187 000	235 969	203 467	487 500
其他杂支	347 223	1 534 188	109 889	146 441	164 890
财政部及直辖各处经费	31 899 582	42 204 319	30 531 064	28 657 367	24 653 878
大总统副总统年俸公费交际费	1 532 000				
大总统年俸公费交际费		1 248 000	1 248 000	1 248 000	1 248 000
公府各项经费	1 850 393	5 814 731	3 809 086	2 445 051	2 024 687
众议院经费	1 357 810	1 171 100	3 208 000	3 357 576	147 500
参议院经费				1 706 880	167 900
参议院经费及两院议员岁费旅费	1 627 662	1 136 828	1 753 820		
筹备国会事务局暨警卫处经费	53 531	691 065	226 344		
筹备国会事务局暨宪法起草委员会经费				167 114	204 630
国务院暨各局经费	1 280 789	1 503 736	3 073 877	2 899 705	4 277 022
文官高等惩戒委员会经费	23 524	25 002	25 002	27 762	27 861
司法官惩戒委员会经费	21 520	23 080	23 080	24 880	23 680

（续表）

年别 科目	民国六年 （1917）	民国七年 （1918）	民国八年 （1919）	民国九年 （1920）	民国十年 （1921）
清史馆经费	163 358	167 808	167 808	167 808	167 808
国史馆经费	24 136				
全国经界局经费				50 900	
平政院经费	221 684	223 284	223 284	253 280	246 820
审计院经费	504 826	516 838	510 218	539 067	687 481
蒙藏院暨直辖各机关经费	282 764	286 312	305 302	306 272	320 842
蒙藏院廪饩钱粮各项经费	863 158	844 499	862 845	871 218	781 278
库伦办事大员暨各项佐理员经费	204 470	199 690	265 614		
驻印办理藏事长官经费	24 000	24 000	24 000		
库乌科唐镇抚使各项经费				455 950	105 739
驻藏办事长官经费			24 000	31 384	
清皇室东西陵八旗等项经费	10 715 059	11 000 678	9 480 444	7 400 730	5 209 402
本部暨直辖各机关经费	1 140 935	1 115 751	1 073 281	1 114 338	1 251 060
平市官钱局暨铜元票印刷经费	69 866				
内国公债局暨各项经费	37 048	68 242	140 989		
内国公债局暨债票印价等费					243 818

（续表）

年别 科目	民国六年 （1917）	民国七年 （1918）	民国八年 （1919）	民国九年 （1920）	民国十年 （1921）
印花税处暨各分处经费	708 004	655 664	512 434	788 438	842 806
上海修改税则委员会经费		69 083			
烟酒公卖局暨各分局经费		500 442			
全国烟酒事务署稽核会办薪津			3 750	44 900	45 000
币制局经费		15 000	99 000	250 000	250 000
维持中交票款	5 800 000	252 400			
各公司官股款及实业费	1 316 407	2 063 184	2 388 440		
各公司官股款				2 779 532	1 900 000
各省区灾赈款	440 995	397 200	200 000		280 000
其他杂支	1 625 643	12 190 702	906 446	1 733 966	4 169 160
陆军部及直辖各处经费	78 851 296	131 917 250	106 112 717	99 749 766	90 912 641
本部经费	860 099	931 513	927 513	1 533 342	2 707 305
将军府经费	446 191	585 889	651 038	658 476	935 351
陆军训练总监暨附属各项经费	906 071				
京畿警备总司令部经费	130 968	220 786	250 328		
京畿卫戍总司令部经费				1 282 217	1 393 156
京师军警督察处稽查分驻所经费			14 605	15 600	15 600

（续表）

年别 科目	民国六年 （1917）	民国七年 （1918）	民国八年 （1919）	民国九年 （1920）	民国十年 （1921）
本部直辖各师旅机关经费	40 745 886	43 756 131	45 110 479		
本部直辖各师处机关经费				45 916 543	42 000 000
第十五师经费	582 486	2 221 251	2 220 688		
第十六师经费	688 161	2 753 240	2 752 667		
禁卫军经费	1 891 819				
毅军经费	2 501 726	2 807 695	3 036 045	2 167 148	2 418 065
定武军经费	3 849 405				
安武新军经费	950 000	3 600 000	3 600 000	2 863 200	477 200
振武军经费		1 292 360	950 000	906 800	
长江巡阅使署暨巡阅小轮经费	230 734	323 992	323 993	197 994	
各兵工厂经费	2 141 481	3 191 497	2 571 843	2 783 075	2 655 384
陆军部军事外交费	730 000	330 000	708 946		
督办参战事务处经费		8 889 699	5 086 903		
督办边防事务处经费				9 178 742	
西北边防总司令部经费				2 904 877	
定国军军费及遣散费				700 000	
陆军部直辖边防各项军费				1 363 996	4 081 915
参陆办公处特别军费		45 778 140	22 350 562	16 825 092	2 422 005

(续表)

年别 科目	民国六年 (1917)	民国七年 (1918)	民国八年 (1919)	民国九年 (1920)	民国十年 (1921)
西北边防筹备 处经费			6 755 860		
临时军事费	6 293 265				
各省区军饷 协款	14 305 954	12 195 963	6 821 743	7 869 850	28 810 627
其他杂支	171 888	1 572 325	237 461	903 059	1 773 147
参谋本部暨直 辖各机关经费	1 425 162	1 467 769	1 542 043	1 679 756	1 222 886
海军部及直辖 各处经费	5 076 838	5 612 408	6 872 817	7 980 406	7 072 128
本部经费	412 800	412 800	412 800	421 800	643 716
海军各舰队司 令等处经费	3 922 777	4 520 744	6 047 795	6 469 003	6 428 412
其他杂支	741 261	678 864	412 222	1 098 603	
教育部及直辖 各处经费	2 712 523	3 118 586	3 051 714	3 184 838	3 489 306
本部暨直辖各 项经费	2 712 523	3 118 586	3 051 714	3 184 838	3 489 306
司法部及直辖 各处经费	1 412 774	1 494 875	1 505 675	1 832 007	2 000 650
本部暨直辖各 项经费	1 412 774	1 494 875	1 505 675	1 832 007	2 000 650
农商部及直辖 各处经费	1 094 717	1 177 696	1 192 189	1 656 714	1 635 529
本部经费	600 000	600 000	600 000	744 000	743 666
农商部直辖各 机关经费	331 649	331 176	331 176	467 882	462 812
水利局经费	103 100	109 400	162 016		
筹办煤油矿事 宜处经费	5 040				

（续表）

科目＼年别	民国六年 （1917）	民国七年 （1918）	民国八年 （1919）	民国九年 （1920）	民国十年 （1921）
两广矿务监督公署经费	22 000	24 000	24 000		
全国水利局暨江淮分局经费				103 720	84 096
劝办实业专使经费				120 000	120 000
毛革改良会经费				66 000	108 000
粮食调查会经费				28 400	36 000
其他杂支	32 928	113 120	74 997	116 712	80 955
交通部及直辖各处经费				16 340	18 164
驻崴铁路监管会经费				11 200	18 164
督办东省铁路公司事宜处侦探费				5 140	
总计	130 646 811	196 309 022	158 872 520	153 539 789	138 975 156

表 2-3-13　历年中央军政两费实支表（二）

单位：元

科目＼年别	民国十一年 （1922）	民国十二年 （1923）	民国十三年 （1924）	民国十四年 （1925）
外交部及直辖各处经费	3 635 743	3 590 229	2 817 951	3 224 454
出使经费	2 693 556	2 677 530	2 501 244	2 501 244
其他杂支	942 187	912 699	316 707	723 210
内务部及直辖各处经费	5 884 371	5 879 779	5 410 212	6 262 166

（续表）

科目＼年别	民国十一年（1922）	民国十二年（1923）	民国十三年（1924）	民国十四年（1925）
本部经费	1 032 105	1 113 478	1 068 216	1 068 216
本部直辖各机关经费	323 655	351 923	296 784	293 604
京师警察厅经费	2 419 870	2 511 970	2 345 358	3 416 536
保安警察队经费	150 000	150 000	150 000	274 000
护军管理处经费	137 352	137 356	114 460	
步军统领衙门经费	1 693 149	1 358 328	1 143 830	
筹办京东河道事宜处经费	32 400			
督办赈务处暨筹募赈灾公债处经费	21 928			
京地河道管理处经费	6 000			
赈务处经费		13 940		
筹募赈灾公债处经费		20 009		
京兆河道管理处经费		11 000		
筹备京东河道事宜处经费		32 400	27 000	
督办全国国道事宜处经费			211 164	353 424
西北国道筹备处经费			8 000	
永定河工及京兆补助等款				778 000
其他杂支	67 912	229 375	45 400	78 386
财政部及直辖各处经费	18 327 356	24 670 483	18 418 091	21 586 558
大总统年俸公费交际费	600 000	312 000	1 040 000	
公府各项经费	2 198 628	1 748 250	1 673 261	
众议院经费	1 747 810	3 444 624	2 771 020	
参议院经费	913 054	1 758 171	1 474 310	

（续表）

科目＼年别	民国十一年（1922）	民国十二年（1923）	民国十三年（1924）	民国十四年（1925）
筹备国会事务局暨宪法起草委员会经费	138 663			
第一届国会议员岁费旅费及两院制宪经费		424 970		
国务院暨各局处经费	2 360 280			
国务院暨各局处会经费		2 224 000	1 456 554	
文官高等惩戒委员会经费	25 446	26 452	25 446	25 956
司法官惩戒委员会经费	25 680	23 679	23 076	23 076
清史馆经费	167 808	167 808	167 808	167 808
侨务局经费	261 053	222 810	66 584	66 084
平政院经费	248 960	226 380	238 520	239 520
审计院经费	534 408	532 203	530 004	530 004
蒙藏院暨直辖各机关经费	338 607	350 852	342 596	351 352
蒙藏院王公喇嘛各项经费	811 319	700 758	1 015 632	1 156 194
蒙古宣慰使署经费		319 856	299 856	157 928
办理接收库恰事宜处经费	71 376	67 164		
驻藏办事长官经费	15 000	22 000		
清皇室东西陵八旗各项经费	4 407 430	6 456 853	3 474 033	752 706
本部及直辖各处经费	1 376 767	2 087 497	1 692 931	2 851 792
印花税处暨各分处经费	796 269	1 093 109	206 915	221 257
内国公债局暨各项经费		141 032	87 600	87 600
内国公债局暨债票印价等费	164 390			

（续表）

科目＼年别	民国十一年（1922）	民国十二年（1923）	民国十三年（1924）	民国十四年（1925）
全国烟酒事务署稽核会办薪津	45 000	45 000	35 625	22 500
币制局经费	250 000	164 166		
各省区灾赈款	150 000	17 000		
汉口造纸厂经费	26 385			
筹备国会事务局经费			97 020	
临时执政府各项经费			591 249	5 950 836
临时法制院经费			51 830	343 160
财政整理会经费			24 000	240 000
善后会议经费				1 039 611
临时参政院经费				1 214 400
国宪起草委员会经费				399 000
国民代表会议筹备处各项经费				811 572
财政善后委员会经费				554 000
国政商榷会经费				590 949
关税特别会议经费				1 030 000
办理清室善后委员会经费				33 000
其他杂支	653 023	2 093 849	1 031 221	2 726 253
陆军部及直辖各处经费	65 254 510	41 017 835	22 299 346	51 994 730
本部经费	2 451 690	1 116 780	1 474 144	
将军府经费	750 011	1 467 780	594 055	
参陆办公处经费		122 000	100 000	
京畿卫戍总司令部经费	1 310 954	1 720 813	1 474 910	
京师军警督察处稽查分驻所经费	11 628			

（续表）

科目 ＼ 年别	民国十一年（1922）	民国十二年（1923）	民国十三年（1924）	民国十四年（1925）
陆军部直辖各师处机关经费	41 999 600			
毅军经费	2 079 565	2 037 761	1 328 648	
安武新军经费	550 667			
各兵工厂经费	2 655 384	2 434 102		
参陆办公处特别军费	45 000			
各省区军饷协款	8 708 403	12 878 177	3 239 110	16 676 670
航空署经费	673 867	1 872 799	987 792	1 546 044
陆军检阅使经费	640 000			
长江上游总司令部经费	204 428	347 286		
陆军部直辖各师旅机关经费		8 505 300	5 558 233	4 828 911
陆军检阅师经费		5 454 388	4 839 403	
西北边防督办公署经费		50 000	600 000	14 173 550
长江巡阅小轮经费		77 000		
京师军警督察处经费			2 584	
京畿警卫司令部经费			299 582	3 743 841
国民军军费				5 842 157
执政府军务厅军事费				1 919 100
军事善后及讨论委员会经费				609 200
其他杂支	1 883 186	1 785 468	639 645	1 742 417
参谋本部暨直辖各机关经费	1 290 127	1 148 181	1 161 240	1 212 840
海军部及直辖各处经费	7 637 276	7 419 576	7 074 475	7 410 175
本部经费	807 956	823 256	987 156	1 047 156
海军各舰队司令等机关经费	6 829 320	6 596 320	6 087 319	6 363 019

（续表）

年别科目	民国十一年（1922）	民国十二年（1923）	民国十三年（1924）	民国十四年（1925）
教育部及直辖各处经费	4 182 789	4 598 311	4 044 571	5 434 674
教育部暨直辖各项经费	4 182 789	4 598 211	4 444 571	5 434 674
司法部及直辖各处经费	2 597 736	2 494 999	2 346 612	2 609 441
司法部暨直辖各项经费	2 597 736	2 494 999	2 346 612	2 609 441
农商部及直辖各处经费	1 532 536	1 419 793	1 342 594	1 169 071
本部经费	740 000	739 999	739 996	721 795
农商部直辖各机关经费	456 512	455 718	451 776	274 278
全国水利局经费		83 676	80 396	39 998
全国水利局暨江淮分局经费	81 096			
劝办实业专使经费	60 000			
毛革改良会经费	108 000	90 000		
粮食调查会经费	18 000			
其他杂支	68 928	50 400	70 426	133 000
交通部及直辖各处经费	13 300			
驻崴铁路监管会经费	13 300			
总计	109 065 617	91 090 905	63 753 852	99 691 269

附注
上刊两表，系按财政部会计司直接支出各账而编，其尚有缺漏者。（一）政务费内，如关盐两税征收费，向系坐支，并未转入部账，其他各税，亦有坐支而未报部者。（二）军事费内，在战争时间，有挪移内外债迳自拨用之事，迄未转入部账，其他用款，亦有自收自支而未报部者，故概从阙略。

　　上列两端，系中央历年收支略情，就收入言，每年公债收入，均居最重要之位置，其最多年份，几占岁入之半，在初依债度日，支撑一时，

继以解款专款之停解，印花烟酒两税之留用，国信一失，即举债亦有所不能，迨至盐税就地截留，而中央财政，已由枯涩时代而入于山穷水尽之境矣。就支出言，内外债偿还费，约计每年在八千万元以上，而不确实之内外债应付之本息，尚不在内，而军政两费以七年为最钜，共支一万九千五百三十余万元，内军事费为一万三千七十余万元，政务费为五千七百七十余万元，当时政费膨胀之结果，不惜滥借外债，以事弥补，卒之政费扩充过甚，财力虽继，八年以后之军政两费，逐年递减，至十三年仅年支六千三百七十余万元，内军事费为二千九百三十余万元，政务费为三千四百三十余万元。然积亏已久，虽削减政费，亦无救于将危之局也，历年收支各数，固不无残缺之处。然其大概情形，亦可藉以推测，至十四年以后之财政册籍，更多不齐，殆难统计焉。

注一　参考杨汝梅氏所著中国财政论[①]

注二　参考海关贸易册

注三　参考盐务稽核所年报

第二项　中央财政之现情

甲　广东时代之财政概况

十四年秋，国民政府在粤成立，时刘杨被逐东江，南路次第肃清，全粤统一，各属税收机关，均由政府派员办理，军队不得强占，财政渐露光明之象，宋子文继长财部，中枢权力益固，税收较前益增。据财政部所布，十四年十月起至十五年九月止之国省两库收支表，足觇统一后之财政，实有进步之佳象。按是年收入总额，为八千零二十万元，每月平均计六百七十万元，较诸十三年，省库仅收七百九十八万六千元，约增九倍。支出方面，除坐支坐收各数抵解并未到库不计外，总额为七千八百二十九万七千元。兹将收支各数分列于下。

---

① 即杨汝梅所著《民国财政论》（上海：商务印书馆 1927 年版）。

收入之部

（一）盐税八百九十一万五千元。

（二）印花税三百零四万二千元。

（三）烟酒税二百四十四万三千元。

（四）沙田清理收入六十六万四千元。

（五）禁烟收入三百四十五万元。

（六）筹饷一千五百五十万元。

（七）关税二十七万五千元。

（八）田赋三百零一万八千元。

（九）厘捐一千一百八十九万五千元。

（十）公债库券二千四百二十八万三千元。

（十一）杂税四百零一万六千元。

（十二）杂项收入二百七十七万三千元。

（十三）税外收入一百六十六万九千元。

（十四）煤油收入一百七十九万八千元。

（十五）爆裂品收入四十五万八千元。

以上共收八千零二十万元。

支出之部

（一）军费六千一百二十八万五千元。

（二）行政费总支数一千零八十六万五千元，内计国务费一百七十七万六千元，外交费三百五十万零七千元，内务费五十四万三千元，财政费一百一十三万八千元，司法费十五万七千元，农商费五万二千元，教育费九十八万六千元，省政府费二百七十万零六千元。

（三）杂支出三十二万六千元。

（四）偿还旧欠五百八十二万一千元。

以上共支七千八百二十九万七千元。

惟是岁入总额，虽云增加，而详察内容，仍不无外强中干之虑，综其理由，约有二端。

（一）就租税而言。如禁烟三百余万，筹饷一千五百余万，类属不正当之收入，且为暂时性质，筹饷之有害于地方治安、社会道德固已，烟禁一弛，不仅于地方治安社会道德有妨，抑且于人民体力及种族健全相碍，在理固应绝对禁绝，第为战时财政计，不得不忍痛而勉取之。此种收入，自不得认为固定之税源也。

（二）就债券而言。是年公债库券之收数，达二千四百余万，此系预支将来之收入，不当以真正收入视之，故岁入虽号称八千万，实仅四千万耳。

至支出方面，军费约占收入总数百分之八十五，政费约仅占百分之十五。当时国民政府所赖者，仅广东一隅，他如桂滇黔诸省，僻处边远，地瘠民贫，岁收至为有限。在前清时代，均系受协省分，自无余款补助政府。然自北伐出师以来，桂省对于前方饷费，尚勉力筹措，月解数十万，力维大局，有足多矣。

乙　武汉时代之财政概况

十五年秋，国民革命军进展至武汉后，湖北遂为财政策源之地，十二月财政部由粤迁汉，时各省均有军事。惟鄂境粗安，各方取资，益赖于此，计自十五年九月至翌年九月政府迁宁时止。财政当局，屡经变易，而所支军费尤钜，总计是年支出，约在一万万元以上，其大部分，均以借垫各款及增发钞券充之，兹录武汉政治分会财政委员会之报告如下。

（甲）自十五年九月间起至十一月二十一日止，湖北财政委员会管理时期。（中央地方税款收支均未划分）

收入项下

各项税款二百六十三万八千八百六十元七角一分八厘。

筹借款项及杂收入洋五百二十八万四千八百五十八元七分六厘。

支付项下

军费洋六百九十四万六千四百七十六元三角六分三厘。

各项政费及杂费洋三十一万九千三百一十二元三角一分。

（乙）自十五年十一月二十二日起至十二月二十日止，湖北财政处管理时期。（国地收支仍未划分）

收入项下

各项税款洋一百零二万四千三百元一角四分三厘。

筹借款项及杂收入洋一十七万四千三百六十二元。

支付项下

军费一百二十八万三千元。

各项政费及杂费洋三十四万一千七百八十二元三角一分二厘。

(丙)自十五年十二月二十一日财政部迁汉办公接管金库起至十六年三月底止。(国地收支仍未划分)

收入项下

各项税款洋五百一十二万三千九百七十七元一角三分九厘。

筹借款项及杂收入洋一千八百七十七万二千零八十七元○八分三厘。

支付项下

军费洋一千六百九十三万六千六百四十四元二角三分二厘。

各项政费及杂费并还款洋六百六十三万七千三百二十二元五角四分三厘。

(丁)自十六年四月一日起至八月十五日止　财政部张税务处长代行时期。(国地收支仍未划分)

收入项下

各项税款洋七百九十一万三千二百三十六元三角八分。

筹借及杂收入洋七千二百三十万五千四百元一角五厘。

支付项下

军费洋四千七百五十七万九千三十三元三角七分五厘。

各项政费及杂费并还款洋三千三百四十一万二千一百一十二元一角九分八厘。

(戊)自十六年八月十六日起至九月二十三日止,财政部张次长代理部务时期。(国地收支仍未划分)

收入项下

各项税款洋二百三十八万二千九百六十一元七角六分六厘。

筹借及杂收入洋六百八十九万二千九百六十一元八分五厘。

支付项下

军费洋六百一十万八千二百二十九元八角七分一厘。

各项政费及杂费并还款洋二百六十二万六千零五元八角七分一厘。

上表收入项下，各项税款，五期合计，仅二千万元，实则就湖北原有国省两税之收入，已不止此数。况国民政府之新税，如内地税煤油特税卷烟税等项，早已次第施行乎。所以然者，鄂省连年兵事，地方空虚已久，而国民政府当时之经济政策，又不无偏激，以致商贾裹足，工人专横。四月间又有集中现金之举，境内不准有现金流通，滥发钞券，人民对于政府之态度，甚为怀疑。因此之故，进出口事业既大形减少，金融又极紊乱，物价奇高，生活大困，税收之短绌，亦自然之势也，当时所赖以维持者。

一为滥发钞票。在初仅发中央银行汉行之钞票，不足，更借汉口中国银行及交通银行之新钞以济之，计是时中央银行汉行所发行之钞票额，为一千九百六十三万三千九百九十三元，内计本钞一千五百六十五万四千一百零三元五角，辅币券三百九十七万九千八百九十元，嗣收回三百余万元。截至十七年六月二十六日止，市面流通之数，为一千五百七十四万六千八百四十二元，内计本钞一千三百零三万一千四百五十九元五角，辅币券二百七十一万五千三百八十三元，借发中国银行钞票计一千二百万元，借发交通银行钞票计二百五十万元。

二为发行公债及国库券。当宋部长抵鄂时，拟发行整理湖北金融公债二千万元，整理湖北财政公债一千五百万元两种。未几宋氏离汉口，仅金融公债先后发行票额六百余万元，财政公债则未举办，又当时拟定发行国库券九百万，原待军事进展至直鲁豫陕四省境内流通，嗣以第二次北伐需款孔亟，遂将此项库券全数发行，流通汉市，与现银一律行使，并续发钜数以资接济，计原额为九百万元，续发票额计为四百三十九万元，除中央汉行库存票额四百余万元。截至十七年六月二十六日止,市面流通之数,为九百五十九万九千零五十三元,张肇元代部时,又发行有奖债券一种,确数不详。

三为各银行号临时借款。当时所向各行商借者,计湖北财政委员会,借款一百四十四万八千四百元,财政部借款,二千零六十七万五千六百六十七元,内大陆银行二十一家洋二百八十七万元一款,系以金融公债作抵,又中国银行一千四百八十九万零三百四十五元七角五分一款,其中一千四百六十万元,即借用该行新钞交由中央银行发行者,上述借发一千二百万元,即此款除去归还之余数,又交通银行二百九十一万五千三百二十一元二角五分一款,其中二百五十万元,系借用该行钞票交由中央银行发行者,与前述借发钞券同为一款。此外尚有各部局零星借款,为数亦钜。

以上三端,系武汉时代财政之概要。(注一)国民政府成立以还,军事之紧急,人心之浮动,思潮之横决,实以当时为最甚。而财政尚能维持者,系采强制拘束政策,以应一时之需,其终也。信用制度,因以破坏,社会经济,暗受亏损,迄今犹引为憾事焉。

丙 北伐时期之财政概况

十六年夏,国民政府建都南京,时值东南甫定,疮痍未复,财政甚为艰窘,嗣以两次兴师北伐,饷糈浩繁,税收奇绌,故此时期之军事,虽逐步进展,得收完成统一之功。而财政当局,应付甚艰,一面整顿税收,严定所属比额,责成按时报解,同时发行库券以资周转,在古部长任内曾发行第一次二五库券三千万元,孙部长任内又续发二五库券二千四百万元,及宋部长莅任后,修正续发二五库券条例,就原定二千四百万元之额,加募一千六百万元,合成四千万元之数,后因库藏支绌,续发卷烟库券一千六百万元,下表系财政部向财政会议所报告者,内列二五库券收入六千余万元,即系第一第二两项发行合计之数,所列卷烟库券三十六万七千余元,系卷烟库券初次承募之收入,仅居一小部分,其大部分则尚未募足故耳。(注二)兹将原收支表2-3-14列下。

表 2-3-14 十六年六月二日至十七年五月底止岁入岁出表

岁入门			
款别	**项别**	**实支数**	**备考**
盐税		20 777 307	
税项收入		13 150 001 1 662 006 两	
	关税及内地税	9 739 321	
	二五附税	433 080 1 662 006 两	
	煤油特税	2 755 617	
	邮包税	145 030	
	百货统税	11 953	
	箔类特税	65 000	
禁烟收入		4 489 480	
印花收入		1 138 601	
烟酒收入		9 101 155	
	烟酒税	2 862 929	
	卷烟特税	232 943	
	卷烟统税	6 005 283	
国产收入	577 633		
注册收入	5 122		
证券收入	61 363 331		
	二五库券	60 995 345	
	卷烟库券	367 986	
未还公款		12 023 461	
各省解款		10 390 075	
	财政厅解款	10 154 666	
	财政特派员解款	235 409	

（续表）

款别	项别	实支数	备考
验契收入		770 000	
税外收入		822 854	
杂项收入		8 836 664	
矿业税捐		22 867	
暂时收款		2 753 460	
银行借款		85 374	
利息收入		522	
兑换		1 948 094 192 379 两	
统计		148 256 001 1 854 385 两	

岁出门

款别	项别	实支数	备考
党务费		1 657 096	
国务费		1 195 328	
军务费		131 176 340	
外交费		739 898	
司法费		261 740	
教育费		2 538 236	
财务费		2 727 522 50 000 两	
工商费		50 299	
农矿费		41 799	
内政费		166 262	
建设费		90 000	
工程费		790 000	
杂项支出		1 044 858	

（续表）

款别	项别	实支数	备考
拨还借款		60 000	芜湖口内地税局拨还前往透支芜湖交行款30 000元卷烟统税处拨还苏卷烟税局欠金城银行款30 000元
库款基金		822 129 379 945 两	
库券预扣利息		85 763	
利息		507 999	
暂记		2 873 133	
兑换		265 533 1 424 439 两	
存江海关赈款		489	
银行存款		161 567	
统计		148 256 001 1 854 385 两	

附注　查本表所列收支各款系自十六年六月二日至十七年五月底止总数其中计收入方面有借款 30 707 341 元惟同时于支出方面冲去偿还借款18 638 880元结果遂只剩未还欠款 12 023 461 元盖欲表明其借款之未还实数耳合并注明

　　表2-3-14收支总数各达一万四千八百余万元，每月平均支出约一千二百万元之谱，足以表现特殊之现象有二。

　　（一）证券收入几占收入全额之半，上表各项收入可分为六。

　　（子）盐务计二千余万元。

　　（丑）税务计一千三百余万元。

　　（寅）各省解款计一千余万元。

　　（卯）烟酒税计九百十万余元。

（辰）印花国产注册验契矿业及税外收入杂项收入计四百十七万余元。

（巳）禁烟暨暂记收款银行欠款利息收入及兑换计九百二十七万余元。

以上六项共计六千五百余万元，而二五库券及卷烟库券收入，计六千一百余万，几占岁入总额之半。

（二）军务费占总岁出百分之九十，本时期内党务国务外交司法教育财政工商农矿内政建设诸费，计九百四十六万余元，杂项支出，拨还欠款库券基金库券预扣利息暂记兑换江汉关赈款银行存款及利息九项，计五百八十二万余元，而军务费一项，共支一万三千一百余万元，占岁出总额百分之九十而弱。

以上两端，系本时期收支之情形，当时孙张败北，宁汉合作，驻军之饷糈，既急待筹措，北伐之大计，又断然实行，而中央税收之可恃者，仅江浙皖三省固有之收入，来源有限，涸且立待，不得已一面减少政费以事撙节，一面发行库券以资周转，此为应付军事时期之现状也。

丁　北伐告成后之财政概况

国军既克北平，军事已告段落。然大局甫平，各省状态犹极纷乱，中央税款，既未能照解，征收人员，复各自派委，而收束军事，规划建设，随在皆需钜款，加以外患内忧，交迫而来，兵端既启，用费甚巨，尤为财政重大之难关，本时期有特别之现象二。

（一）收束军事。当战争期内，军队从权招募，因之军费陡增，而事平之后，既须筹收束之方，所需临时编遣军用，较诸平时，为数仍钜。

（二）规画建设。训政伊始，以筹议建设事业为要务，而金融建设物质建设两端，尤为目前最要之图，故关于创设中央银行以及重大之物质建设诸费，缘以增加。

（三）镇定事变。近数年来，外侮纷沓，内患频仍，以致调遣兵队，前往镇压，需费尤巨。

　　以上三端,系本时期特有之现象。近年中央收支状况,恒随年度而异。然各年度收支之数,虽不尽同,而其逐年递增之势,初无二致。兹就宋部长所公布之财政报告列下。

　　一、财政部向三中全会提出十七年度十七年七月至十八年六月财政报告。十九年三月一日第三届中央执行委员会全会开幕,财政部提出十七会计年度财政报告。兹节录收支总表 2-3-15 于次。

表 2-3-15　财政部十七年会计年度收支总表

收入之部	
（甲）税项收入	
Ⅰ税款	
一关税	179 141 917. 18
二盐税	29 542 421. 46
三卷烟煤油税	27 691 337. 60
四各省收解税款	14 543 819. 23
五烟酒税	3 549 380. 41
六印花税	3 034 342. 96
七麦粉特税	2 037 921. 71
八邮包税	923 073. 53
九矿税	90 182. 19
税款并计	260 554 396. 27
Ⅱ杂款	
一验契费	1 860 019. 88
二罚款	40 989. 80
三没收物变价	14 660. 88
四注册费	3 130. 00
杂款并计	1 918 710. 56

（续表）

Ⅲ未分类各款	
一各省未经抵解收款（直接军费）	62 381 597.86
二杂收（特种营业税等）	7 624 846.16
未分类各款并计	70 006 444.02
税项收入共	332 479 550.85
（乙）缴还各款	
Ⅰ退还俄款（北平教育经费）	1 699 026.26
Ⅱ缴还余款	117 890.71
缴还各款共	1 816 916.97
（丙）债券借款	
Ⅰ公债	44 506 129.01
Ⅱ库券	24 048 471.98
Ⅲ借款	28 077 995.45
Ⅳ银行结欠	3 511 648.66
债券借款共计	100 144 245.10
总计	434 440 712.92
支出之部	
（甲）经费支出	
Ⅰ党务费	4 040 000.00
Ⅱ政务费	
一国民政府及所属	4 098 791.51
二行政院及所属	22 327 554.90
三立法院及所属	464 300.00
四司法院及所属	504 318.71
五考试院	245 000.00
六监察院及所属	448 429.50
政务费并计	28 088 394.62

（续表）

Ⅲ军务费	
一中央拨付	147 155 371.64
二各省直拨	62 381 597.85
军务费并计	209 536 969.49
Ⅳ其他各费	
一补助各费	3 627 936.96
二各项补助费	1 081 104.50
三发还各款	703 946.43
四杂项支出	612 484.17
其他各费并计	6 025 472.06
经费支出共	247 690 836.17
（乙）偿还债务 代兑辅币券运输及贴水及扬子巡缉局奖金及汇水等	121 318 007.57
（丙）付外国赔款	38 663 189.79
（丁）垫拨中央银行股本	20 000 000.00
（戊）暂支各款 辅币券基金及代还各造币厂借款等	6 768 679.39
总计	434 440 712.92

表2-3-15收支总数，均达四万三千四百四十万元，本年度每月收支总数，约计三千六百余万元。而其所以激增之总因，半由于鄂粤桂等省相继用兵，军费稍钜，半由于规画建设，如拨给中央银行股本以及重大之物质建设诸费。支出既经骤增，而整理税收所入复不足应厥需求，故不得不发行库券公债及银行借款以济其急，此其大略也。收入表内税项收入为三万三千二百四十七万元，占岁入总额百分之七十五，缴还各款为一千八百十六万元，占岁入总额百分之四而强，债券借款收入为一万零零十四万元，占岁入总额百分之二十三，

而债券借款,名虽不同,其为债务性质则一,当时财源之赖以不绝者,半由举债而来。然战事初定,筹款维艰,亦势所必然,无足怪者。支出表内党务费为四百零四万元,占岁出总额百分之一,政务费为二千八百零八万元,占百分之六而强,军务费为二万零九百五十三万元,占百分之四十八,偿还债务费连同付外国赔款占百分之三十六,中央银行股本占百分之四,其他各费连同暂支各款占百分之三而弱,就全体观察,仍觉生产费少而不生产费过多。惟此乃革命过程中一时之现象有如是耳。

二、财政部向中央执行委员会提出十八年度(十八年七月至十九年六月)财政报告。二十年春财政部宋部长向中央执行委员会政治会议提出十八年度财政报告。兹摘录收支总表 2-3-16 于后。

表 2-3-16　财政部十八年度财政报告收支总表

收入之部	
Ⅰ 税项收入	
一关税	275 545 215.61
二盐税	122 146 170.67
三卷烟统税	36 566 506.41
四烟酒税	6 830 995.48
五印花税	5 426 844.40
六麦粉特税	3 924 260.69
七各省收解税款	11 384 782.07
八银行官股利息	566 598.35
九其他	21 309 161.17
总计	483 700 534.85
减　坐拨征收费及退税	45 637 326.02
净计	438 063 208.83
Ⅱ 债券借款收入	
一公债及库券	90 510 656.13

（续表）

二借款	
借入总额	111 695 663.70
减归还额	106 587 831.55
未还额	5 107 832.15
三银行透支	
本年度终结欠	8 965 665.81
减上年度终结欠	3 641 443.67
透支增加额	5 324 222.14
总计	100 942 710.42
收入总计	539 005 919.25
X 内有总税务司所管征收费	22 860 816.55
盐务稽核总所坐拨征收费	13 571 617.66
其他各项征收费	8 529 960.19
支出之部	
Ⅰ党务费	4 617 000.00
Ⅱ政务费	
一国民政府及所属	1 832 830.84
二行政院及所属	29 867 066.49
三立法院及所属	1 025 000.00
四司法院及所属	446 540.86
五考试院及所属	605 000.00
六监察院及所属	611 000.00
七赈灾费	10 000 000.00
八补助费	
A补助各省	5 802 691.83
B其他	903 052.39
合计	6 705 744.22

（续表）

九其他各费	472 430.22
总计	51 565 612.63
减缴回经费余款	95 135.65
净计	51 470 476.98
Ⅲ军务费	245 445 112.98
Ⅳ稽核所拨当地长官款	35 565 198.84
Ⅴ债务费净额	158 995 288.54
Ⅵ赔款净额	41 252 970.16
Ⅶ暂记各款净额	1 659 872.01
支出总计	539 005 919.51

表2-3-16收支总数各达五万三千九百万元，较诸上年度收支总数所增甚巨，表内足以表现之点有二。

一、岁入方面　岁入表内税项收入计四万三千八百零六万元，占岁入总额百分之八十，债券借款收入计一万零九十四万元，占岁入总额百分之二十。夫国家经常政费，常赖发行巨额之债券，以资挹注，此种补苴①政策，久将危及财政本身。惟税务方面，是年度关税卷烟统税麦粉特税等项之收数，较诸上年度均有进步，而以关税所增之额为尤巨，此亦财政上之佳象也。

二、岁出方面　岁出表内军务费计二万四千五百四十四万元，占岁出总额百分之四十五而强，偿还债务费计一万八千零五十九万元，占岁出总额百分之三十三，政务费连同赈务费及庚款文化教育费计五千八百六十八万元，占岁出总额百分之十而强。夫一国岁出之费，几尽耗于军费及债务费两项，而投于政务及建设方面之款，为数至微，生产费少而不生产费多，亦财政前途之隐忧也。

上列两项，系本年度收支之概况，在此一年度内，始以中俄开衅，

① 补苴，意为弥补。

继以西北军及石军先后发动，末以唐阎之役，兵端迭启，临时军费，不免稍巨，以致添发债券，用资周转，而偿还债务费一项，又因增发债券，缘之以增，债债相引，互为因果，盖亦革命过程中所不能免也。

第二节　各省之财政

第一项　各省财政之沿革

民六以还，各省财力，较前稍纾，在昔夙有中央解款专款两种，按月报解，从未愆期。乃自军兴以后，初则借口军需紧急，呈请就近留用，继且迳自提拨，即呈准划抵手续，亦不遵行。然在各省军事当局互争雄长，野心不已，师旅既时有加多，饷糈亦缘以增钜，而他项政费，遂不得不从事撙节，置庶政进行于不顾，此各省财务之略情也。兹将两时期分列如下。

（甲）八年度各省预算情形　八年度岁入总数为二亿一千一百五十七万六千零九十元。内以江苏一省为最钜，计一千六百余万元，川粤次之，各一千二百余万元，奉天又次之，计一千一百余万元，浙省又次之，计一千余万元，鲁省计九百余万元，直豫鄂均在八百万元以上，鲁赣各七百余万元，湘皖闽吉均在六百万元以上，黑陕均在五百万元以上，甘肃计四百余万元，广西计三百余万元，新滇均在二百万元以上，京兆贵州均在一百万元以上，热河绥远川边察哈尔咸不及百万元。其岁出总数为二亿四千一百三十二万七千二百三十二元。内以粤省为最钜，计一千一百余万元，苏州次之，均在九百万元以上，奉天计八百余万元，直鲁豫鄂均在七百万元以上，湘浙各六百余万元，黑甘闽均在三百万元以上，贵州计二百余万元，热河计一百余万元，京兆绥远察哈尔咸不及百万元。各省出入之数，既不相同，故盈亏亦不一致。奉吉黑直鲁豫陕甘苏赣皖湘鄂川浙闽等省，尚属有余，其他各省及特别区域，多系入不敷出。兹列表 2-3-17、表 2-3-18、表 2-3-19 于后。

表2-3-17　八年度预算各省岁入分类表

款别 省别	田赋	货物税	正杂各税	正杂各捐	官业收入	杂收入	共计
京兆	686 403		316 400	30 200	5 400	130 000	1 168 403
直隶	5 809 395	533 936	1 393 278	143 487	376 271	579 775	8 836 142
奉天	3 710 691	3 120 182	2 364 718	197 290	243 509	1 717 475	11 353 865
吉林	1 950 135	2 026 680	1 822 968	1 456		414 373	6 215 612
黑龙江	1 460 217	2 206 346	287 903	42 827	1 226 388	3 495	5 227 176
山东	8 110 579	379 864	990 323	2 000	2 064	206 533	9 691 363
河南	5 707 340	728 702	2 273 008		9 849	148 825	8 867 724
山西	5 949 516	635 980	730 423			191 078	7 506 997
陕西	3 764 057	1 000 000	400 943			56 545	5 221 545
甘肃	1 946 444	1 305 659	536 627	141 467	62 288	54 718	4 047 203
新疆	1 940 246	232 197	391 405		54 820	77 467	2 687 135
江苏	8 644 162	6 177 172	1 524 936		64 612	179 750	16 590 632
安徽	3 622 170	1 752 990	1 373 800			37 880	6 786 840
江西	4 211 563	2 236 977	953 653	20 000		392 350	7 814 543

（续表）

款别／省别	田赋	货物税	正杂各税	正杂各捐	官业收入	杂收入	共计
湖北	2 659 757	3 223 227	1 823 000	782 112		33 650	8 521 746
湖南	2 801 952	2 352 456	702 990		86 030	212 396	6 155 824
四川	6 861 394	819 402	4 466 484		132 287	265 000	12 544 567
浙江	5 691 524	1 687 934	869 000	2 209 288		293 843	10 751 589
福建	3 235 290	1 430 000	1 167 054			240 974	6 073 318
广东	3 889 585	4 562 179	3 302 274	447 285		135 860	12 337 183
广西	1 543 500	1 497 647	442 163	23 385		10 000	3 516 695
云南	1 153 377	642 015	263 169		145 815	13 692	2 218 068
贵州	739 323	472 612	295 481				1 507 416
热河	122 126	128 540	150 073	16 278	6 751	78 852	502 620
绥远	89 709		57 907	275 466	4 284	21 172	448 538
川边	249 437		243 295				492 732
察哈尔	295 496	72 140	39 418			81 335	488 389
统计	86 845 388	39 224 837	29 182 693	4 332 541	2 411 368	5 577 038	167 573 865

表 2-3-18　八年度岁出预算分表

款别　省别	外交费	内务费	财务费	陆军费	海军费	司法费	教育费	交通费	农商费	蒙藏费	共计
京兆		814 046	34 807	42 634		39 028			17 880		948 395
直隶	61 376	2 227 530	336 496	3 714 004	60 000	760 236	414 726		62 480	15 554	7 652 402
奉天	82 200	1 385 652	878 605	5 077 354		547 524	182 406		70 308		8 224 049
吉林	79 206	1 190 918	568 184	2 709 916		480 704	235 000	81 000	54 000		5 398 928
黑龙江	115 820	1 585 242	295 388	1 964 656		188 432	30 000	97 957	414 983		3 692 478
山东	42 008	2 293 381	608 842	4 220 350		379 640	53 297		86 677		7 684 195
河南	8 646	1 795 313	600 245	4 523 465		400 000	40 000	69 720	57 407		7 494 796
山西		1 369 851	345 930	1 920 247		390 476	140 000		48 688	3 295	4 218 487
陕西	6 000	1 480 762	160 840	2 971 234		286 554	61 736		48 688		5 015 814
甘肃	8 212	917 100	204 901	1 579 178		230 938	30 000	49 350	104 836	58 170	3 182 685
新疆	62 866	802 648	100 011	2 869 971		90 784	41 612	97 810	39 000	64 162	4 168 864
江苏	64 208	4 204 891	713 997	3 927 221		544 751	491 960		42 000		9 989 028
安徽	6 000	1 431 728	612 219	3 056 987		468 420	35 000		57 990		5 668 344
江西	3 600	1 558 290	339 742	1 910 674		319 348	35 000		39 000		4 205 654
湖北	39 699	1 904 598	420 937	4 276 507		320 414	205 213		33 600		7 201 028
湖南	6 000	1 735 284	489 504	3 163 203		556 268	35 000		48 614		6 033 873
四川	30 247	2 747 646	240 480	5 805 518		383 984	170 000		193 075		9 570 950

（续表）

款别 省别	外交费	内务费	财务费	陆军费	海军费	司法费	教育费	交通费	农商费	蒙藏费	共计
浙江	19 862	2 543 602	490 999	2 531 196		795 682	53 297		39 000		6 473 638
福建	36 720	1 448 596	596 428	1 471 553		241 200	35 000		50 524		3 880 021
广东	27 343	2 261 847	714 540	7 494 864	491 186	350 000	306 928		42 000		11 688 708
广西	1 200	1 077 666	280 496	3 610 109		106 883	59 047	72 000	36 000		5 243 401
云南	21 568	1 709 181	117 393	3 090 812		199 012	35 000		46 568		5 219 534
贵州		1 172 356	229 296	1 205 340		207 126	30 000		36 000		2 880 118
热河	12 960	237 855	66 730	905 437		116 981	14 889	1 716	9 004	32 401	1 407 974
绥远		146 866	49 926	670 863		35 776				4 261	907 691
察哈尔	9 692	86 314	39 787	389 548		43 219	10 958		32 648	12 336	624 501
西藏		137 000	60 000	104 000			10 000	40 000			351 000
唐努乌梁海		39 840				3 600					43 440
恰克图		38 880				3 600					42 480
科布多		36 000				3 600					39 600
库伦		62 400				3 600					66 000
乌里雅苏台		39 840				3 600					43 440
川边		296 169	23 708	1 328 083			37 384	32 286	4 280	3 071	1 733 981
统计	745 433	39 779 292	9 630 431	76 534 924	551 186	8 501 441	2 803 453	541 839	1 715 250	192 250	140 995 499

表 2-3-19 八（1919）年度岁入岁出总表

省别	岁入总数	岁出总数	比较	
			盈	亏
京兆	1 168 503	948 395	220 008	
直隶	8 836 142	7 652 402	1 183 740	
奉天	11 353 865	8 224 049	3 129 816	
吉林	6 215 612	5 398 928	816 684	
黑龙江	5 227 176	3 692 478	1 534 688	
山东	9 691 363	7 684 195	2 007 168	
河南	8 867 724	7 494 796	372 928	
山西	7 506 997	4 218 487	3 288 510	
陕西	5 221 545	5 015 814	205 731	
甘肃	4 047 203	3 182 685	864 518	
新疆	2 687 135	4 168 864		1 481 729
江苏	16 590 632	9 989 028	6 601 604	
安徽	6 786 840	5 668 344	1 118 496	
江西	7 814 543	4 205 654	3 608 889	
湖北	8 521 746	7 021 028	1 500 718	
湖南	6 155 824	6 033 873	121 951	
四川	12 544 567	9 570 950	2 973 617	
浙江	10 751 589	6 473 638	4 277 951	
福建	6 073 318	3 880 021	2 193 297	
广东	12 337 183	11 688 708	648 475	
广西	3 516 695	5 243 401		1 726 706
云南	2 218 068	5 219 534		3 001 466
贵州	1 507 416	2 880 118		1 372 702
热河	502 620	1 407 974		905 354
绥远	448 538	907 692		459 154

（续表）

省别	岁入总数	岁出总数	比较	
			盈	亏
察哈尔	488 389	624 502		136 113
川边	492 732	1 733 981		1 241 249
库伦		66 000		66 000
乌里雅苏		43 440		43 440
科布多		39 600		39 600
恰克图		42 480		42 480
唐努乌梁		43 440		43 440
西藏		351 000		351 000
共计	167 573 865	140 995 499	36 668 789	10 910 433

（乙）十四年度各省预算情形　十四年度岁入总数为一亿七千三百三十二万三千九百九十二元。内以苏粤川奉四省为最巨，均在一千二百万元以上，浙省计一千一百余万元，山东计一千余万元，直豫均在九百万元以上，吉赣鄂均在八百万元以上，晋省计七百余万元，黑皖闽均在六百万元以上，湘省计五百余万元，陕桂均在四百万元以上，新滇均在二百万元以上，贵州计一百余万元，顺天热河察哈尔绥远川边均不及百万元。其岁出总数为二亿五千三百七十九万七千四百七十九元。内以川省为最巨，计在三千万元以上，粤豫两省次之，各一千九百余万元，鲁省计一千七百余万元，苏浙两省均在一千四百万元以上，闽省计一千三百余万元，赣省计一千二百余万元，吉林计一千一百余万元，直奉鄂均在一千万元以上，晋省计八百余万元，黑桂各七百余万元，湘皖各六百余万元，甘肃计五百余万元，新陕滇黔均在四百万元以上，川边计二百余万元，热察绥均在一百万元以上，京兆西藏蒙古等处均不及百万元。各省岁出之数，大都超过岁入之额，迥与八年度预算情形不同，所以然者，皆由于用兵省分太多，军需浩繁，以致漫无限制耳。兹列表2-3-20、表2-3-21、表2-3-22于后。

表 2-3-20 十四(1925)年度预算各省岁入分类表

省别 \ 款别	田赋	货物税	正杂各税	正杂各捐	官业收入	杂收入	共计
京兆	528 304		301 400	73 900	5 000	37 076	945 680
直隶	5 809 139	926 790	1 592 809	270 384	460 436	282 605	9 342 163
奉天	4 086 999	5 049 778	1 359 044		300 644	1 597 089	12 393 554
吉林	2 157 052	3 770 359	2 041 420	117		255 876	8 224 824
黑龙江	1 483 047	3 270 218	1 153 793	43 606	656 815	60 253	6 667 732
山东	8 135 171	797 364	1 281 933	3 500	2 860	185 441	10 406 269
河南	5 471 148	846 000	1 186 134	680 000	10 203	133 788	9 327 273
山西	5 929 289	743 980	622 423			40 000	7 335 692
陕西	3 643 281	1 010 000	195 943				4 849 224
甘肃	1 467 451	997 067	349 561	129 800	3 776	10 850	2 958 505
新疆	1 590 412	472 401	377 129		34 551	86 062	2 560 555
江苏	8 496 046	6 428 507	1 620 000		64 612	168 150	16 777 315
安徽	3 822 137	1 538 700	1 370 800			30 380	6 762 017
江西	4 355 234	2 572 511	889 407	20 000		376 964	8 214 116

（续表）

款别　省别	田赋	货物税	正杂各税	正杂各捐	官业收入	杂收入	共计
湖北	2 659 757	3 223 227	1 605 265	568 465		31 250	8 087 964
湖南	2 801 952	2 352 456	702 990			60 000	5 917 398
四川	6 861 394	819 402	4 466 484		132 287	265 000	12 544 567
浙江	5 928 980	1 819 822	869 000	2 240 475		319 591	11 177 868
福建	3 235 290	1 430 000	1 167 054			240 974	6 073 318
广东	3 889 585	4 562 179	3 302 274	447 285		135 860	12 337 183
广西	2 324 800	1 435 441	283 100	10 800		50 000	4 104 141
云南	1 153 377	642 015	263 169		145 815	13 692	2 218 068
贵州	739 323	461 289	295 481				1 496 102
热河	157 204	364 148	295 986	18 000	52 000	71 761	959 099
察哈尔	445 572	72 140	47 734			64 103	629 549
绥远	94 338	66 290	58 921	262 386	4 284	44 865	531 084
川边	249 437		243 295				492 732
统计	87 515 719	45 428 798	28 942 549	4 768 718	1 873 283	4 561 630	173 333 992

表 2-3-21　十四年度预算各省岁出分类表

款别省别	外交费	内务费	财政费	陆军费	海军费	司法费	教育费	农商费	交通费	共计
京兆		880 201	40 182			148 898		20 880		1 090 161
直隶	61 376	2 505 973	448 682	6 632 844		794 000	380 783	62 480	15 544	10 961 692
奉天	85 080	1 716 694	702 085	6 918 538	60 000	634 978	18 180	55 693		10 131 248
吉林	82 806	1 465 137	854 590	8 686 404		478 218	228 000	135 840		11 930 995
黑龙江	71 665	881 122	377 887	5 641 262		220 492	50 966	266 408	308 770	7 818 573
山东	80 108	2 132 540	734 229	13 800 000		379 640	53 297	126 487		17 306 301
河南	25 101	1 793 773	620 880	16 817 253		400 000	40 000	57 407	69 720	19 824 134
山西		1 419 143	345 342	5 636 044		390 476	169 810	60 448		8 021 263
陕西	6 000	1 178 027	166 384	2 468 226		368 581	83 104	58 240		4 328 662
甘肃	8 240	979 333	246 751	3 051 569		839 806	30 000	53 692		5 258 741
新疆	80 071	1 075 800	115 936	3 331 116		86 717	32 000	45 574	105 487	4 882 701
江苏	77 208	4 385 508	1 580 880	6 122 374		945 282	927 744	853 397		14 892 393
安徽	9 840	1 394 836	672 726	3 800 305		448 440	55 000	91 344		6 472 491
江西	21 276	1 558 290	490 213	9 528 914		483 716	35 000	39 000		12 156 409
湖北	47 240	1 907 961	471 078	8 130 415		320 474	51 515	46 128		10 974 811

（续表）

款别\省别	外交费	内务费	财政费	陆军费	海军费	司法费	教育费	农商费	交通费	共计
湖南	6 000	2 073 911	539 504	3 564 014		660 602	75 000	70 307		6 989 338
四川	30 247	2 739 116	240 480	26 296 358		383 984	170 000	201 605		30 061 790
浙江	23 982	2 452 110	892 236	9 876 625		834 208	53 202	329 000		14 371 463
福建	58 391	1 449 716	596 428	10 624 000		390 770	35 000	50 524		13 204 829
广东	27 343	2 261 847	689 526	15 468 212	491 186	350 000	306 928	42 000	25 014	19 662 056
广西	12 200	1 008 174	488 896	5 673 435		221 307		4 440	72 000	7 469 452
云南	21 568	1 709 181	117 392	2 131 416		199 012	35 000	46 568		4 260 138
贵州		1 172 356	229 296	2 814 300		207 126	30 000	36 000		4 489 078
热河	12 960	255 222	140 420	997 208		121 661	29 959	15 940	2 313	1 575 683
察哈尔	19 720	347 555	59 094	1 245 538		72 312	11 502	32 648	8 069	1 796 439
绥远		210 802	57 949	709 861		62 602	636	26 000	4 261	1 072 115
川边		297 372	33 708	1 797 091			37 384	9 272	33 376	2 208 563
西藏		137 000	60 000	104 000			10 000		40 000	351 000
蒙古		216 960				18 000				234 960
统计	857 422	41 606 021	12 012 775	181 867 427	551 186	10 461 302	2 950 110	2 757 322	733 914	253 797 479

表 2-3-22　十四年度岁入岁出总表

省别	岁入总数	岁出总数	比较	
			盈	亏
京兆	945 680	1 090 161		144 481
直隶	9 342 163	10 961 692		1 619 529
奉天	12 393 554	10 131 248	2 262 306	
吉林	8 224 824	11 930 995		3 706 171
黑龙江	6 667 732	7 818 573		1 150 841
山东	10 406 269	17 306 301		6 900 031
河南	9 327 273	19 824 134		10 495 861
山西	7 335 692	8 021 263		685 571
陕西	4 849 224	4 328 662	520 562	
甘肃	2 958 505	5 258 741		2 300 236
新疆	2 560 555	4 882 701		2 322 146
江苏	16 777 315	14 892 393	1 884 922	
安徽	6 762 017	6 472 491	289 526	
江西	8 214 116	12 156 409		3 942 293
湖北	8 087 964	10 974 811		2 886 847
湖南	5 917 398	6 989 338		1 071 940
四川	12 544 567	30 061 790		17 517 223
浙江	11 177 868	14 371 463		3 193 595
福建	6 073 318	13 204 829		7 131 511
广东	12 337 183	19 662 056		7 324 873
广西	4 104 141	7 469 452		3 365 311
云南	2 218 068	4 260 138		2 042 070
贵州	1 496 102	4 489 078		2 992 976
热河	959 099	1 575 683		616 584
察哈尔	629 549	1 796 439		1 166 890

（续表）

省别	岁入总数	岁出总数	比较	
			盈	亏
绥远	531 084	1 072 115		541 031
川边	492 732	2 208 563		1 715 831
西藏		351 000		351 000
蒙古		234 960		234 960
共计	173 333 992	252 797 479	4 957 316	85 419 303

第二项　各省财政之现情

十六年夏，国府建都金陵，首颁划分国地收支标准案，根据均权主义，既不偏重中央，亦不偏重地方，隐寓中央地方相互发展之精意，因是各省之中央财政范围，较昔为狭，综其纲要，约有二端。

一就收入言　如田赋契税牙税当税等项，向属中央收入者，现已划归地方。

二就支出言　如内务费司法费教育费农商费等向归中央支出者，现亦划归地方。

故地方财政之范围日益扩充，即为各省之中央财政范围缩减之原因，加以国府方针，以统一军财两政为急务。全国之军费，固应统归中央支配，即全国之国家收入，亦应统归中央管理，此为已定之政策。惟由各省分治之局，而骤入于全国统一之域，常为环境所迫，不免稍有曲折耳。兹分述于下。

甲、财政会议时期之各省财政　十七年夏财政部开财政会议，各方代表拟定各省之中央税收。兹列表于后。

（一）江浙皖　每月五百万元。

江西　每月一百万元。

福建　每月五十万元。

（二）山东　每月一百万元。

河南　每月四十万元。

陕西　每月三十万元。

（三）山西　每月六十万元。

河北　每月二百五十万元。

（四）两广　每月五百万元。

两湖　每月四百万元。

以上共计每月二千零三十万元，此合内地税、卷烟特税、煤油特税、印花税、烟酒税、常关税、及财政厅所管之厘金、矿税。连同广东之赌饷而言，如除去各项特税及广东赌饷只有一千七百三十万元，当时情形可以简单说明者有三。

（一）江浙皖闽赣财政　江浙皖三省之中央收入，每月约五百万元，统解财部，而财部按月拨充第一集团军费，收支分明，已入财政常轨，至闽赣两省之中央收入，每月约一百五十万元，就近划充军费，系照抵解手续办理，尚与财政原理相符。

（二）鲁豫陕晋蓟鄂湘粤桂财政　鲁豫陕之中央收入连同甘省入款，每月约可得二百万元，划充第二集团军费，晋蓟之中央收入每月约三百十万元，划充第三集团军费，鄂湘粤桂之中央收入每月约九百万元，划充第四集团军费，是项收支手续，大率未照中央法令办理，尚不脱自收自用之旧习。而各集团军以所辖境内之中央收入，除抵充军费外，遇有不足，尚须随时请求中央接济款项。揆诸内外相维之义，固所当然。惟于中央统一之政策，仍相去甚远也。

（三）东三省及川滇黔新财政　当财政会议时，东三省及川滇新等处，未派代表列席，黔省虽派代表，亦未有详明之报告。兹就各方调查，东三省之中央收入，每月约可得五百万元，川滇黔三省之中央收入，每月约可得三百万元，新疆之中央收入每月约可得三十万元。然大率自行拨充军费，微论未照中央法令，办理划抵手续，即其收支之详细报告，亦甚阙略，殆以地处僻远尚待整理也欤。

乙、编遣会议后之各省财政　十八年一月国府召集编遣会议，议定之案甚多,综其要纲,(一)确定全国之军额,(二)裁遣余额之军队,(三)厘定军费之发给办法,(四)决定财政之统一方针。果能见诸施行,则国府统一之方策,当可实现。乃会议甫竣,波折叠起,所幸中央师旅所至,旋即敉平①。现在中央统一政策,已为全国人民所信仰,江浙皖闽赣无论矣。蓟鄂湘粤等省亦已次第实施,即鲁豫等省亦均按照中央法令办理,将来逐步改进,全国军财两政,不难有统一之望矣。

各省之中央财政历史,系由各省长官分治思想而成,自地方财政独立后,而各省之中央财政范围稍狭,自中央统一政策确定后,而各省之中央财政范围益狭。现在国府行政方针,将由各省分治主义,而入于中央统一主义。惟在此过程时期中,各省之中央财政,尚未完全脱离耳。兹将收支两方略情分列于下。

(一)从收入方面观察　各省之内地税、煤油税及进口之卷烟税,早经并入海关,即常关税、印花税、麦粉税及内地制造之卷烟税等项,亦均由中央派员直接征收,其委托财政厅者,仅厘金矿税两种已耳。旋财政部于各省设立特派员,将厘金矿税改归特派员接收,掌理其事,先后实行接收者,为闽赣蓟苏粤皖等省。至鄂豫湘鲁四省,虽经设立特派员,而厘金矿税,迟迟未能接收,其他未设特派员之省,厘金矿税,仍由财政厅代管,此过去之事实也。

(二)从支出方面观察　各省之中央支款,在昔种类綦多,自国府颁布国地支出标准后,所存留者仅军事费、外交费及中央令拨之款耳。惟现在各省支款办法,仍多参差,综其大要,约分四类,(一)军费由中央直接发给者,如江浙皖等省是也,(二)军费由本省特派员发给者,如闽赣粤等省是也,(三)军费由本省财政厅发给者,如蓟鲁鄂滇等省是也,(四)军政各费尚沿旧时自收自用之状态,如东三省及陕甘新川滇黔等省是也。现在各省行政各费,大率已定由省政府管理,其剩留之中央支出,仅军事费、外交费及中央令拨之款三种。外交费及中央令拨之款两种,为数无多,将来各省军事费如能直接由中央发放,或由中

---

① 敉平,意为安定。

央派员就地发给,则统一政策,可告完成矣。

上列两端,系各省之中央收支略情,前编国家财政一端,分为中央财政、各省财政两项,实以当时各省财政,大部分均系国家财政,故搜集綦详,本编赓续前例,虽亦依次以述。惟国府对于军财两政力求统一,系已定之政策,二十年一月实行裁撤厘金,同时各地矿税亦由财政部直接派员征收,至沿江各省军费概由中央直接发放,截止二十一年六日止,除边远各省军财两政尚留分治遗迹外,余均渐趋正轨,将来各省之中央财政名词,殆将消灭无疑焉。

注一　参考汉口银行杂志

注二　参考财政部财政月报

第四章
近代财政之方针

第一节　财政方针之沿革

在昔议会政治时代，任度支之责者，恒向两院宣布财政方针，即以平素所抱政见，公示国人，以供商榷之资。自民国六年以还，国会中辍，财政总长仅就一事一物，有所建议，致乏发表具体政见之机会。惟七年南北和平会议朱总代表启钤曾提军事政治整理计画，十四年善后会议李总长思浩复提财政整理总纲，虽其精意所在，注重各项政策。然当时财政实况，亦可窥见一斑焉。

第一项　朱启钤总代表在南北和会
宣布之财政政见（注一）

七年秋南北和会开议，朱总代表曾提军事政治整理计画书，其宗旨系根据国家财政之现状，与其财力之程度，为整理军事政治之方策，故谓之财政方针，亦无不可。兹就原文摘其要点录之如下。

今日国家之根本计画，不外整理军事革新政治两大问题，窃以军事政治解决之标准自应随世界之趋势，筹议建设的进步的国家之根本计画。惟其计画在事实上，必须审查国家之经济状况与其能力。详言之，即所谓军事整理政治革新之计画，务当根据国家财政之现状，与其财力之程度，为设施之顺序，方免空泛之弊，而收实行之效。兹将近年财政之状况，分述如下。

甲、近年收入之实情。

一、田赋　田赋一项，四年实收七千五百七十余万元，五年实收八千一百九十余万元，内四年因奉吉等省，收数册报未齐，是以收数较少，每年约可收八千二百万元。

二、盐税　盐税一项，三年实收七千三百六十余万元，四年实收七千八百一十余万元，五年实收八千零四十余万元，六年实收八千二百七十余万元，七年实收八千零二十余万元，每年约可收八千二百万元。

三、关税　关税分海关税、常关税两种，海关税元年实收三千九百九十五万余两，二年实收四千三百九十六万余两，三年实收三千八百九十一万余两，四年实收三千六百七十四万余两，五年实收三千七百七十六万余两，六年实收三千八百十八万余两。欧战告终，商货日旺，当可恢复二年收数，加以上年改定物价，约可增收五六百万，每年约可收七千三百万元。常关税二年实收五百六十八万余元，三年实收六百八十二万余元，四年实收七百四十二万余元，五年实收七百十六万余元，六年实收六百六十余万元，每年约可收七百万元，两共年收八千万元。

四、货物税　货物税一项，四年实收三千三百七十余万元，五年实收三千九百四十余万元，六年实收三千五百七十余万元，内四年因吉黑等省，未据报部，六年因滇川等处，未据报部，每年约可收三千八百万元。

五、中央直接收入　中央直接收入一项，内分专款及印花税、烟酒、公卖官产收入四种，而专款内又分烟酒牌照、烟酒税、烟酒厘税、矿税、契税增收、牙税增收六款，最近预计专款计一千六百三十二万余元，印花税计六百五十二万余元，烟酒公卖计一千二百十三万余元，官产收入计一千一百四十七万余元，共计四千六百四十余万元，每年约可收四千六百万元。

六、正杂各税　正杂各税一项,以牙税、当税、契税、商税、木植税、包裹税为大宗,最近预计二千一百六十余万元,证以历年情形,均尚可恃,每年约可收二千一百万元。

七、正杂各捐官业收入杂收入　上列三项,最近预计,正杂各捐计九百二十万余元,官业收入计一百九十五万余元,杂收入计五百五十二万余元,共计一千六百六十余万元,是项收款,证以历年情形,尚属相符,每年约可收一千六百万元。

八、中央各机关杂收入及债款　上列两项,最近预计,各机关收入计三百七十七万余元,债款系美国退还赔款之一部,专作清华学校经费,计一百五十八万元,共五百三十余万元,每年约可收五百万元。

乙、近年支出之实情。

一、国债　国债一项,七年度因赔款之延期及金价之下落,故支款较少,共分二项,外债计六千八百八十二万余元,内债计四千三百九十三万余元,共一万一千四余万元,证以历年支出之数,每年约一万二千万元。

二、政费　政费一项,七年度政费,内分两项,中央支出之国家行政经费计七千九百余万元,各省支出之国家行政经费计六千八百余万元,两共一万四千余万元,再证以历年支出之数,每年约一万四千万元,即从实核减,每年至少亦须一万三千万元。

上列国债及政费两项,已须二万五千万元,以年收三万七千万元相抵,仅余一万二千万元。故陆海军费,必须在此数内开支,方可谋收支之均衡,固国家之基础,此为不易之理。乃现在军费,除海军年须七百十五万元外,陆军每年通常经费,预算饷需,已约二万一千万元,附属经费、特别经费及西南各省新增军费及特别经费尚不在内。兹将现有军队人数及饷需数目总表 2-4-1 附列于下。

表 2-4-1　全国现有军队人数及饷需数目总表(七年度)

区别	官兵人数	饷需银元数
中央	540 344 人	90 358 345 元
直隶	24 528	4 343 202

（续表）

区别	官兵人数	饷需银元数
奉天	58 820	11 240 959
吉林	45 056	7 639 557
黑龙江	17 112	2 810 476
山东	76 292	1 618 968
河南	28 876	5 036 722
江苏	30 876	5 297 108
安徽	21 528	3 747 295
江西	19 112	3 341 976
湖南	20 028	3 200 634
湖北	21 528	3 812 144
福建	35 538	4 129 582
浙江	22 508	3 978 666
广东	49 732	8 120 824
广西	35 443	5 094 399
山西	28 976	5 056 533
陕西	39 276	7 301 291
四川	35 662	6 146 104
云南	48 488	6 683 478
贵州	23 841	3 606 815
甘肃	17 514	3 165 976
新疆	20 220	3 497 792
热河	6 198	1 000 014
川边	12 777	1 200 000
绥远	5 698	905 312
察哈尔	2 150	206 871
阿尔泰	1 674	298 951
塔尔巴哈台	822	126 062
西藏	40	5 124
总计	1 290 657	208 971 080

连同陆军部附属经费、特别经费、西南各省新增军费、特别经费并计,恐预算总数,至少约在二万四千万元左右,加以海军费七百十五万元,连同国债一万二千万元,政费一万三千万元,以每年岁入三万七千万元相抵,年亏一万二千七百万元以上,循是不变,危亡堪虞。而支出款内,国债应偿本息,有关契约,万难减少,将来镑价增高,尚恐不止此数。而内外政费,比诸昔年,无甚出入。至军费一项,较诸民国三年,实增三分之二,而与清季相比拟,殆逾二倍有半。就现在财政之实力而论,除国债年支一万二千万元(本年镑价低落仅需一万一千四百万元将来镑价高昂尚须增加约为一万二千万元)外,军费一项,除海军费应以民国三四年度为标准,定年支六百万元外,陆军费只能酌定一万一千万元左右为度,政费一项,只能酌定以一万三千万元为度,收支方能适合,今本斯旨,为解决军事政治之标准。

（壹）军事问题

军事整理,宜顺世界之潮流,国内之情势,当前清之季,拟练成陆军三十六镇。民国初元亦曾拟以五十师为限。现在南北陆军共有一百师以上,而军费除海军约六百万元外,陆军经费,只能酌定一万一千万元,则全国师旅,无论陆军制、巡防制,一律并计,应假定以五十师人数为标准,按每一师人数常年之饷费,至少年约一百八十万元,连同军事机关经费,所支已需前数,本此标准数目,则现有军队,自当力图收束。兹分三项问题于下。

（甲）拟留军队之编制问题　现假定以五十师人数为标准,则军队编制,应如何统一,军械饷需,应如何规画,就剿匪及国防两种适用军队之性质而论,巡防制及陆军制,均应暂时并存,则其间应如何分配,以及驻扎地点应否更定,军事长官之权责如何划清,自当详细规画,以期与时势适合。

（乙）额外军队之收束问题　现在额外之军队,将在五十师之人数以上,欲事收束,宜筹善后之法。

一、裁减标准与其方法　照现在预算上收入,分配军费之标准,约一万一千万元,预算上支出之数目,约二万四千万元左右,故全国军队,应无中央地方之别,南北东西之分,均须一律减少半数之军费,即应减少半数之军额,此就经费言,假定之简单标准也;就军事必要言,军队之性质,对外所以巩固国防,对内所以补充警力,故无论巡防制之兵,陆军制之兵,大省有一师一旅之人数,中省有一师之人数,小省有一旅一团之人数,补充警备队之力量,似无患不足。兹假定以三十师人数分配各省为警力之后援二十师人数专属中央,以十师人数分扎蒙藏甘新吉黑等边地以固国防,再以十师人数分扎京师及全国要塞为全国军队之后援,平日训练,复施以预备补充之法,平时有五十师之众,战时即可得百师之用,此就军事言。假定之标准也,要之,军事收束之标准,应以预算收入上分配之军费为范围,就全国军事必要上为支配,定一中央与各省应留军队之标准,本此标准。现属中央者,由陆军部专负其责。现属中央实际上驻扎各省者,及专属各省者,应由陆军部与各省军事长官共负其责,各就其所辖军队与地方之情形,分定裁减之法。

二、安插方法　安插之法,应各就其地方与所裁军队之性质先后以筹画生计,或开垦,或筑路,或浚河,或改编巡警。

三、时期问题　裁遣时期,应以陆续裁减为主旨,速则于一年内,迟则于一年半内,分期裁竣,始合于预算规定之数。

四、费用问题　民国二年,善后借款所定裁遣办法,除照给欠饷外,军佐兵士,同时发给遣饷三月,本届裁遣,是否仍照旧制,抑或另定办法。

（丙）军需独立问题　各国军费之支给,无不设立军需总监之职,凡军事款项之收支,由其主管以司考核,而军事长官,仅负统率教练之责,各尽其职,以策进行,用意甚深,可资取法。现在吾国军需事宜,内则由陆部主管,外则由督军主政,而各军迳向财部领款,自行发放者。近益增多,办法纷歧,殊非慎重军需之道,以后似应特设军需总监一职,凡内外军事上之收支,统归管理,以专职掌而便监督。

以上各端,事关重要,应罗致全国军事专家,设立临时整理机关,筹议各项手续,并定公开监督之法,以期严厉实行,对内对外,必须昭示信用，万不可苟且从事，贻祸将来，至善后各费，均为预算所无，似只可商借外资，以备支给。民国二年，善后借款告成，其裁兵办法，除照给欠饷外，同时加发遣饷三月，官佐每名给三百元，兵士每名给二十元，路费四元，前后裁减官佐一万八千七百二十名，兵士三十一万六千一百名，付给一千三百二十万二千四百元，连同欠饷一千五百九十一万元，总计二千九百十一万二千四百元。兹将民国二年各省应需军队裁遣费并补发欠饷表附列于下。

在前仅不过裁去三十师，需款已将及三千万元，今若假定酌裁五十师以上之人数，以前例推之，至少约须五千万元。（现在陆部结欠饷需，至十二月底，已达二千九百六十万元，西南各省，尚不在内）此仅裁遣之费，而在未裁以前之饷，仍须按月照给，故裁遣时期之迟速，尤与需费之多寡有关。

一、预估一年内裁竣应需之饷　平时军费，每师月须十五万元。现在假定于一年以内，分期裁遣五十师，而在未裁以前之军队，仍须按月照给饷项。裁遣之期，既有先后，平均以六个月计算，应需之饷，为四千五百万元，连同前列裁遣费及欠饷五千万元，共计九千五百万元。

一、预估一年半内裁毕应需之饷　平时军费，每师亦以月须十五万元计算。现在假定于一年半内，分期裁遣五十师，而在未裁以前之军队，仍须按月照给饷项。裁遣之期，既有先后，平均须给九个月之饷，为六千七百五十万元，连同裁遣费及欠饷五千万元，共计一万一千七百五十万元。

统计裁遣费及欠饷，与夫以后未全数裁尽前应需之饷，期长，计须一万一千七百五十万元，期短，计须九千五百万元。此外撤防经费，南北合计现在动员之数，约二十万人，每名远近平均，连同输送之费，以四十元计，约八百万元。安插经费，须视安插方法以定经费之多寡，姑拟拨三千万元为办理安插各事之需，至善后借款未成立以前，每月预算，约亏一千万元，为数尤钜。将来商借外债，似当以前列，裁遣费欠饷及未裁前应需之饷撤，防费安插费，与夫预算不足之费之总额为准。而其借债之条件，一、在以新增可加整理之入款作抵，一、在偿期宜远，每年分偿之数较少,以免与预算有妨,一、在借款应严厉实行裁兵及整理军事并增加收入计画,对内对外,昭示信用,国家基础,方可赖以巩固。兹将概算临时应需各款列下。

临时善后经费概算表 2-4-2、表 2-4-3(以达到预算上收支适合为标准)

表 2-4-2　第一表(以一年内为分期实行整理军事之期)

一裁遣军队费及欠饷与未全数裁尽前应需之饷	计九千五百万元
二撤防费	计八百万元
三安插费	计三千万元
四善后借款未成立前预算不足之费	计六千万元
总计一万九千三百万元	

表 2-4-3　第二表(以一年半内为分期实行整理军事之期)

一裁遣军队费及欠饷与以后未全数裁尽前应需之饷	计一万一千七百五十万元
二撤防费	计八百万元
三安插费	计三千万元
四善后借款未成立前预算不足之费	计六千万元
总计二万一千五百五十万元	

(贰)政治问题

自民国成立,已历七稔,经营缔造,粗具楷模。惟以政变频仍,日益废弛,是以居今日而言改革,当以整理国家行政,实行地方自治,发展国民经济为其要务。惟此三事,须本诸财政情形,参以历史沿革,博徵各国成例,从长择善,按切事情,未可徒事摹拟,致蹈削足适屦之弊也。兹就应兴应革诸端,胪列于下。

(一)军民分治　今日言改革者,动以军民分治为言,不知军事民政,本为两事,自无兼治之理。秦时罢侯置守,以守治民,以尉掌兵,是军民各有专掌,自古已然,以军事长官,兼摄民政,本非旧制。然昔日警察制度,尚未发达,故于各地方兼设军政长官,驻兵屯守,其制远逊欧美之完善,惟就今日地方之情形而言。自民国成立以来,迭经政变,闾阎屡惊,地方长吏,既无维持秩序之实力,不得不借助于军队,驻军腹地,本系权宜,若不以军队保护,则盗匪愈炽,欲求一日之安而不可得,兵数之增,饷糈之钜,良非得已,此亦改革之初,所必经之阶级也。故欲言军民分治,非可徒托空言,必须切实整顿民政,推行警察,使地方不藉军队之力,而自有镇慑之法。然后以军队实边对外,则民政自不受其牵制矣。

（二）厘定地方官制

（甲）省之改革　古无省名,拓跋魏起自朔方,平并州,始建台省,隋大业三年,颁行新令,设三台五省,①唐制有三省。② 尚书省统会众务,门下省侍从献替,中书省献纳制书,尚书曰都省,门下为左省,中书为右省,宋初亦设三省六曹。然则唐宋所谓省者,乃中央官署之名称也,元于诸路设中书行省,于是地方官署,始有省名。考元之地方区域,曰路,曰府,曰州县,亦不以省为地方区域之名称。迨明洪武十三年,废中书行省,改为十三布政司,易省之名为司。例如湖广等处布政司之类,亦不加省字,其所谓地方区域,仅府厅州县四种。前清因袭明制,名为直省,巡抚之设,以考察布按诸道及府州县之称职与否,举劾而黜陟之,为其专职。是自元以后,省之一级,久为察吏而设,盖地方官吏,责在亲民,其区域不能过广。而中国幅员辽阔,州县以千计,势不得不于中央地方之间。设此承转监察之枢纽,此因我国统一之历史,及领土之形势,有非欧美各国所能比拟者也,何者欧美稍大之国,尚不及我数省之地,区域既小,故其亲民之官,可与政府衔接。设我国亦仿其例,不特失之繁碎,且无统驭之方,至英美诚大国矣。然英之殖民地,其方里数十倍于本土,各有自治政府,而系属于母国,其情形既与我国不同。而美以联邦立国,亦有特别之历史,盖先有各州,而后联

---

① 隋代的三台五省,三台指御史台、谒者台、司隶台,五省指尚书省、中书省、门下省、秘书省、集书省。

② 唐代的三省,指尚书省、门下省、中书省。

成一国，并非先为统一之国，而后析为联邦，此不特美国如是。凡欧洲所谓联邦国者，非成于国家之团结，即成于自由市府之集合，皆非我国所能仿效。今欲改革省制，当兼采中外之优长，力求官制之统一与自治之发达，第就官制而言，当以省为察吏区域，而省长职权则以宣达中央政令，监督辖境行政，纠举所属官吏等事为主，既无尾大不掉之嫌，可收臂指相使之效。若欲仿德美宪法之规定，以分划中央地方之权限，是不啻暗以联邦之制，强植于吾国也。

（乙）道之改革　道之一级，在昔非纯为地方行政区域，或有因地而设，或有因事而设者，如督粮、驿巡、盐法、屯田、清军、水利诸道，因事而设者也。至因地而设者，大抵每数府，则设一道。然皆以综核官吏，为督抚布教令，为其职司，界于督抚州县之间，为承上启下之枢纽，而不知阶级愈多，民隐愈无由上达，因是治官之官多，而治民之官少，迄于有清季世，几同赘设矣。民国成立，去府存道，使其管辖内之县，悉直隶于道尹，其意不可谓不善，其权不可谓不重。然道尹之宂①员，固犹昔日也，此何以故，盖道之一级，与省不同，不当专为察吏之官。而当采用昔日抚民府直隶州之制，为察吏兼亲民之官，凡道尹驻在之地，不设县知事，至所辖各县知事之任免，则由道尹详省转呈中央，如是道尹有直接管辖之地方，既无虚设一级之弊，并有察吏亲民之二职守，因察吏之故，其亲民一职，不敢蹈于废弛，因亲民之故，耳目较近，而察吏亦不至受蔽于僚属。况道尹之地位较崇，使与知事同司亲民之职，不得不正己率下，以为各县之模范。汉时以尚书令或仆射出为郡守，唐时侍郎御史大夫等以本官检校刺史，其制虽异，其精神则一也，要之地方制度，可分为三级，省长为察吏之官，县知事为亲民之官，道尹则界于二者之间，以察吏而兼亲民，庶官无虚设，费无虚掷，而民治自可易于发达矣。

（内）裁汰中央各署宂员增设地方佐治官吏　国家之设官授职，所以分猷佐治，宣达政令，故官必称其事，人必称其官。事之繁者，虽

---

① 同"冗"。

备百员而不为多，无事可治者，虽设一官亦足为宂。溯自前清末叶，吏治即已废弛。迨民国以来，成宪俱废，首定中央官制，以树开国之基础。故凡优秀之士，群趋于京师，条陈时政，百废待兴，遂至朝设一官，而夕增一职，终以库帑奇绌，概等具文。况复于正额之外，添置散员，是以行政之费，耗于无形者，不知凡几，至若各省道县地方。则于民国三年，始颁布省、道、县官制，设省长、道尹、知事各官。然其公署组织，又极疏阔，仅估定经费，任其自辟掾属而已，因是官以节费为能，而任用以亲故为主，于地方之行政经费，并无具体之计画也，即以前清而论，一府之地，犹复佐以同知、通判，曰清军，曰水利，曰理事，曰屯田，各视事之繁简而分掌之。况今日事务之待理，百倍于昔日，反以数千百里之重任，寄于一二长官，欲求民政之发达，不啻南辕而北辙，以言整饬吏治，当先裁减中央宂员，加增地方佐治员额，严定任用资格，厚其俸糈，专其责成，庶人才可布散于地方，而中央得免虚耗之敝。此于分配政费，所当注重者也。

　　（丁）扩充全国教育　政治改良，根本端在教育，苟各地教育未能普及，则国民之德育、智育、体育不修，虽有极良之政策，亦难推行尽利，故欲刷新政治，必须以全力谋教育之普及。夫吾国教育之未能普及者，实以经费不足为最大原因，据最近调查，教育部及直辖各机关经费，计四百二十七万余元，各省区教育经费，计三千四百八十一万余元，两共三千九百余万元，内以直、苏、川、浙为最钜，每省年约三百万元左右，其余各省，一二百万元，少者仅五六十万元，或并不及此数，经费既绌，设备难周，遂致民间失学之人，日以增多，今日欲图补救。惟有分年酌增经费，扩充各项教育，以谋民智之发达，首当推广者，为国民教育。近年通都大邑，高初小学，逐渐增设，而偏僻之区，尚付阙如。现拟先从城乡入手，添设国民小学校，以能容纳本境之学童为准，所收学费，竭力从轻，贫苦之户，许其免纳，并明定小学学区，凡区内儿童，一届学龄，即当送校就学，实施强迫之制，总以国民教育，得以普及为归，同时将小学教科，审酌改良，务求适合，其经费由教育部会同各省长通盘筹画，富庶之县，就地附徵的款，贫瘠之地，国家定额补助，次当推广者，为职业教育，民间生计。近益艰窘，际此商战时代，首贵工精艺良，方能竞存于世，各强国之工役夫匠，莫不先受相当之教育，略具实业之常识，故每能就其心得，推陈出新，不若吾国工商之墨守成规，自封故步也。今欲提倡职业教育，应于初高小学所用之教科书中，参加浅近实业智识之资料，唤起儿童对于实业之兴趣。中学校内则应分设普通农工商各科，以为升入专门学校之预备，即使贫寒子弟，于中学卒业之后，无力继学者，亦可退而谋生。至农工商各种专门学校，每省至少各设一所，凡属本省之特种农工商事项，更宜加意研究，悉心改良，则各业自可日有进步。其经费亦应由教育部会同各省长通盘筹计，半由就地附徵，半由国家酌补，又次所当注意者，为培养师资。际兹过渡时代，教材缺乏，小学教师，大半不谙教授方法，滥竽充数，贻误良多，亟应迅就已设之高初各级师范学校内，增加班次，添招学生。另再酌量添设师范学校若干所，以广造就而资分配，同时于各级师范学校内增设农工商各专科，以备中小学校职业教材之需。聘用之先，均宜严格检验，以期勿滥。一面选派凡在各校担任教科满三年以上之教员，及专门毕业成绩最优之学生，游学各国，指定科目，加功进修，归国之后，或令其仍在母校担任教科，或量移他校授课，总期国内师资日富，学生程度日高，其经费除就地自筹外，亦应由国家补助。其次当推广者，为补助学校及通俗教育。近查国内现有藏书楼一百七十五，通俗图书馆二百八十七，博物院十，通俗演讲所二千一百二十九，露天演讲所六百五十九，阅报处一千七百二十七，传阅图书馆二百五十七，半日学校一千二百四十二，露天学校三十七，通俗学校四千五百九十三，骤观之，似不为少。然吾国地广人稠，不敷分布，遂致有志之士，不获随时随地讲究学业。现拟广设补习学校，如夜学、半日学校、星期学校之类，以便人人有补习学业之机会。一面推广通俗图书馆、博物院、演讲所、阅报处等，搜罗各种浅近切用、新颖耐味之书报标本，用备民间之自由浏览，切磋观摩，藉以灌输世界之常识，而补其他教育之不及，其经费应全数就地筹措。

　　以上四端，系扩充教育之纲要，而其筹集款项之方法，以原有入款为基础,分别就地附徵,至必须国家补助者,目前暂应节省行政经费以挹注之,将来行政经费增收,更可从事扩张。近闻各国将有退还赔款之举。如果实行,即可以此款仿各国教育基金之成规,每年收入,作为基金财产而蓄殖之,以其利息,作为全国教育经费补助之用。如此数年之后,民智日高,各有职业,俗美风醇,渐臻治理,亦正本清源之道也。

（戊）推行全国警察　国家政治之推行,属于警察,地方治安之责任,负于警察,由前之说,警察为政化之前驱。由后之说,警察执武装之勤务,全国罢兵,聿修文治,民政之设置未完,防兵之额数锐减,则警察任务,愈益繁重,所有地方之治安、风化、卫生、户籍诸要政,均将惟警察是赖。乃综观全国警政,除京师略具规模外,其次则省会尚有可观,商埠即不如省会,而县城更不如商埠,乡警则仅有其名矣。据最近调查,国家警察经费,计一千五百八十六万四千余元,地方警察经费,计四百二十二万五千余元,以此区区经费,分配于京师商埠都会及重要城镇,设置已难完备,实无余力及于地方,故今后国家行政,应注全力于地方警政。自县治始,由内部与各省长详细分别县治之广狭,人口之多寡,民俗之良暴,酌定等级,分配名额,并于一定期间内,设立警察养成所,施以相当教育,以资分布。至其经费,约分三种,（子）各县城乡旧有练勇、团防各费,（丑）不足者,就其地方之财力,附徵捐税,（寅）兴办房屋税,一二两项经费,一为固有者,一为附加者,性质极为明了,至必须设第三项专款者,盖地方之警察,原所以保护地方之住民,其经费当然由其地住民负担。故举办房税,整顿警政,实住民应负之义务,政府应规定徵收房税之普通条例,由各县酌量警费不足数目之多寡,分别举办,以为的款,则全国警政之基础立矣。

以上各种计画,皆为当务之急,所需经费,亦属至钜,方今财政支绌,司农仰屋,自非另辟财源,不足以资应付。而开辟财源之法,非从整顿旧税推行新税入手不可,旧税中田赋则应清查粮额,或分期举办清丈,盐税则应平均税率,整顿场产,关税则应解决裁厘加税问题,或另定新约,改定税率,烟酒税则应实行专卖制度,此旧税应整顿者也。

新税中印花税则应加增课税范围,并推行于各租界,营业税则应先课特种营业税。然后渐次施行普通营业税,所得税则应先课特种所得税。然后渐次施行普通所得税,此新税之应行推行者也。

(三)地方自治 欧西诸国,自治之成立,往往原因于自由市府,故其自治权范围之广者,或几等于自主,例如坎拿大、澳洲之自治。甚至有共守之宪法,即所谓爱尔兰自治问题,其性质亦与普通之地方自治不合。今欲推行自治,当博采各国之制度,力求适合于国情。兹将地方自治,分为二级,略陈其制如下。

(甲)县自治 各国自治,渊源于历史,故重维持。我国本无自治基础,纯由国家创设,当从模范提倡入手,前清城镇乡自治制施行之后,颇鲜成效。盖地方区域过小,人口稀少,经费支绌,其偏僻地方,风气闭塞,至不知自治为何事,苟非蒙昧不知所从,即放废莫能自举,虽强与以自治之权,仍不能实行自治之实。况乎镇乡自治,往往因分划区域,彼此纷争,甚至涉讼者有之,欲行自治,反启争端,殊失国家提倡自治之本意,欧洲各国,所以能行者,以其教育普及,人民勇于负担,故能行之而无弊。今欲推行自治,当先逐渐推行,不宜同时举办,县之区域较广,人才经费,皆易筹集,虽一县之内,不无贫瘠之区,而酌盈剂虚,尚可挹注,庶不致蹈涂饰观瞻之病也。

(乙)省自治 自省议会成立后,各省已具自治规模,惟其区域过广,必须以县之自治为其基础。故省之一级,当为各县联合自治,凡一县之财力不能举办者,由省自治办理之。县自治互有争议者,由省自治裁决之。县之贫瘠者,由省自治统为规划,分别补助之。省议会之议员,则由各县自治会选举,于是省之自治,实为各县自治集合而成。省县之间,既无隔阂之弊,而自治事业,亦可上下相维,以渐臻于发达。清末自治制度,以府厅州县为一级,城镇乡为一级,分级过繁,成效鲜睹。此后筹议自治,必须力矫从前之弊,当以模范提倡为主,故必使高级自治,负扶进次级自治之责,且省之区域较广,筹款自易,将来自治发达,则一省内高等以上之教育及重要公益之设备,皆可责任省自治自行举办,以间接轻减国家之负担也。

（丙）振兴自治事务之办法　国家与自治团体以重大之职权，本以振兴地方之福利行政为目的。故自治设立之后，必须责其成效，清末自治机关，人员过多，所筹之费，仅敷议董各会开支。而自治事业，一事未办，今日筹办自治，当先筹另辟财源以为振兴事务之基础。兹分陈于左。

第一时期　在此时期内，以维持整顿地方自治固有事业为主，同时筹办开辟财源，以裕自治经费。

第二时期　此时期俟自治经费筹有确数后，遵照前期议定之自治制，分期逐渐推行，同时推广国民教育，振兴地方实业，与夫改良市政及道路、水利各端，俾地方日臻完备。

至前所谓另辟财源方法，亦分三端。

1. 特设税目　房屋税、使用人税、使用物税、市通行税各项，凡合于地方税之性质者，酌量情形，分别推行。

2. 带征附加税　田赋附加税、所得附加税、营业附加税等，当审察国民负担之能力，由渐施行，以增收入。

3. 国家税之划拨　将来国家行政经费收入充裕之后，凡向由国家徵收之零星税目而合于地方税性质者，应分别划归省县自治，以资补助。

（四）发展国民经济　发展国民经济，间接关系教育，直接关系农工商，凡行政上应施以保护、提倡各种政策，固不待言。惟因财力之制限，势不能在最近期内为积极之进行，必须随行政经费收入上之增加，循序渐进，期与财政能力之程度相符。然无论历史上之沿袭与夫事实上之关系，凡为阻碍经济发达之事，必须先持一开放主义，根本破除，而后各项行政，始有着手之余地。所谓阻碍经济发达之事者何也，一曰国道之废弛。全国交通事业，如国内之铁路、轮运，及国外海运之普及设施，其为必要，固不待论。而尤与地方之实业及国家之行政、军事有直接间接之关系者，莫如国道，自驿站、塘铺等政废弛以来，全国之交通，被阻殆尽，各地之农工商事业，均无以发展，全国经济上所受之痛苦，实难言状。故必须从速整理国道，分定等级，而以通行摩托车为度，则不仅国内实业，得以发展，而行政、军事之整理，亦得受种种便利矣。二曰币制之紊乱，三曰恶税之烦苛，四曰条约及习惯上之束缚。兹三者实为今日经济不振之总因，币制不良，则金融阻塞，税则不平，则民多失业，条约及习惯上所受之束缚过多，则国外贸易不能兴盛，均为全国经济发展上之大阻碍。故上列四端，无论现在之国力如何，或用借款方法，或以国际交涉，均当合全力积极进行，为发展全国经济之基础。兹分述如下。

（甲）兴筑国道　全国道路，旧日规画，有驿站及塘铺二种，冲者设驿站，用马递，僻者设塘铺，用人送，驿马、铺兵、饷额各有专章，往来定有期限，均同隶兵部，内外蒙古等处，则名曰台站，性质与驿相同。驿站以北京为总枢纽及总起点，所达之省为终点，至塘铺之起讫地点。则各以本省省会为始，由各县区域东西南北之四至，自近及远，以分达于他省境界而止，因公行役，及寄递文书行程，分别缓急，马力人力，均按站接换，马递日行二百里，或三百五百里，甚至八百里，铺递日行百里，甚至二三百里者，在电政、邮政未成立时代，程途不可谓不速矣。除原有水路里数以与修路计画无关未经列入外，其陆地各省驿站，计一千七百六十四处，共十二万四千四百十四里，各省塘铺，计一万四千四百余处，共三十万零八百六十二里，皆就各省辖境面积之广狭，以为设立驿站塘铺数目多少之标准，今驿制虽废，然稽考里数之法，仍可参阅书籍，略知大概也。

考全国设驿站道路，计十二万四千四百余里，旧设塘铺道路，计三十万零八百余里，二共四十二万五千余里，旧日规模，可谓宏远矣。世界进步，陆上交通，本不专恃有轨之铁路，而通行摩托车之国道，实为联络地方之血脉，故欲发展国民经济，应速定一种有统系之全国道路计画。兹述其要点如下。

（子）审定道路之等级　道路规画，拟分为四等，曰一等路、二等路、三等路，三等以下为乡道。由北京为起点之中心，循旧有驿站以达于各省区城会之要道，及内外蒙古青海川边旧有之台站，或为用军所必经，或与国界交通通商口岸极有关系之道路，定为一等路。由各省会通赴各繁要县城（即旧日府厅州治）并各县区内，循旧日塘铺固有之线路与国道相连络者，定为二等路。其偏僻小县，达于他县城镇港口，或于其他道路有互相连接之必要者，定为三等路。一二等路，由国家担负兴修，三等路，由地方筹款照修，而国家补助之，三等以下之乡道，全视乡村自治能力之如何，再图发展。然政府必有精密之计画，次第设施，先从一二等路着手，作为骨干，次及于三等路及三等以下之路，俾成为繁密之路网。

（丑）规定同轨之程式　查我国固有之驿路，大概设置于平原陆路者居多，名为官马大道，其塘铺之路，则有水程陆程之分。路幅宽狭，坡度倾斜无定，人行道路，阻水之处，或用徒涉，或用渡船，因时而济，本未能畅通车辆，改革以后，驿站裁撤，塘铺废弛。所谓国有道路，南方田塍纡曲，多半为农民所侵削，北方辙迹深陷，变为淫雨之沟渠。大凡国人久于旅行者，睹此变迁之状况，类能言之。至于西南诸省，山路崎岖，折阪绳桥，俨然天限，必须实行天下同轨之制，打破天限南北之旧思想，促进大同世界之新学说，美洲半球，山脉河流，与我蜀道相同。何以康衢四达，不闻有间关险阻之虞。朝鲜近日，筚路日启，经营亦不遗余力，均可为先事之师，故政府苟欲整齐道路，自应先具天下同轨之宗旨，乃得定工渠之程式。假如一等路定广若干，二等路定广若干，三等路亦须同时规定，其他坡度曲径，桥桁重量，基植深浅，均应有一定限制，总以能行长途摩托车为标准，程式既定。然后施以测绘，相度地势，分道并举，同时实行土地收用法，令其故有道路，可用者用之，狭者廓之，不适用者则另辟之，山径嵚崎①，则修坡道纡回以赴之，甚则豁山洞以开通之，水道之间阻者，则建混凝土桥以达之，甚者则购名厂铁桥以敷设之，必使脉络贯通，无或障碍也。

（寅）设立全国土木工程局　土木行政，隶于内务部之职掌，而全国道路，又属于交通行政，同时涉及裁兵改编，复有军事上之作用，是推行以上计画，非组织完善执行机关，绾握中枢，提纲絜领，无以奏功。

---

①　嵚崎（qīn qí），意思是险峻。

现拟于京师设立全国土木工程局,并聘用欧美专门技师为总工程司,集合在外国毕业工程学生,分科任事,先行详密调查,通盘筹算,如虑本国人才不足,亦可雇用外国有经验之技师,分布各路,管领重要之工务,以作先导。至于收用土地及奖励地方自行修理等事,应由各省道县地方官吏及人民分担责成,当视政府推行之政策,以特种法令定之耳。

(卯)组织全国土木工程队　我国历史上工程之可纪者,当以秦始皇之修长城,隋炀帝之凿运河为最,以其时考之,未始非为销兵之计。而至今中外惊为伟业,今就道路所定之计画,分配人数之多寡,编成工程队,即以退伍兵充之,仍用兵法部勒,而略授以浅近之工程学,其应用工具,酌为配置。关于工作之事,由工程师指挥,大概编制,分测绘、技术、土工三类,连官长护兵,假定五百人,道置四营,以全国九十四道区域,计消纳二十万人而有余,聚之则觉甚多,分之则尚见其少也。

照上述计画,一二等路,必须国家筹款,分期着手,三等路,亦须国家补助,逐渐实行。此项财源,何以筹画。窃以道路整理,凡农工商直接所得之利益,固不可限量,而间接于政治于教育,皆有莫大之利益,将来军事行动之敏捷。现在临时裁兵之安插,关联效果,尤为显著,故拟酌量工程情形,分期借款,因此项费用,即以借款充之于国民经济上,实有益无损也。且欧战终了后,各国关于桥梁机械,弃而不用之材料甚多,趁此时机,与言借款,即以若干为购买材料之需,在彼无须现金,在我得收实用矣。

(乙)改革币制　我国币制紊乱,国与民交受其害。自前清之季,已盛言改革,而筑室道谋,弗底于成。民国以还,颁布国币条例,渐有成效。(详见财政部币制汇编)无如连年军事迭兴,中央与地方,因预算上之不足,均有滥发钞票之举。(其数目种类表详币制汇编)恶货驱除良货,其结果,致全国无一处为良币行使之区域,媒介物如此紊乱复杂,国外贸易之不能发达,国家财政之无从整理,固无论矣。即国内农工商事业及全国人民之财产,皆时时有意外增损之危险。故民国元二年,整理币制之计画,有先硬币,后纸币,先银本位,后金本位之说,盖彼时固可无待商借金款,以从事整理也。(详见币制汇编)今则纸币滥发愈多,整理纸币,与整理硬货,必须同时着手,而其财源,舍借款莫由,既主张借金款以整理币制,则民国三年先银本位后金本位之说,乃不适用。(其理由详币制汇编)要之经济之阻碍,急应破除,而谋其发达之方,既须奖励国外贸易,又应便利外人投资,更当谋国内农工商事业为根本之发展,欲达此目的,币制上认为必要之计画有三。(子)商借金款,改定金本位,(丑)以金币或金币之代表物,分年分地,整理银元银角铜元制钱各种旧币,(寅)以金币或金币之代表物,分年分地,整理滥发钞票。(币制汇编,将内外人著作及先后发表之法令均备载,可为上项主张之参考)实行上列之计画,应设立整理币制独立机关,酌聘国内外专门学者,详细讨论,次第施行。

（丙）废除恶税　税则不良,足为经济发展之阻碍。我国首当废除者,实为厘金。考厘金一项,导源于咸丰年间,当时金陵失陷,饷源枯竭,经过货物,抽收百分之一,以助军糈。原拟事平即废,乃数十年来,厘卡日增,鳞次栉比,需索留难,妨害物产流通,商民久受其害。惟遵照四国商约,与欧美各国提议加税免厘,将来加税实行,同时裁撤厘金,以符原约,即或加税所增之款,不足抵补裁厘所亏之数。然加税免厘以后,国民经济,日益舒展,得失相较,已属胜算也。次当废除者,莫如赌捐,赌之为害最烈,故国家悬为例禁。乃各省间有因历史之沿袭,财政之困难,抽收赌饷,以资挹注。此种奖恶政策,有裨于国计者甚小,贻害于社会者实深。现拟革除赌饷,以端风化而维政体,其他烦苛各税,或系重复征收,或系零星课派,积时既久,为害益深。惟有就现行诸税,择其中最烦苛厉民者,分别裁汰,而以他种之良税代之,藉纾民困。

（丁）革除条约及习惯上之束缚　我国国民经济之不能发展,探其原因,由于条约及习惯上所受之束缚甚多,而其束缚之最甚者有四。(子)为农产物及食盐问题,各地农产品与各盐区所产之盐,夙称富饶,原可运往各国销售,以吸收现资,乃民间习惯,既拘于慎重民食,及虑地方淡食之古义，而商约遂有禁止出口之条款，今应力矫民习，改正商约，除民食必需外，剩余之农产品及食盐，均可酌量数目一律开放，准分运出口，以奖农盐各业。（丑）为侨工问题，各国承兵灾之余，需人工作甚多。从前我国侨工，未加教育，自由应募，以致侨工事业，未能发展。现应由侨工事务局，设立侨工教育机关，破除旧习，奖励远游，严加选择，施以短期相当之教育，以应各友邦之需要，并应详定保护之法，俾得安心正业。（寅）为专卖问题，在昔海禁初开，外商来粤，买卖商品，须归十三行商经理，外商既受垄断之害，故于订立商约时，声明商货不得由商人专卖之意，此仅就商民之间而言，至国家关于特种事业，当然有专卖之权。现拟与各国声明此意，凡合于国家专卖性质之事业，分别举办，以裕收入。（卯）为杂居问题，条约上关系，外人不能杂居内地，故外人创设事业，诸多阻碍。当海通之初，民间惮与外商交涉，而外商言语、法律、习惯不同，不愿受华官之制裁，故有租界地及领事裁判权之设。近年以来，风气日开，内外人民，来往酬酢，日益亲密。现行司法制度，又系参照列邦之成规而成。现拟向各国提议，废除租界，改为杂居，并裁撤领事裁判权，统归司法审检厅管理，以符通例，庶几条约及习惯上之束缚既除，外人可随意在内地投资，发展实业，则国民全体之经济，自可渐臻舒展矣。

以上所述，系军事、政治两端根本之计画，而其计画之宗旨，绝无中央地方，南北新旧，及各种派别之观念与成见，纯本当事者良心上之主张，专以国家团体及国民个人之福利为目的，考察世界趋势，审度国力民情，详定计画，为进行之步骤，至其计画之要点，可得而数者有五。（一）就现在财政之实力，整理军事，革新政治，以期国家基础，得以巩固。（二）就现在预算上收入之分配，定军费政费之标准。（三）本所定军费之标准，整理军事，所有预算不足之临时出款，借用外债以为善后过渡之用。（四）本所定政费之标准，先实行军民分治，刷新民政，同时筹议国家行政制度，发展国民经济，及其行政经费增加之方法，以期实行改良制度，扩张政务，并将所增之经费，专供教育实业交通与夫金融币制之用，藉以发展国力。（五）保持地方自治固有事业，同时筹议地方自治制度，及其自治经费增加之方法，以便分期分地，实行自治，以上计画，议定后应由政府按照所定，负责实行，盖谋国内永久之和平，正所以图国家健全之发展也。

注一　依据南北和会朱总代表军事政治整理计画提案

第二项　李思浩总长在善后会议宣布之财政政见（注一）

十四年春，善后会议开会，李总长曾提财政整理总纲，其主旨首在核定中央及各省之军政各费，以实行预算。次在增加关税，免除厘金，并将剩余款项，清理债务。末在划分两税，统一国库，整理币制，并推行新税以裕财源，分步进行，为刷新财政之程序。兹就原文，摘其要点，录之如下。

欧战以还，各国财政，多濒于破产，观于国际财政会议之报告，已变更量出为入之原则，而为量入为出之主义。比年吾国政局不宁，支出无艺，债台高筑，国信日颓。今欲筹国家根本之建设，首在衡量国家之财力，与国民经济之状况，以定设施之方针，其进行之次第，拟分为三步。第一步，（一）拟定军费标准，（二）拟定中央概算，（三）核定各省区预算。第二步，（一）实行关税二五附加税，（二）实行免厘加税，（三）整理内外债款。第三步，（一）划分国地两税，（二）统一国库，整理币制，（三）推行各种新税。如此办理，治标治本，均有眉目。然其枢纽则在内外一体，公共救国，各项政策，多属相互相联，必先有贯澈之精神，乃能循推行之程序，收其效果，其他细目，因时斟酌。兹将整理各案，根据事实，拟议办法，编列标题如下。

甲　拟定军费标准

国家支出之钜额，以军费为最，今欲解决军费问题，当视军制之如何。然军制之支配，其根本仍在国家之财力。最近国家收入，总数为四万五千九百余万，而军费总数，财政部有册籍可稽者，为二万二千八百余万，除去奉令取消各师旅外，尚为二万零四百余万。前项收入之数,系属预计,各省区彤敝之余,实收不能及额。而其中关、盐、烟酒、印花等中央收入各项,以历年收数平均比较,预计与实收,差数颇钜。况如关盐两钜款,又有指定用途,考其实际,不能与军政支出通计,又当别论。至于军费,其据八年度预算数者,历年久远,固已不同,即据十二年度预算数者,各省大率均与近日战事有关,当亦多所变更。又况各处军队,尚有未报陆军、财政两部者,为册籍所不备。是收入、军费两总数,一则实际当减少,一则实际当加多,皆为事实所不可免。姑以两数用百分率相衡,已至百分之四十五,东西各国军费,大率在百分之二十至十五。查民国八年善后会议军事财政计画书草案,以岁收三万七千万元之支配,国债为一万一千万元,政费为一万四千万元,共为二万五千万元。陆、海军费,拟以一万二千万元为标准,其事虽未实行,所拟尚为切近。自华府会议以后,各国均以裁减军费为职志。我国不幸,遭遇多故,军制迄今未定,军费亦复漫无限制,重贻各国口实。今大局敉定,百政更新,所以内慰全国人民之企望,外期国际地位之巩固,实以决定军费标准为最要之点。兹拟第一步办法,(一)中央担任军费,定一最小限度,为中央直辖军队经费标准。(包括中央直辖国防军队及海军在内)(二)各省担任军费,以各省原有收入,除关、盐、烟酒、印花等凡归中央收入各款及必需政费外,所余若干,作为标准。如此则中央确定限制,各省亦各有范围,即由陆军部协商各省,拟定暂行编制法,切实施行。其第二步办法,应通筹全局,由暂行编制法,进为永久编制法。就全国收入总数,(以四万万元计)假定以百分之二十五充作陆海军费,计为一万万元,更假定以七千五百万元作陆军经费,(以五十师计每师一百五十万元)以八百万元作海军经费,以一千七百万元作军事机关及附属机关经费。至中央与各省区如何支配,并原有军队如何归并裁减,均应于解决军制范围规定。以上所拟分期办法,系法制事实双方兼顾,希望循序进步,不致多所障碍,较为切实易行也。

乙　拟定中央概算

中央收入,自关、盐、烟酒、印花四项之外,民国三四年间,尚有各省区报解款项,分为两种,(一)预算盈余,谓之中央解款,(二)就各省区收入,指定数目,专属中央,谓之中央专款。当日度支,藉以应付,自关余迭经指充内债基金,盐余亦多作为债款担保,收回残剩,数已无多,而各省又因特别用途,盐款亦多截留,烟酒印花,复充各省抵拨饷需之用,解部尤属寥寥,至解款、专款两项,或已指拨,或因各省预算不敷,竟致停辍,于是中央各项之收入,一无确实之来源。而查最近中央预算,财政部直接支出,政费每年为三千一百余万元,军费为三千四百九十余万元,共为六千五百余万元。以大多数无著落之款,而应平均每月五百余万元之需要,何能支持。今欲拟定中央概算,(甲)收入方面,(一)各省盐款,完全属诸中央,除指定协济外,各省区不再截留,(二)烟酒税、印花税,除指拨中央直辖军饷外,全数报解,(三)各常关津浦货捐,仍归中央,(四)各省解款、专款,由各省预算内提出百分之十为支配标准,(五)限制各收款机关直接拨款。(乙)支出方面,(一)军费各项,归入军制及军费标准案内全盘解决,中央担任最少限度,(二)政费各项,就各机关原有预算,由各机关切实核减,定一最低标准。基上计画,中央另编一确实概算,昭示全国。俾京外情形,不致隔阂,种种困难,或可稍去,否则中央预算确切之规定,既非一蹴可几,设并此概算数目,亦复一无依据。仅恃借债度日,而债已无可再借,纵令刘晏①复生,亦无良策以善其后。此拟定中央收支概算,为今日之要务也。

丙 核定各省区预算

各省区预算,京兆、直隶、吉林、黑龙江、山东、河南、山西、江苏、安徽、江西、湖北、甘肃、新疆、广西、绥远、察哈尔十六省区,均已造送至十二年度。陕西、福建、浙江、热河、奉天、湖南六省区,造送至九十十一等年度不等。广东、四川、云南、贵州等省,八年度编制预算,照五年度原数开列,迄今尚未据造送。预算为财政根本,各省区代表到会,讨

---

① 刘晏,唐代著名的经济改革家和理财专家。

论财政问题，自应以核定预算为整理财政之枢纽，中央竭蹶情形，已于拟定中央概算案内，言之甚详。拟于各省通盘筹画，在国家地方税实行划分以前，先佉①于岁入项下，提百分之十作为接济中央之用，（各省区但计政费，已有亏短者，应作例外，）各省预算，即就百分之九十，妥为支配。除军费应归全国通案核办，其政费标准，拟定如下。

一、支出款目为八年预算案所有者，仍以八年核定数为最高限度。

一、支出款目为八年预算案所无者，应视事项之缓急，为款目之去留。

一、政费总数，与接济中央及支配军费，合为该省区岁出总数，比较岁入总数，务使有盈无亏，是为最要之原则。

查各省区预算，政费原数，与岁入数相较，除京兆、贵州、绥远、川边但计政费，已有亏短外，其他各省区，如奉天、江苏、广东各省，岁入除政费计之，数至一千万以上。他省多则五六百万，少则二三百万。小省不及百万，实居少数，如军费确定，各省区财政，佉有从容支配之余地，中央与各省区并受其福矣。

丁　实行关税二五附加税

查华府会议九国间关于中国关税条约第三条，载在裁撤厘金切实履行第二条所载各条约中诸条款所定条件之前。第二条所称之特别会议，应考量所应用之过渡办法，并应准许对于应纳关税之进口货，得徵收附加税，其实行日期用途及条件，均由该特别会议议决之。此项附加税，应一律按值百抽二五。惟某种奢侈品，据特别会议意见，能负较大之增加，尚不致有碍商务者，得将附加税总额增加之，惟不得逾按值百抽五。是将来特别会议开会之时，其最大之任务有四，一议实行日期，二议用途，三议条件，四议奢侈品之区别。前述之一、三、四各问题，事关外交，应由政府相机办理，唯用途一项，事虽出于协定，而国内

---

①　佉，同"尽"，下同。

不能不有一致之趋向，以为将来对外之方针。兹将从前各方面所主张者，分列如下。（一）在华府会议所商榷者，可分两种，（甲）生利建设事业，（乙）偿还外债，但声明不得以国际条约，支配我国关税。（二）关税研究会之建议，（甲）整理外债，（乙）中央必要之政费，（丙）教育及一切公益事业。（三）全国财政讨论会之建议，（甲）整理外债积金占十分之七，（乙）其他要需占十分之三。（四）总税务司安格联之建议，（甲）整理外债，（乙）整理内债。（五）美国驻沪商会之建议，（甲）内外债额，同时整理，（乙）整理内外债，应分别性质，择要整理。其他如各省商会则主张附加税须留为裁厘抵补之用，农商部研究关税会员，又主张于用途内须列入实业字样。总此诸说，酌拟方针，第一在抱定华府会议协约最初之宗旨，若不将附加税作为整理外债之用，恐信用一失，国际地位，即有堕落之虞，且无以促进加税之实行，则以整理外债，为用途之一，已无讨论余地。外债既宜整理，则内债岂容向隅。同一维持国信，即宜同时整理。则整理外债，连带及于内债，亦属唯一之办法。至各省商会之主张，以附加税须留为裁厘时之抵补，所持理由，亦极正当，而生利建设事业，更不宜抛弃。惟是增税有限，用途无穷，自不得不先其所急。今拟于关税会议开会时，要求实行附加二五与免厘加税，并案办理，即以收入之款。除抵补厘金及常关通过税外，作为整理内外债基金，将来税收逐渐增加，以次办理生利建设事业，此关税二五附加用途拟议之办法也。

戊　实行免厘加税

自与英、美、日三国订立商约，关税加至值百抽一二五，即施厘金免除。所谓免厘加税是也。立约至今，已二十余年，华府会议，又从而申明，订定特别会议，筹备废除厘金，并履行三国商约所规定之附加税，即关税加至值百抽一二五。本问题内，应由中央与各省区通筹预备者，即裁厘后如何抵补为最要之点，第一当先详查各省厘金实收之数，中央所依据者，为八年度预算数，约计五千零二十三万一千一百十二元，其分项如下。

一、厘金三千九百三十二万四千八百三十七元。

二、厘金罚款二万六千六百八十五元。

三、正杂各税中含通过税性质类似厘金，七百零一万三千四百十一元。

四、正杂各捐中含通过税性质类似厘金，三百九十七万四千八百六十四元。

以上各数，与现时实收数自有不同，已电致各省区切实开列。（此外尚有常关税，系属通过税性质，应一律免除，又在本问题之外。）第二即应筹划如何抵补，以加税所得补裁厘所失，从前马凯议约时，即预计恐有不敷，由中国另办新税抵补，此为抵补厘金问题所由起。历来所议抵补方法，大致不外二端。

一、抱定商约所已议及，即征收出产销场二税，而以常关为征收机关。

二、不必限于商约已否议及，即另拟征收新税，不办出产销场二税，废止常关。

以上两税，各有利弊，相为乘除。现当设法促进实行加税免厘，将来抵补，应取何等方法，最为适宜，亟应先事规画，以定方针。所尤应注意者，比年政象不宁，各国政府，均致疑于各省长官，以厘饷所关，不愿轻言改革，又深虑裁撤，以后或因事故发生，藉口筹饷，乃又巧立名目，仍旧征收，有裁厘之名，而无裁厘之实，徒使商民增重关税之负担。此次通盘筹画，先定抵补方法，尤当有一种明确之表示，昭信邻邦，庶特别会议开会之时，可减去无限之障碍，一二五附加税，易于实现也。

己　整理内外债款

查中央政府，历年以来，所欠内外债款，日积月累，为数綦钜，内失信用，外丛交涉，自非速为设法整理，不足以树财政基础。惟欲言整理，除聚散为整，起新还旧之外，实属别无良策，所最难者，厥为基金问题，就目前情形而论，所有收入最大财源。惟关税及盐税二项。然均各有指抵，平时应付，犹虞竭蹶，再四思维。惟有就将来之关税项下，通盘筹画,藉辟生路。查目前关税收入年约九千五百余万元,预计加入实行二五附加税,以至实行十二五税,及照约增收等项,约可达一万九千七百余万元,除去支出海关经费及内外债赔款并抵补厘金及常关通过税等项约共一万五千二百余万元,每年约尚可余四千五百万元。是以后可以藉资周转之款,当不外此四千五百万元一项。查目前所欠无确实担保之内外债款,虽有一部分因具特种情形,一时未能确定。如内债项下各银行结款之结算问题,外债项下之奥款及中法银行债款各问题,在未曾定有相当办法之前,一时均难以确定。然加以估算,仍可得其大概,约计外债达三万三千万元,内债达二万四千万元,备补结算,差额三千万元,合计总数达六万万元,倘内债项下之一部分,国库券另案办理。又外债项下之奥款,可以商减一部分债额,及中法银行债款约二千余万元,能在法国抛弃庚子赔款内抵销,则总数当可减缩至五万五千万元以内。兹姑假定举办新公债六万万元,以清偿此项无确实担保之内外债款,其基金即以前项预算关税余款每年四千五百万元指充,按九五折发行债票,利率按年六厘,期限三十年。照此推算,该项新公债开始还本付息之时,每年所需基金,虽不能少过四千五百万元,但本息逐年递减,则基金数目亦颇有伸缩之余地。倘以后海关贸易逐渐发达,则税收增益,旧以关余为担保之内外债务,又可陆续轻减,尤足以资生利建设事业之挹注。然非关税特别会议从速开会,将实行二五附加税以及推行十二五税等项筹定办法,则政策无从进行。

庚　划分国地两税

国税省税之划分,应有确然之标准,欲立此标准,先宜研究现行各税之隶属关系,或可仍旧,或须变更,将来举办之新税,或属国家,或属省地方,亟应将各项税目,辨别性质,俾有系统可寻。其各项税目,历年收入若干,将来收入若干,亦宜考查而统计之。至徵收机关,应否照旧,权限如何划分,皆不可不有所计划。兹特酌拟三端。

（一）辨别各税性质,以明系统。吾国税制,由单税主义进而采用复税主义。有清末年,试办预算,全国经常岁入,除官业收入及杂收入外，分为田赋、盐课、关税、厘金、正杂各税、各捐六类，以契税、当税、牙税、茶税、烟酒税、矿税、印花税、牲畜税、商税等纳入正杂各税中，以烟酒捐、牙捐、粮米捐、当捐、盐捐、油糖捐纳入正杂各捐中。当时虽颁有划分国家地方两税之宣言，尚未确定办法。民国二年，始由财政部拟订国家税地方税草案，以现行田赋、盐课、关税等十七种为国家税，将来应办之印花税、登录税、承继税、营业税、所得税、出产税、纸币发行税等亦属之，以现行田赋附加税、商税、牲畜税等二十种为地方税，将来应办之房屋税，入市税及各种附加税亦属之。惟所取标准，未尽适当，今应时势之潮流，其应属于国家税者，如关税、盐税、印花税、烟酒税、其他消费税及全国税率应行划一之租税，其应属于省地方税者，如田赋、契税及其他省税。但两税性质，显然可以划分者，固无问题，而性质稍涉两可者，将来必起争议，则所有现行及将来应办之各项税目，亟应辨别性质，以明系统，此其一。

（二）综计历年收入，以验盈亏。我国岁入，向无统计，前清宣统三年，始制预算，民国因之。二三五八各年度，办理预算四次，各年度国税经常岁入，均有数目可以参考，各列一表，以验盈亏，至原列有所得税一项，当时实未开办，及杂税杂捐无专名可举者，亦阙之，此其二。

（三）整饬征收机关，以定权限。整理税制，尤以整饬征收机关为急务。若征收机关组织未善，纵令税目分明税额确定，亦不能收圆满之效果。我国税系既有变更，则一切征收机关，亦不得不从新整饬，按各国征收机关，概分三种，一为监督机关，二为经征机关，三为收款机关，其组织或采用地方区划制，或采用事项分配制，此其大较也。兹就三种分述如下，第一监督机关。我国财政监督机关，在中央为财政部，在各省为财政厅。此外又设有税务处、盐务署、烟酒事务署。今既划分国省两税，则各省原有之财政厅，当然依据省宪，另立名目，作为省税之监督机关。国家应采第一制，别设国税监督署于各省，除关税及盐税因与外人有关作为特种税务外，凡在各省征收一切国税，统归国税监督署监督而综核之。用人之权，纯归中央，各省不得干涉，第二经征机关。我国经征机关，如田赋、契税及牙、当等税，向由县知事经征，盐税、厘金及烟酒等税,别设专局,海关经徵之权,完全属税务司,今既划分两税,应于各省国税监督署之下,分设国税局,统徵一切国税,其所管辖区域,与普通行政区域,不必从同,宜视地段之广狭,交通之便塞,事务之繁简,或一县一局,或数县一局,皆可由国税监督署,斟酌情形设之,第三收款机关,对于经徵机关而言。近世金库制度发达,各国皆以金库为收纳税款之机关。我国徵收制度,历代相沿,经徵机关,即收款机关,略无区别。所谓金库,盖由经徵机关收款后,始行缴纳,非由金库直接向纳税者收款故耳。自此次整理后,应将经徵机关,与收款机关,截然划分,使无丝毫含混,并确立金库制度,于中央设惟一之总金库,各省设分金库,各县设支金库。其有偏僻地方,不能设支库者,得由分库委托银行银号代办金库,代收税款。庶收国库统一之效,而于徵收上亦得杜绝种种弊端矣。凡此计画,均为划分两税之先决问题,所应切实讨论者也。

辛　统一国库整理币制

东西各国理财之策,无不先从统一国库与整理币制入手。诚以国库不统一,则财政之收支无由明了,币制不整理,则财政之基础无由稳固。然此二者之关键,则全在于国家银行,盖代理国库,与夫发行国币,(国币二字包括硬币与纸币而言)皆属国家银行之特权,若不确定国家银行,则无有能行使此特权者。比年以来,财政困难,政府以开放特权为垫款之报酬,银行以经理官款为业务之补助,而拥有国家银行之名者,又未能确守银行之范围,屏弃普通营业而不为,盖三者之失态均也。今欲确定国家银行,使前项特权,归于统一,其办法有二。一曰由国家另行筹款,设立国有国家银行,不招商股。其理由谓就最近世界潮流之所趋,凡有特权之事业,非归国有不可,国家银行。既有发行纸币,代理国库之特权,自应完全归诸国有,方为合宜,此一说也。一曰就中国银行改组国家银行,其理由谓就法律与历史而言,中国银行,本为国家银行。但使修正该行则例,限制其营业,使不与普通银行竞争,同时增加官股,使事权不偏重于商股,即可无须另设。况该行纸币,已有信用,非一朝一夕之故,决非新设立之银行所能办到,因势利导,实最得策,此又一说也。以上两说,究应采用何说,大有研究之价值。此外尚有金库独立之说,谓当在北京设立总金库,由政府派金库总监一员,办理此事。凡国家收支,均归该库经理,北京以外,或设置分库,或由总库委托银行代理,此金库并得发行金库券,其准备金,则规定现金七成,有价证券三成,凡银行欲发行此券者,必须照规定准备金缴纳,方得领用。嗣后无论何行,不得自由发行,且为增进金库券信用起见,设立金库检查委员会,随时检查准备金,委员以银行公会会长、商会会长、税务处督办、总税务司、盐务稽核总所总会办、审计院院长等组织之,此亦统一国库及发行权之一法也。至于整理币制,原分硬币与纸币两种,整理纸币,因发行权已统一于国家银行或总金库,则应由国家银行或总金库负其专责,筹议办法,次第进行。惟整理硬币,非有精确计画,未能贯澈。而尤应从整顿造币厂入手,盖币质之良否,于国计民生,关系至钜,东西各国,造币之权,必归中央,盖以期技术之统一,而使供求之相应也,各省造币厂,原拟规定五处,即天津、南京、武昌、广东、奉天是也,其余各处,均拟实行裁撤,其后因为废止银两之预备,复于上海设立造币厂一处,以为全国之模范。(该厂工程,因款项支绌,半途而止,俟该厂开工后,宁厂即可废止。)乃近年以来,向所被裁之厂,有重行开铸者,亦有前本无厂之处,而近新设立者,共计至有十五处之多。各省自为风气,中央无法限制,以致银元成色不能统一,铜元价格日趋低落,紊乱币制,贻害人民,莫此为甚。今拟由中央统筹全局,负责整顿,嗣后关于造币厂用人行政,仍由中央完全主持,以昭划一而防流弊,基上计画,以确定国家银行为统一国库之根本。而纸币即得以整理,以整理硬币,为整理币制之先导,而尤以统一造币厂为入手办法,先后次第,拟定方针,财政金融,庶可巩固。此外如国际汇兑事业,亦应筹画建设。民国元年本部拟具兴华汇业银行则例,交参议院议决公布,但银行设立,并未成为事实。现拟参照各国先例,于银行系统中,列入国际汇兑银行,以为国外金融机关。兹将设置此项银行理由分述于次,(一)维持汇价,(二)奖励输出,(三)募集外债,

(四)代理国款,(五)吸收外金,(六)辅助侨商。基此各项理由,国际汇兑银行,实有即时设置之必要,但当今日商业凋敝之余,若欲推设金融机关于他国境内,自非政府人民协力进行不克有济,拟由政府酌量入股,并在该行设定特别存款,专供国外汇兑及吸收现金之用,仍许该行得以低息向中央银行通融款项,以资提倡而利进行。

壬　推行各种新税

划分国地两税,已以税系图表分晰其税目,而税目中未经举办,或举办而未推行者,亟应次第实行,国税中如所得税、营业税、丝茧税、茶税、糖税、矿税、出产税、销场税、登录税、承继税、运输税皆荦荦大者。查欧美各国,向来所采税目,大都直接税少,间接税多,今之趋势,则全与之相反,据国际联盟财政会议调查,一九〇二年之各国租税,以百分比例计之,美国直税七六,间税二四,英国直税六七,间税三三,意国直税六四,间税三六,德国直税六二,间税三八,日本直税五五,间税四五,法国直税五三,间税四七,盖以间接税之纳税者,非负担租税之人,反抗力较小,往往增加,以至于滥,其结果常使物价腾贵,压迫小民生活,故各国有所警觉,群趋于直接税之一途,尤注意一般所得,以为中坚。我国现行直接税,仅占总税额中百分之二三,比之各国,适得其反,除田赋外仅所得税、矿税、营业税三种而已。为今之计,宜应各国之趋势,注重于直接税,就上项各税中,先办所得税,而以营业税辅之,其次则办承继税、登录税。此外各税,如丝茧税、茶税、糖税虽系间接税,而实系消费。惟丝茧茶三种,为我国出口之大宗,于课消费税之中,宜寓保护国产之意,其税率宜取其轻,其他出产,则更应斟酌地宜。就大宗者酌课轻税,至于销场税,只能就大宗者酌抽于坐贾,不宜再有类似厘金性质之局卡出现,予社会上经济上之种种摧残,至洋烟洋酒,宜与我国土烟土酒课税平均。我国土烟土酒课税,平均确在百分之三十左右。民国四年,创行公卖,以百分之十以上至百分之五十为公卖费率,当开办公卖之初,原拟令洋商遵守新章,洋烟洋酒,亦照土烟土酒办法缴纳公卖费款,但交涉未有结果,迫不及待,不得已,将洋烟洋酒问题,暂行搁置,专意致力于土烟土酒之课税,遂致酿成偏颇不均之结果。查现行土烟土酒税率约为百分之三十,而洋烟洋酒仅百分之七·五,即将来免厘后,可以增加之率,至多不过十二·五,且仅纳海关税一道,即可通行全国,是洋货将以价贱而畅销,土货反愈贵愈滞,实有背通商平等之原则,故宜与各国另订特约,载明洋烟洋酒除一方面照约征收海关税一道外,再征内地税一道,合计其总额,以不逾土烟土酒所纳费税之总额为限,以期洋烟洋酒与土烟土酒之负担,常保持其均衡。此推行新税之宗旨及次第之计画也。

注一　见善后会议报告书

第二节　财政方针之现情

国民政府成立以还,始则奠都广东,继而武昌,又继而南京,数年之间,率皆兵革俶扰,战事频仍,掌度支者,第对于军事上需要,汲汲筹备,如发行债券,增加赋税,以供一时之急,以应各方之求。所谓军事时期,固别无财政方针之可言也。古部长应芬、孙部长科,任职期间虽短,其所筹议,多属扼要之图,宋部长子文继任财政,在职日久,对于财政会议、国府训政纲领会议、五次中央执监会议、编遣会议,始各有财政具体方案,提送讨论。兹特分项述之如下。

第一项　古应芬长财政部时期之财政政见

十六年夏,古部长就财政部职,正值进行北伐之时,昕夕以筹措军需为急务,任职仅四月,未及将具体计画揭示。惟关划分国地收支以及关税自主裁撤厘金各项,筹议所及,亦可窥其政见之所在。兹就官书(注一)所见,摘其要端如下。

(一)划分国地收支　我国国地收入,向来性质不分,以致权限混淆,流弊滋多。当经订定划分国家地方两税标准,将田赋划归地方,以为整理土地之预备，将厘金划归中央，以为裁厘加税之张本。其余各税，视其性质，亦分别划分，并将划定之各税名目，逐项列举，呈请国民政府明令公布。

（二）责成各省解款　本部以年来财用匮乏，实因中央与地方财权混淆之所致，中央应得之款，各省任意截留，各省支销之款，中央漫无稽考，财政既不统一，自难尽酌盈剂虚之能事，当以各省军事费用，向由财政厅认定数额，以及中央直接收入之款，应一律解部支配，以期财政统一，即经拟具议案，提交中央财政会议，议决通令各省财政厅厅长及经理中央收入各长官遵照办理。

（三）宣布关税自主　关税自主，既为全国人士所属望，又为先总理素所主张，自应迅速实行，以副先志而慰民望，当于中华民国十六年九月一日宣告关税自主，并将进口货物另订税则，颁布施行。

（四）裁撤国内通过税　厘金之为世诟病，由来已久，自非澈底清除，不足以苏民困，当经决定凡属于通过税之性质者，不问其名目为何，一律裁撤，以期与民更始，并经制定裁撤国内通过税条例，公布施行。

（五）改革税制　裁厘后之税制方针，以采取一物一税为原则，总期简单扼要，在国家可减少局所及征收人员，在商民则纳税之后，得畅行无阻，于国于民，两有裨益，当经拟具改革税制纲要，对于进口洋货、内地厂货、卷烟特税、特种印花税、煤税、面粉税、土烟土酒税、特种物品出产税等，列举改良办法，建议中央采择施行。

（六）改铸纪念币　从前市面通用银币，多为袁世凯像，自国民政府奠都南京后，即经提请政治会议议决停铸袁币，改铸先总理像新式国币，以志纪念。当经令饬南京造币厂遵办去后，嗣据该厂厂长呈称绘样镌模手续，尚需时日，准以民国元年之先总理开国纪念币旧模，先行开铸，并检新币发交上海总商会会同银行该业两公会化验，据复化验结果，成色重量，均能合制，即令造币厂依式鼓铸。

注一　见财政部财政月刊第一第二两册

第二项　孙科长财政部时期之财政政见

十六年秋,孙部长继长财政,承龙潭战役之后,继以西征,军事倥偬。惟筹画饷糈是急,任职仅三月,亦未及将财政上具体之计画表示。惟于金融、关税以及稽核税收各端,凡所筹议,足以表示其财政之方针。兹将其散见于官书(注一)者,择要摘录如下。

(一)续筹中央银行　中央银行,在古部长任内,即已着手筹备。惟以环境关系,迄未就绪,孙部长就事后,即以原任副行长王澂升任行长,另派黎照寰为副行长,颁布中央银行条例,一面从事组织,一面筹集资本,中央银行虽未能如期开业,然其基础已由此确定矣。

(二)设立金融监理局　孙部长就任之始,以统一部内之泉币司、银行监理官、交易所监理官、特种营业稽徵特派员等职务,特设金融监理局以综辖之。该局之任务,一方为执行政府对于银行交易所及其他特殊金融机关之监督,一方为巩固金融界之信用,使有充分之保障,旨在扩大财政部泉币司之组织,使之责有攸归耳。当派蔡增基为局长,设局于上海,虽进行伊始,不无困难。然对于各项金融法规,多所拟定,于金融界之裨益匪浅也。

(三)修订国定税则　自宣布关税自主后,即经制定国定进口关税暂行条例,并附奢侈品品目表公布施行。惟前项条例及附表,均系临时规定,只可作为暂行标准,亟须重行颁布国定税则,以垂永久,当经组织国税委员会以备事前详密之研究,并颁布国定税则委员会简章,以资遵循。

(四)举办各省验契　整理土地,首重调查与登记。现在各省拟设土地处,其中应调查应登记者,尤非从旧有之田契地契房契著手清理不可,为保障人民不动产之所有权起见,举办验契,实系切要之图。惟收费须力求轻微,时间须力求宽舒,收款须力求核实,当本此要旨,制定验契暂行条例暨各省验契章程等,通饬遵行。

(五)稽核各项税收　本部以税收之盈绌,全视稽核之宽严为衡,对于徵收各机关,非严定考成,规定奖励及惩戒办法,不足以裕税收而除积弊,当经制定徵收税捐考成条例,徵收田赋考成条例,分别公布施行。

注一　见财政部《财政月刊》第三、第四、第五三册

第三项　宋子文长财政部时期之财政政见

自十七年夏,朔南底定,全国统一,已入训政时期。宋部长召集全国财政会议曾提有整理财政大纲之方案,旋以国民政府讨论训政纲领,而财政部复拟具纲领,分年实施。十月五次中央执监会议,宋部长复提统一财政确定预算整理税收实行经济政策财政政策以植财政基础而利民生等案。十八年一月编遣会议,宋部长又有确定军费总额实行统一财政办法提案。盖鉴于已往致病之源,而补偏救弊,以立新财政之基础云尔。兹分列如下。

甲　全国财政会议整理财政大纲(注一)

兹者京津克复,全国军事,渐入结束时期,国民政府一切设施,自当有一崭新之局面。换言之,即军事将如何善后,政治将如何革新,以蕲①实现总理之遗训,负起本党之使命是也。惟凡百事业,恃财以行,整理财政,实为目前之急务。整理之道,首当认定目的,次乃讨究方法,请分析言之。

整理财政之目的

救财政之紊乱,则宜谋收支之均衡,防财源之枯竭,则宜谋富力之培养。前者属财政之范围,后者属经济之范围,二者相因,不可或阙。故整理财政之目的,即在向此二者分途并进。兹分举下。

甲、属于财政者。

一、为实行财政统一之目的,应划分国地收支。

二、为确定财政系统之目的,应统一财务行政。

---

①　蕲,qí,同"祈",意为祈求。

三、为剔除积弊平均负担之目的，应更新税制。

四、为巩固信用调剂预算之目的，应整理国债。

五、为防止军费无限之目的，应厘定军费。

六、为防止政费浮滥之目的，应厉行豫算。

乙、属于经济者。

一、为改良币制之目的，应确定币制方针。

二、为巩固金融之目的，应厘定银行制度。

三、为发达农工商之目的，应扩充陆海空交通。

四、为积极建设之目的，应励行兵工政策。

五、为提倡国货之目的，应保护贸易。

六、为开辟富源之目的，应发展生产。

整理财政之方法

目的既已认定，请述其方法如下。

甲、财政政策。

一、划分国地收支。我国国地收支，系承历史沿袭而来，性质不明，权限混淆。查建国大纲第十七条，中央与省之权限，采均权制度，凡事务有全国一致之性质者，划归中央，有因时制宜之性质者，划归地方，又查建国大纲第十一条，土地之岁收，地价之增益，公地之生产，山林川泽之息，矿产水力之利，皆为地方政府之所有，以经营地方人民之事业，及育幼养老救贫医病，与夫种种公共之需，用是划分国地收支，即应以此为标准，前经本部分别厘订，呈奉国府公布在案。惟因军事时期，尚难完全实施。现军事渐告结束，整理财政，尤以划分国地收支为先决问题，亟应根据前案，切实施行，以清界限，至划分后应如何酌盈剂虚，以有余补不足，或筹办新税以资抵补之处，由中央与地方斟酌情形办理。

二、统一财务行政。我国历年以来，中央财政，陷于困难，原因固伙，而行政统系不明，实其一端。夫地方与中央，当如手足之捍头目。乃考诸我国情形，往往形格势禁，财务行政，既不统一，不特无以贯澈政纲，即揆诸事实，亦难为继。现国地收支既已划分，则财政系统，极为显著,所有中央税款,地方不得挪移,中央委派之人员,推行之新税,地方均当竭力协助,务使脉络贯通,指臂交助,至收入、支出、存款、稽核四项,职权尤宜严格分立,切实执行,以期祛除积弊,刷新计政。

三、更新税制。我国原有赋税制度,按诸财政学理,固多未合,而苛捐杂税之撤废,则党纲早经规定,尤应克期实行,其最要者。

子、整理旧税　旧税之亟待改革者甚多,其最要如下。

甲、关税　关税自主,为振兴我国实业之最要关键。现在国家税则,不久即可制定,一俟统筹就绪,即当实行自主,但实行时期最迟不得逾十七年度。

乙、盐税　盐税本为恶税,英美诸国,早已废止。惟此税为我国国家重要收入之一,一时未易遽废。为改良整理计,必须就场征税以裕国课而利民生。

丙、田赋　田赋虽已划归地方收入,惟为划一办法免致纷歧起见,自当积极实行清丈,以期厘定全国地价,制定划一地税,完成全国土地整理计画。至清丈经费之筹集,则可就各地情形,酌量仿照江苏宝山昆山办法,以举行田亩注册为着手整理之第一步。又我国旧制,重于耕田,而轻于宅田,亦与赋税分配平均之原则不符,为矫正计,宜先就都会实行宅地税,此亦为改革田赋中之要着。

此外如烟酒税、卷烟特税、印花税等旧税,亦宜加以积极整理。

丑、推行新税　新税中之最有发展可能者,计有三项。

甲、所得税　所得税制,类采累进税率,其主旨在重富者之义务,而轻贫民之负担,欧美日本诸国,均认为优良税法。我国自亦宜切实施行。

乙、遗产税　遗产税亦为调剂贫富政策之一,取之于未得之财产,使纳税者忘其严苛,惕之以权利之存亡,使纳税者惮于讳饰,法良意美,自不待言。惟创办之初,税率自宜从轻,庶几人民乐从,可收推行尽利之效。

丙、特种消费税　厘金病国病民,既在所必废,则抵补方法,自不可不预为筹及,而特种消费税之举办,实为过渡时代所必要。惟特种消费税,应以奢侈品为限,其特税之徵集必需品者,自应绝对禁止,或克期撤废。

四、整理国债。国家财政,容有枯竭,不得不举行国债,苟能维持信用,则徵集甚易,而周转有资。我国外债,向极紊乱,应遵国民党政纲偿还并保证外债。以中国所借外债,在政治上实业上不受损失之范围者为断,并招集各职业团体、社会团体、组织会议,筹备偿还外债方法。至于内债,其有确实抵押品者,宜力予维持原案,无确实抵押品者,亦应设法整理,藉维信用。

五、厘定军费。现在军事甫告结束,裁兵善后,丧亡抚恤,在在需款,此项临时经费,亟待筹措,以资应付,至经常军费,自应有一定限制,如无限制,财政整理,万无实现之可能,宜商定军事当局,划一军制,确定军额,拟以岁入百分之四十为军事费,至于领发手续,似应特设机关办理,使军需得以独立。

六、厉行预算。预算为岁计之标准,酌剂全局,贯澈政纲,胥在于是,税收如何编定,经费如何支出,应由主管机关,依照会计审查法规,编成收入支出预算书,送由财政部审查后,转送财政监理委员会核定。然后发支付命令,方得领款,凡预算外需用款项,非先核准,不得率请追加,所有计算书及凭证单据,须由财政部及审计部严加考核,分别准驳,务使涓滴归公,以重国帑。

乙、经济政策。

（一）确定币制方针。币制握财政之枢纽,与国民经济最有关系。我国币制之坏,由来已久,根本之计,宜遵总理钱币革命计划,并确定分步进行方法。此外尚有目前应计及者二端。

（甲）推行纸币集中主义。销却旧币,改发新币,以发行新钞之权,集中于国家银行,各地方由国家银行设立分行分号及兑换所,以实行集中主义。

（乙）推行金汇兑本位。币制之定本位用银说,既非世界潮流所许,而用金又非我国富力所能,择其最适用于今日情形者,第一步废两改元,确定银本位,第二步推行金汇兑本位制度,而着手之初,当以创办信用卓著之国际汇业银行，为施行本位之助。

（二）发展银行业务。银行政策，恒与全国金融息息相关，今日为中国谋银行之发达，须行下列数事。

（甲）组织国家银行。国家银行，有代政府管理国库发行纸币之义务，倘我国欲实行金汇兑本位，尤须有最巩固最完备最信用之国家银行。现宜将国家银行，从速组织，所有发行纸币、整理金融、代理国库等事，统归经理，业务既增，势力自厚。

（乙）筹备汇业银行。近年偿还外债本息，均由外国银行经理，磅价汇费，暗受亏损，如设汇业银行，此后华侨汇入之款，与外债应偿之费，两方就近划抵，其利益尽为该行所得，周转已灵，操纵自易，

（丙）筹设农工银行。国民生计，全在农工，期农工事业发展，必先使其经济流通，筹设农工银行，贷以低利资金，俾资运用。

（丁）奖进储蓄事业。近年外人所办之储蓄机关，如万国储蓄会等类，多含赌博性质，亟应切实取缔，一面宜集国内资本，奖进储蓄事业，养成国民储蓄习惯。

（三）扩充海陆空交通。国家财政，所赖以开浚利源者，厥惟实业，而实业能否发达，则以交通机关能否完备为断，交通计划，总理言之最详，果能切实进行，先从路政入手，俾全国交通便利，工商业均能发达，实为救国之本。此外如奖励航运、航空，改良邮电，均为最重要之设施。

（四）实行兵工建设。军事底定，即当着手裁兵，实行总理兵工政策，预定建设费八千万元，三年期内，专以被裁之兵、从事水利、道路、屯垦等建设事业，此项建设费，应即确定。

（五）保护贸易。现在外货充斥，国货不振，为挽回利权计，亟应切实提倡国货，立即废除苛捐杂税，实行保护贸易制度，订立奖励出产品及推销办法，并颁定贸易合作法，（统一对外贸易，集中进口出口，由各业各自组织合作部，其资本由各业分担百分之几，）并由政府于通商口岸，设局监督指导管理，并在各国设商务参赞，以资保护。

（六）发展生产。中国为资本落后之国家，自以发展生产开浚富源为亟，总理遗教，言之綦详。兹将应举办者略举如下。

（一）遵总理计划实行铁矿国有政策，以便多设钢铁工厂，为国家谋公共利益。

（二）遵总理计划将煤油矿及各特种矿，第一步以收归国有为原则，第二步以社会公有为原则，至商办各矿，著有成绩者，政府力予保护，以资提倡。

（三）遵总理计划实行国际公同发展实业，以完成富强基础。

（四）奖励制造矿业机械，及设立各种金属之冶矿机厂。

（五）实行提倡渔业政策，以发展全国水产之利，遇有沿海大宗渔业，为人民力量所不及者，可采国有营业办法办理。

（六）实行提倡森林政策，以发展全国材木之用，遇有沿海大宗森林，为人民力量所不及者，可采国有营业办法办理。

（七）督促全国励行畜牧事业。

（八）振兴农田水利。

注一　见全国财政会议汇编

乙　训政时期财政设施纲领(注二)

国民政府财政部自成立迄今，已逾一年，对于财政方案，迭经研究整理之法。惟在军事时期，各省状况，多涉纷歧。现值军事底平，训政开始，非厘定章制，不能挈领提纲，非分别实施，不能振新刷蠹。其间收入支出之划分，中央与地方权限之分配，以及税制之整理，货币之改良，均须一一规划，期于最近期间，完成财政统一，以实行建国大纲。兹将施政纲领分列如下。

（一）划分国地收支。

甲、按照总理均权主义，修正国地收支标准案，呈请国民政府颁布施行，使中央与地方，共同发展。

乙、前项国地收支标准案，中央及各省，应遵照规定，详为划分。

丙、中央及各省，同时整理国地收支。

（二）统一财务行政。

甲、国税范围内之征解办法，均照财政部章制，或由各省呈请核准办理。

乙、国税范围之人员去留，均由财政部主政，或由各省呈请核准办理。

（三）编订财政法规。

甲、厘定各种税法。

乙、厘定各税施行程序。

丙、厘定征收人员考成条例。

（四）改定财政组织。

甲、厘定财务官署之组织，以明权责。

乙、裁并骈枝机关，以节经费。

丙、确定财务官署之系统，以资考核。

（五）整理旧办各税。

甲、关税

一、在自主以前，应将国定税则，从速编订，呈请国民政府核定，至迟于本年十月一日公布。

二、十八年一月一日实行关税自主。

三、确定关税互惠方针，须具自由改约及平等互惠之精神。

四、革新关税行政，自宣告自主后，华洋职员之待遇，一律平等，一切行政，庶不背乎合理的原则。

乙、盐税　第一步以统一收入，划一税率，整理场产，推广销运为要素，第二步以废煎改晒，建设盐仓，就场征税为主旨。

丙、田赋

一、会同内政部举办全国土地调查、测量、登记事宜。

二、实行私有土地报价，改定地税。

三、其他市地税，按各省情形，次第推行。

丁、卷烟税　按照成绩较优之规制，推行于全国。

戊、煤油税　仍本就仓征税制度，推行于各省。

己、烟酒税　先从税费合一入手，所有通过性质之税，一律废除。

庚、印花税　打破包税制度，厉行实贴，养成人民纳税习惯。

辛、裁撤厘金

一、由部设立裁厘委员会，预定于本年底一律裁竣。

二、现行之各种国内通过税，分期裁撤，一洗以前厘金之积弊。

（六）推行新办各税。

甲、特种消费税　厘金病国病民，在所必废，应择奢侈品及消费最广之必需品，改办特种消费税。（如糖类特税、织物税、出厂税等。）

乙、所得税　采累进税率，以重富者之义务，轻贫民之负担为主。

丙、遗产税　此税以调剂贫富为主旨，但初办时，税率宜轻，以期人民乐从。

丁、营业税　营业税向属省地方税，应由本部颁布大纲，于裁厘后各省一律实行，确定为地方收入。

（七）厘定军事各费。

甲、在目下全国财政未经整理就绪以前，所有兵额及军费，拟照全国经济会议原提案所规定，酌留军队额数为五十师，每师一万人，预算每师每月经临费二十万元，合计每年须一万二千万元，其他海空军、兵工厂及军事机关、军事教育、添设兵工原料制造厂等费，每月假定六百万元，年须七千二百万元。

乙、由军事委员会逐时统筹造具预算，分期缩减，以期达于预定五十师之军费数额。

（八）厘定政事各费。

甲、行政费应设法撙节。

乙、事业费应设法增加。

丙、建设费，军事底定，着手裁兵，即以被裁之兵，从事水利、道路、屯垦等建设事业，其经费由财政部就原支军费项下按期缩减，腾出经费，从事建设。

（九）厉行预算决算。

甲、第一步就中央及各省现在实可收入国税范围内，支配军费、政费。

乙、第二步各省再就国家税收入分类数、国家费支出分类数，报告财政部。

丙、第三步财政部按照各省所报,编行全国预算书。

丁、第四步中央及各省关于国家税国家费均须编造决算,以资审核。

(十) 监督地方财政。

甲、省地方财政,特别市财政,所有预算决算,应照现制编订,报请财政部核准,财政厅对于各县及普通市亦同。

乙、省地方收支及特别市收支,遇有新设税目,暨增加支出,或募集公债时,均应报请财政部核准施行之,财政厅对于各县及普通市亦同。

丙、各级地方人民,对于本省地方财务行政,有建议或呈诉时,本部有交议行查及指示改定之责。

(十一) 改订币制方针。

甲、第一步改两为元,实行银本位,主辅币十进制。

乙、第二步施行金汇兑本位办法。

(十二) 确定银行制度。

甲、组织国家银行,以代理国库,发行钞币,整理金融,为惟一任务。

乙、筹备汇业银行,以为国内外汇款划抵周转之枢纽。

(十三) 整理内外债务。

甲、内外债凡有确实抵押品者,维持原案,继续履行。

乙、清理内外债,其无确实抵押品者,设立整理委员会,分别审查整理之。

(十四) 保持金库独立。

甲、国家收支,统归金库办理。

乙、未设金库之地,应由管理金库之银行委托代理之行号办理。

(十五) 养成财政人才。

甲、中央设立财政学院,各省分设财政训练学校。

乙、实行考试制度,登进经济财政商业各科之人才。

(十六) 举办财政统计。

甲、编发各项统计表册。

乙、制定各项图表。

丙　五中会议统一财政建议（注三）

自上年之夏，奠都金陵，中间北伐停顿，已逾半载。子文[1]于本年一月七日，复长财政，时值旧历年关，东南各军，饷需已积欠数月，同时给养且将不继。在中央税收所恃者，计有江浙皖三省，皖省尚无款可解，实只恃江浙两省而已。自惟材轻任重，深惧勿胜，所幸学识虽不如人，各界尚能见信，故到任后，旬日之间，勉筹一千二百余万，对于中央军政各费，付足一月，对于各方协济各款，亦略有补助。顾旧历之难关已过，而北伐之大计实行，遂有为军事委员会总司令部每五日预筹一百六十万之责任，以三省之收入，而供北伐之军费，短绌既钜，弥补尤艰，际此危险困难之时，只顾筹此急如星火之军费，势难专恃整理需时之税收。计惟有一方严定所属考成，责令报解，一方筹发各项债券，分别劝销，且收入固有时不足，军费则万难延期，更惟有向各银行陆续垫借，勉强维持。盖以发款限期，只隔五日，国家银行，既未成立，临时垫借，亦难通融，磋商辄费数日之久，转瞬又届发款之时，环境避免无方，旦夕不遑宁处，完全以有用之精力，消耗于无谓之周旋。在子文但求军费足资应付，后方勿起纠纷而已，当时之目的及政策。惟一希望，在北伐之成功，其他尚无暇同时计及。盖事情宜审缓急，步骤应有先后，整理财政自有根本解决，非可一蹴而几也。

故当时计划，皆从急则治标入手，尤从收入大宗者着想，亦非此不足以济缓急而资挹注。如两淮盐税，年收一千二百万，时因垫缴税款已多，各岸私盐充斥，运销困难，商人裹足，税源几绝，收入毫无，乃经若干周折，始定每月预缴一百五十万之议。他如改订卷烟统税，及整理煤油特税，皆因大局未定，不能不迁就事实，先使其办法统一，收入确定，乃足以取信中外，而以之拨充库券及公债基金，一面限令其他税收，加增解款，严定五日报解一次之限期。中央税源，止限于此，徵收

---

① 即宋子文。

区域,亦止限于此。所恃以筹措北伐军费及中央政费者,亦止限于此。其时国际外交危险,国内战事激烈,凡可以设法借垫者,罗掘已穷。幸赖总理在天之灵,及前方将士用命,旋将十余年祸国殃民之军阀,分别打倒。而全国军事上,乃有统一之希望。子文于当时危急存亡之际,虽有种种计划,又何敢轻于进行,既未便创为高论,自诩其能,尤未便强令输将,重沽民怨。况不平等条约尚未废止以前,关税有协定之明文,遇事先无妥协,则易滋误会,强欲实行自主,又虑起纠纷。若以整理收入,而专注于国内,则又为本党政策所不许,更非吾人整理之本旨,故子文认为时机未至。惟冀现状得以维持,筹款即有把握。无论如何,总以不多所更张,不发生变化为原则,免致动摇根本,扰乱人心,影响大局,故本部所发行之库券公债,如二五库券,其价值已与票面相等,续发二五库券、卷烟库券,则已值九成以上,而近日市价,仍均有蒸蒸日上之势,务使基础巩固,则信用自增,尤不得不慎重者也。

北平既克,军事已告一段落,为预备训政实行时期之财政方案起见,子文当于上海集合全国金融界实业界及经济学者举行经济会议,复于南京召集各省财政长官及各军代表财政专家举行全国财政会议,分定财政政策及经济政策二种。其最要者,如划分国家地方之收支,及统一财务行政,裁厘加税,关税自主,整理国债,画一币制,维持贸易及金融,审订银行制度,确定国家银行基础,并拟发行公债,筹备裁兵建设等费,均期始终贯澈,坐言起行,不独政府政策所应尔,抑亦全国人民所渴望者。盖非战争结束以后,财政上一切根本计画,无从实施,故从前设施者,乃局部的临时的,而此时所拟订者,乃整个的永久的,且经会议详加讨论,力求其完备及贯澈而后已,所有该两会议议决各案,已印送各委员参考。惟仍有待于决定后,善择时机,次第实施,盖为政不在多言,顾视力行何如耳。兹更列举其根本办法如下。

目前根本办法,不外统一财政与确定预算,以上两大政策,如不能决定实行,则整理财政,虽放言高论,亦徒托空谈,其他皆属枝节问题,更无实行之希望也。现时所谓中央收入者,只江浙皖三省,已如上述,而皖北匪患频仍,肃清有待,其收入尤不可恃,只能以半数视之。此三省收入，每月虽有九百万元之名，实际上则二五内地税、卷烟税、煤油税、印花税均已指定为库券及公债基金，即如盐税、麦粉税亦均为银行借款担保，按月收入，均已抵扣本息，一再抵押，已不啻完全供北伐军费之用，期满尚需岁月，此无庸讳言，亦无可讳言者也，故其结果实收只有四百余万之谱。在六七月以前，尚能勉强维持者，亦以有库券公债之推行及金融界之垫借也。此在作战期间，商民尚能忍受一时之痛苦，而求全国统一后，乃有澈底之解决，故对于募集债券，则勉应之，对于借款抵押，则承受之，皆恃商民奋其义愤，鼓其勇气，通力合作，一致援助，希望我革命军胜利，不独债券与借款之本息有着，尤以军阀铁蹄之下，官僚剥削之余，内受历年军事蹂躏，外来国际经济压迫，商民困苦，死里求生，乃得收此效果。今战事已平，政府决不能长恃借债以应开支，而商民亦再无此项财力以供需求，可断言也，故财政如不能统一，不独对于各省之支配，不能平均，决无办法，即对于中央之现状，亦不能维持，更无办法，可断言也。

至子文之所谓财政统一者，并非好高骛远，强各省以难能，而故作离于事实之言论，以博一鸣惊人之叹赏。盖其限度最低，其范围亦甚狭，所希望者，先由中央现办及新创者推而及于各省，并按新定之国家地方收支划分办法，将旧日地方代办者，次第划分，收归中央，同时即将军费及应归中央支出各款，均由中央完全担任支发，尤须各省一律，定期同时次第实行，否则中央既无点金之术，各省每多向隅之叹，非通筹全局，则支配不能平均，支配不能平均，则争执将由是而生矣。其统一办法，则已由财政会议议决，如规章、如用人、如行政、如收支等皆是，而中央对于用人，尤以人才为前提，殊无成见，原任职员，应资熟手，但使奉公守法，不越范围，中央并无预定更换之意，此以明中央所希望者，只在用人权之统一，并不因个人而有省界之问题，此则不可不重言以申明之者也。（详见财政会议第一议决案）。

其次则为确定预算。夫国家之支出，皆有定额，惟我国无之，故民国十余年来，财政之纷乱如是，是为最大原因。溯国民政府在广东成立时，即有预算委员会之设立，军政各费，皆归其支配，故政府当日财政上所以尚有日日进步之形式者，亦恃乎此。自奠都金陵后，所有前项预算委员会制度，不问其是否合宜，并不存其名，在军事时期，于纷乱之中，军费固成为惟一之主要支出，如两粤、两湖、陕、甘、豫、山西各方面，方竭尽心力，以应付军费，而中央所恃者，只江浙皖三省之收入，又安能编成全国之预算而平均支配，此皆事实之所致也。故财政当局，于军事时，只能直接对军事委员会及总司令部负责，并由军委会及总部自负其支配之责任，决不能对于任何方面，同时负发款之责任也。夫军费支配之权，既属于最高军事机关，财政当局，除担任筹拨外，自不能有所顾问，而处此财政支绌收入有限之时，即完全供给军费，尚虞不足，则政费之竭蹶，更可想见。虽有财政监理委员会之组织，在事实上中央之收入既如是，尚安有余款依政费之需要，供监理委员会之支配乎。故各机关政费，惟有日向财政部交涉，而财政当局，亦日惟应付各方面而适当其冲，更无暇计及整理财政之办法，此亦为原因之一。

为今之计，如果能实行财政统一，确定预算，同时应立即组织强有力之预算委员会，将所有国家收入完全交其支配。各项预算，既已确定，则收入上之有无侵蚀，支出上之有无浮滥，应由审计院严密考核，至财政部所管国家收入，应悉数报告预算委员会，并存入国库。收入如有不足，则由预算委员会按成均分，支出如须追加，仍应由预算委员会议决核准。中央与地方，对于国地收支，如有意见参差，或互相协助之必要时，亦由预算委员会秉公解决，非经预算委员会核准，不能支付，非经审计院核准，不能支销，庶几财政公开，各方均得平允而无畸轻畸重之嫌，一面并将收支各款，由各机关如限造报财政部，逐日公布，此尤子文所极端主张者也。

考各国预算制度，恒经过立法、司法、行政三层程序，由行政机关编制预算，由立法机关决定预算，由审计机关考核预算，今以党治国，在此训政时期，立法院未成立以前，暂由国民政府组织预算委员会以当此决算预算之重任。就行政系统言之，国府应有整个的施政方针之必要，且预算确定，则事前既有审查，事后尤严考核，于吾党造成廉洁政府之主旨，尤为相合，财政上之组织，尤似非此不能健全也。

总而言之,必俟统一财政,确定预算,财政乃可根本整理,以前财政尚不能根本整理者,其要点有二,(一)因战事期内,税收视为饷源,恐一有变更,影响及于军费,不得不暂维现状,(二)因国际关系,不平等条约,尚未取销,为所束缚,如有创制,虑涉外交,不得不稍待时机。今全国粗平,军事既将结束,国际亦表赞同,裁撤厘金,已决议于先,关税自主,又订约于后,根本上已有整理之可能。往者各项税收机关林立,亦殊有不得已之理由,如内地税、煤油及各项进口货特税,若归并海关,则有关主权。况尔时全国尚未统一,各省互立徵税局卡,甲防乙省货物漏税侵入,乙恐甲省商贩瞒税减收,乃不得不有各省边境林立机关之举,倘厘金裁撤如期,关税增加有望,自成一条鞭办法,所有前项各机关,或应归并,或应废止,更有根本解决之可能,而与税收则有盈而无绌,此尤时机问题与事实问题所得当然之结果其他经济政策,与财政政策,亦皆可次第见诸实施矣。此则子文敢掬诚为党国人民陈长治久安之策者也。

本案提出三项要点简单说明

(一) 划分国家地方两税,请依照经济财政两会议议决案执行,以树统一财政之基础。经济财政两会议,系财政部召集金融界实业界经济学者财政专家及各省地方长官组织,凡所议决各案,本总理遗教,经各界或地方代表之通过,故关于国地两税,纲举目张,较为详明。大会照此议决者之理由有三,(甲)宁息国地收入争执之纠纷,(乙)适合各省政府人民之意旨,(丙)推行整理财政计画之便利。因上三端,所定标准如下。

甲、国家收入　如盐税、海关税、内地税、常关税、烟酒税、卷烟税、煤油税、厘金及一切类似厘金之通过税(指裁厘未经实行以前)、邮包税、印花税、交易所税、公司及商标注册税、沿海渔业税、所得税、遗产税、国有财产收入、国有营业收入、中央行政收入及其他属于国家性质之现有收入。

乙、地方收入　如田赋、契税、牙税、当税、屠宰税、内地渔业税、营业税、市地税、所得税之附加税、船捐、房捐、地方财产收入、地方营业收入、地方行政收入及其他属地方性质之现有收入。

（二）关于国税之规章用人行政收支四项，请由财政部主持办理，以明统一财政之责任。国地两税，既经划分，地方税已归各省管理，则国税亦应由财部主办，各重职权，事乃有济，国税既属财部主管，其规章用人行政收支，当由财部负责，规章宜求划一，用人宜审才识，行政宜权轻重，收支宜严出入，如臂使指，办理始可收效。以上诸端，具载经济财政会议议决案内，大会定为法规，财部庶能尽统一之责。

（三）关于军政各费，请由国民政府设立预算委员会，先定收数，次为支配，以收统一财政之实效，国民政府为全国军事政治所自出，财部为筹发军政各费之枢纽，必先定预算，财部乃有支配之标准。

（甲）请由国民政府设立预算委员会，财政部将所有收入列册请委员会核定，俟核定后，财政部即本此标准，整顿收入，统由国库经理，是谓收入统一。

（乙）财政部预定军政各费，年需若干，请预算委员会核定，俟核定后，财部即照预算所定支拨，是谓支出统一。

（丙）倘国地收支，中央与地方意见参差，或有互相协助之必要时，可由预算委员会秉公解决，是谓政令统一。

（丁）如遇收入不足时，由预算委员会先就预备金项下填补，再有不足，照预算所列之数按成均派，以免偏畸，是谓分配统一。如是庶财部施政，有所准则，而用途亦平允矣。

丁　编遣会议确定军费总额实行统一财政办法提案（注四）

编遣会议以核定军额促成裁兵为原则。惟兹事体大，头绪纷繁，而与财政方面，尤有深切之关系。缘军费之核定，一方面固须视目前军队原额之多寡，而尤须适合财政之状况，谨将财政情形，撮要报告本会，尚冀俯赐采择焉。我国财政，纷如乱丝，素无精确之统计，只能就大概数目，列举如下。

查民国财政史所列，民国五年，全国收入为二万九千五百万元，又查民国十四年财政整理委员会统计，全国收入为三万四千五百万元。兹预计民国十八年，约可收入四万五千七百万元。（阅第一表）

民国十八年收入数当为目前最重要之关键,但仍未可认为精确之标准也。盖全国财政,既未能统一,二十二行省及各特别区中,仅苏浙皖赣有较完全或确当之数目报告到部,可以稽考,其余省区,有仅报告一部分者,有完全未报者,且有数种税款,因军费关系,挪用借拨,已空无所有者,情形各不相同,虽欲为之统计,苦难着手,财部只能就各方已往及现在状况,设法搜集材料,详为厘定,汇成总收支表数目,固未能谓为精确。然或亦相去不远矣。(阅第二第三表)

照第二表所列,收支不敷,已五千余万元,有须加以说明者,(一)新颁关税税率实行以后,虽比较现在所收关税及二五附加税等每年可增收若干。然各国商人,鉴于新税率将次实行,赶于今年年底预先将货进足,是以近来进口货极旺,迥与往年情形不同。迨十八年二月新税实行时,高税级之进货必少,增收之税,自必无多,此虽一时之现象,久后仍必逐渐增加,然已缓不济急矣。(二)厘金于未裁以前,全国每年收入,约七千六百万元,裁厘以后,择其无碍民生者,改办特税,以为抵补,在裁旧改新青黄不接之际,影响收入,为数不资,财政上又受一种困难,(三)偿还公债表列一万五千万元,系就有确实担保之内外债数目填列,其余无确实担保之内外债,尚未列入,(四)政费表列九千五百余万元,其中必须之财务费,实占大宗,而财务费中尤以海关盐务厘金三项坐支经费占大多数,财政部直接支付者,每年不过七百余万元而已。(阅第四表)

综观以上之状况,并以表列收支之数而比较之,每年不敷五千余万元,而所列军费一万九千二百万元,乃系根据全国经济会议全国财政会议议定,每月军费一千六百万元,以陆军五十师及海空各军暨学校兵工厂中央军政费陆军预备金一千二百万等合并规定,此一万九千二百万元之支出,在四万五千七百余万元收入中占百分之四十一。(阅第六表)

若就实际而言,于四万五千七百余万元收入中,除去必不可少之偿还债务及财务费而外,军费已占百分之七十八,此犹就经济财政两会议定之数而言,若逾此范围,则不敷之数,更无从计算矣。

今即就上数而假定之,全年不敷,已如此之钜,若使财政能完全统一，中央各项税收，毫无障碍，犹可以从容补苴，倘稍有紊乱，不循正轨，则不敷更钜。盖支出一经定额，决不能短少，而收入频遭阻挠，何以应付，当经济财政两会议议定军费时，明知国内财源枯竭，人民方面，明知国家财力薄弱，其所以不量入为出使收支适合者，亦鉴于军队之不能一次裁汰，军费之不能骤然过减。纵有不敷，只可暂作临时之筹补，以求武装同志之谅解，维国家于不敝，至各项政费，亦系照旧预算列表。现在政府所设之五院及各机关经费，其预算尚未经核定通过，预计至少数亦必年增一千二百万元，不敷之数，又须增加矣。

或谓中国一切税收，较各国为轻，财政当局，当可设法增加岁入，是则不明国家之大势，不就事实上着想之言也。我国连年战争，民不聊生，军事之后，继以灾歉，民生困苦，于此已极，若于此时骤议加税，恐难收效，且现在之财政，纷乱如斯，只有先求达到统一为整理之初步，以期逐渐趋入正轨，庶几有豸。即如海关新税率，非一蹴所可收得成效。又如营业、遗产、所得各项新税，亦须逐渐推行，数年之后，方能有成，不能以尚未确定之计划，而应目前之急需，总以足踏实地，努力做去，方可措国家于磐石之安。

基于以上所述，完全为国家财政统一以后而设计，非所以论目前之状况也，详察现在全国税收之情形，其紊乱散漫，较之革命战争时期，未必有若何之进步，各省特别区如两湖两粤陕甘豫晋察绥等之国税，完全为驻军或地方行政机关自动支配，东三省及川滇黔，更不待言矣。至于蓟鲁闽三省税收，虽悉充军政之用，而征收人员，尚系由中央委派，其他各省，并征收人员亦为地方或军队委派，其间或有报告，而大多数并报告而无之。

现在中央所恃以为税收之源者，仅江浙皖赣四省而已，四省之中，赣省收入，悉充就地驻军军费，尚虞不足。皖省收入，本属有限，又加驻军复杂，交通不便，固有税收，有绌无盈。所谓完善之区，苏浙两省而已，再进而言之，苏浙虽号称富庶之区。惟以连年大军征讨，又加以首都所在，机关林立，为必需之军费政费所迫，将税收中最重要之部分，如海关税二五附税卷烟印花等税，相继拨充发行库券公债基金，原拟北伐告成，为通盘之筹划，从事整理。冀舒喘息，只以种种原因，延至今日，编遣会议，甫能开幕。自今日回溯以前六个月中，军费固不能若何减轻，而训政伊始，政费又日见增加，以两省有限之收入，供全国多数之支出，他省既无协助，势不得不挖肉以补疮，如煤油税也，麦粉特税也，增加一部分之盐税也，或拨充续发债票之需，或指作银行抵品，以救燃眉之急，计本年六月至十一月之税收税款，只占百分之五十五，而库券公债及借款，乃占百分之四十五。（阅第七表）

凡此种种借债度日之情形，非笔述所可以罄尽，详查附表，较之笔述尤为易于明了也。

财政枯竭之情形既如此，如再不能迅谋财政统一之实现，此后实陷于山穷水尽毫无办法之境界，纵使人民及金融界能本其爱国热诚，协助政府，继续贷款，无如政府之抵押品，已抵无可抵，押无可押，欲利用外资，而以前之债务，尚未清理，信用未复，谁肯借贷。再就内债而言，一借再借，银行及人民现金之活动能力，已日感疲滞，对于政府，心有余而力不足。上月北方金融风潮，金融界情势极为险恶，此虽由于军阀借债为内争之余毒，非我国民政府之咎，而殷鉴不远，若我长此以往，恃借债为生活，日积月累，纵有极稳固之银行，亦必为债务所累而被牵动。其结果更增外国银行操纵中国金融之势力，较之往昔，变本加厉，无须战争，已成列强之经济殖民地矣。

中央财政，危如累卵，固如斯矣。环观各省地方所感之困难，亦复无异于中央，若不急图补救，不但教育建设，绝无发展之希望，虽欲维持现状，恐亦不可得也。

各委员今日共聚一堂，同谋国是，对财政不统一之害，皆已灼知洞鉴，必须为国家开辟生路，以脱此险恶之环境。愚见所及，惟有严格的规定军费，积极的统一财政而已，财政部于财政统一后，对于一万九千二百万元之军费，勉为负担，断不使武装同志，有饷需匮乏之忧，今再将统一财政之关键，约略陈之。（一）中央财务上之行政，须直隶于财政部，任何方面，不得干涉，方得收有统系有威信之效果，否则稍有阻碍，统系必紊，威信必堕，虽有良猷至计，安能收效。（二）用人权完全属于中央,然后如身之使臂,臂之使指,收指挥若定之效。然所谓用人者,非用一己之私人,即如各方固有之财政人员,同为国家服务,只须能尽职责,能励操守,中央方保障登庸之不暇,绝无撤换之虞,财政部为事择人,对于财政官吏,但有区域之调动,而无人我之成见,各省对于中央所派官吏,如于行政上操守上有不当之行为,尽可向国府或本部举发,自有法律以为之制裁。(三)属于中央之各项税收,各省绝对不加干涉扣拨,俾财政部得以统筹支付,则金融之运用自活,财源之整理有方,国家之急难可舒,而财政部对于以上三端,绝对公开,以求全国民众同情之谅解。至于军费之应如何支配,当然属于编遣委员会之公决,财政部于军费确定而后,悉遵编遣委员会之办法办理而已。惟是子文对于军费预算,更有下列之说明。

按照年定一万九千二百万之数为限度,并使财政上能即行统一,预计十八年度不敷已有五六千万之钜,且一方面急须筹措编遣费,一方面旧历年关已届,向来旧历正二两月为税收极淡月分①,平均两个月只能作为一个月之收入。而财部既实行接收各省中央税收,不能因目前淡收而减少其支出也。且各方中央税收,已行抵押者,不在少数,经中央接收以后,于短期间当然更不能适合预算所列之数目,不但政费日增,其多年未行清理之内外债,亦将成为问题,此于接收后复须经过无数之波折与困难也。此次缩减军费,各军事长官当然感受异常之困苦,而中央欲统一财政,其困苦亦复与各军事长官相同,吾人不能畏难苟安,当以精神毅力贯注于统一之途径,切实遵行,互守勿渝,俾掌财政者,得以放手做去。第一要点,即全国税率先当划一,使商民负担,可以平均,走私漏税,以及包庇卖放之弊,可以杜绝,则徵收机关,可以归并,财务经费,可以节省,不须先汲汲于加税。但就固有者整理之,包可增加收入不少,今试举一例以证明之,各省盐斤课税之轻重不一,甲省税高者,则乙省低税之盐,冲销甲省,走私漏税之方法,不一而足,不肖之军政机关,又从而夤缘为利,包庇奸商,暗为协助,官盐反因

---

①　分,同"份"。

以滞销,税收遂无形损失,此皆税率不划一之害也。

今果能实行全国统一,则一年之后,收入定可增三分之一,而两年后,可以倍之。昔我国民政府在粤时,广东全省年收自二千余万元增至一万万余元,此无他,能统一之效也。现在如予以整顿时期,不敷五六千万元之数,不足为虑,且自此以往,开源节流,库有余裕。所谓实业也,教育也,建设也,可以一一从容扩充而振兴之,中外人民,对于政府之信仰自固,投资事业,亦将风起云涌,民生问题,亦因而成自然解决趋势,熙熙皞皞,共享郅治,富强之基,实肇于斯,凡我同人,如皆具有决心,排除万难,毅然行之,则财政部敢为下列之请求。(一)属于中央性质之税收,绝对归诸中央,地方不得附加或分拨,(二)于财政原则上,用人行政之权,地方任何机关,不得丝毫干涉,(三)各铁路现在津贴各军之款,应拨归财政部,各省在地方收入项下津贴军队之款,亦应照常拨交财政部,不可因统一而卸责,(四)所定之军费,应包括各省之省防军在内,否则各省又将藉口而有扣用中央税收之情事,(五)军费总额规定以后,如何支配,在外省者,财部如何拨付,编遣委员会须明定办法,呈请政府公布,俾各军事机关暨财部,皆有所适从,则各军队无论驻防何地,依时有十足之收款,一方面财政当局,不患随时增加,致感无限制应付之困难。

以上五项请求,所以保障财政机关,俾能完全行使职权,为统一之实施基础,如蒙大会采纳实行,则财政部无论如何困难,每月在各指定地域,必负全责,筹发十足军费,子文详思熟虑,舍此而外,实无其他办法,故敢不惮烦哓,剀切陈述。(附表 2-4-4、表 2-4-5、表 2-4-6、表 2-4-7、表 2-4-8、表 2-4-9、表 2-4-10、表 2-4-11 八种)。

表 2-4-4　第一表

收入	盐税	关税	厘金	烟酒	印花	其他	共计	百分率之比例
五年	84 771 000	72 346 000	75 314 000	27 843 000	5 671 000	29 950 000	295 895 000	100%
十四年	98 859 000	120 365 000	51 348 000	40 730 000	5 864 000	28 567 000	345 733 000	116%
现时	116 570 000	192 350 000	76 280 000	47 040 000	12 930 000	12 570 000	457 740 000	151%

注意 原为国税而已划归地方收入者不在其内

表 2-4-5 第一表附 国税由地方代收及以国税划为地税者

各省代中央收入	原列中央税收现归地方收入
货物 23 706 000	田赋 90 081 000
厘金 13 264 000	牙 2 521 000
百货 8 727 000	当 732 000
茶 1 732 000	牲畜 638 000
木 1 240 000	屠宰 3 623 000
杂 2 676 000	船 49 000
51 342 000 元	97 644 000 元

备考

根据民国十四年度

表 2-4-6 第二表 民国十八年收支参考

收入	支出
盐 116 570 000	党费 4 800 000
关税(连煤油) 192 330 000	政费 95 420 000
厘金(连邮包税) 76 280 000	军费 192 000 000
卷烟烟酒 49 040 000	经临费 180 000 000 预备金 12 000 000
印花 12 930 000	地方(云贵川新疆等省区之中央税收) 41 430 000
其他 12 570 000	债 155 790 000
457 740 000	其他 18 430 000
不敷 50 130 000	
507 870 000 元	507 870 000

注意 新增五院及各机关经费预计每月约一百万元每年约需一千二百万元

因未经预算委员会通过尚不在上列支出内

表 2-4-7　第三表　本年七月一日财政会议各方代表试定各省中央税收表

两广	500 万	山东	100 万
两湖	400 万	河南	40 万
江浙皖	500 万	河北	250 万
江西	100 万	陕西	30 万
福建	50 万	山西	60 万
共 2 030 万			
试定者　薛笃弼　白志鹍　宋子文　张寿镛　何应钦　李鸿文　熊　斌　刘纪文			

注意　如除特税及广东赌饷实数只有一千七百三十万元

表 2-4-8　第四表　财务费

1. 海关经费	13 598 180
常关经费	2 988 478
内地税局经费	1 582 212
	22 868 870
2. 盐务经费	17 299 471
3. 厘金经费	9 000 000
4. 财政部直接管理经费	5 765 000
甲　江浙皖经费(盐关在外)	1 742 148
乙　财政部本身全年经费	56 675 489 元

注意　(1) 海关经费完全为总税务司坐支

　　　(2) 盐务经费包括盐场盐警盐务行政及稽核机关坐支

　　　(3) 厘金经费由各省财厅坐支

　　　(4) 财部直接发付经费每年仅七百五十万

表 2-4-9　第五表　各国陆军费比较表

	原币	折合中国银元	支出总数百分率	每月中国银元
中	186 000 000	186 000 000	36%	15 500 000
日	173 614 000	173 614 000	9%	14 467 000
英	41 565 000	415 650 000	5%	34 637 000
美	285 000 000	570 000 000	8%	47 500 000
法	9 030 566 000	482 445 000	14%	40 203 000

表 2-4-10　第六表　各国陆军费比较表

中	36%	
日	9%	
英	5%	
美	8%	
法	14%	

中国陆军费以税收为比例占百分之四十一如以支出相较占百分之三十六

表 2-4-11　第七表　十七年六月至十一月六个月党政军费收支表

六个月支出总数		139 025 944.88
除补支六月以前军政各费	4 489 986.81	
除库券基金	28 533 274.60	
除公债基金	159 600.00	
除偿还各款	16 967 230.49	
除冲正六月以前收款	5 204.35	
除国有营业	20 000 000.00	
除其他支出	3 499 214.10	
除暂记付款	1 317 609.64	74 972 119.99
六个月支出实数		64 053 824.89
平均每月支出实数	10 675 637.48	

（续表）

六个月军政党费支配如下		
党务费	1 908 567.68　2.979%	
政务费	7 298 258.89　11.394%	
军务费	54 846 998.32　85.627%	64 053 824.89

注一　见财政会议汇编

注二　见财政部财政月刊

注三　见第五次中央执监会议提案

注四　见全国编遣会议报告书

第五章
财务官署之递嬗

第一节　财务官署之沿革

财务官署之改革,恒随政治潮流之变迁而定。民六以还,北京政府,囿于旧例,蹈习故常,故财务官署之组织,改革殊鲜。衡之民国初元情形,大体相类,但其重要变迁之一部,亦不无陈迹可寻,内而中央官署,既有分合兴废之事迹,外而各省官署,亦有权移地方之趋向。兹分述如下。

甲　中央官署之变迁

子、财政部　十六年七月,添设次长为三人,以一人管理部务,以一人管理盐务署,以一人管理烟酒署,其大体组织如下。

一、财政部直隶于大元帅,总辖国家之财务,管理会计、出纳、租税、公债、泉币、政府专卖、储金保管物及银行事务,并监督地方公共团体之财政。

二、财政部置总务厅及赋税会计泉币公债库藏五司,盐务烟酒两署,印花官产两处,分掌全部事务。

三、财政部设职员如下。

总长一人(特任)承大元帅之命,掌管本部事务,监督所属职员并所辖官署。

次长三人(简任)辅助总长整理部务,并分掌盐务署及烟酒署事务。

参事四人(简任)承长官之命,掌审核拟定本部主管之法令,并涉及学术之事项。

厅长一人(简任)承长官之命,掌总务厅事务。

司长五人(简任)承长官之命,分掌各司事务。

秘书八人(荐任)承长官之命,掌理机要事务。

佥事五十人(荐任)承长官之命,分掌总务厅及各司事务。

编纂六人(荐任)承长官之命,掌理编辑及纂译事务。

主事一百二十人(委任)承长官之命,助理总务厅及各司事务。

技正二人(荐任)技士三人(委任)承长官之命,掌理技术事务。

财政部视事务之繁简,得酌设额外职员,其额数不得超过实职人员之总数,因缮写文件及其他事务,得酌用雇员。

丑、烟酒署　最初于财政部设处办理,处设总办,与各司相等,九年始改为独立之官署,至十六年七月,复归财政部,其大体组织,列举以资参考。

一、烟酒署置下列各厅。

第一厅　掌总务事项。

第二厅　掌筹议税务,审核税率,印发单照,调查情形,及各省区分支栈之变更,与商民之陈诉,并卷烟税事项。

第三厅　掌稽核比较,拨解税款,审核经费,考核交代等事项。

二、烟酒署设职员如下。

督办一人(特任)在专署时代,设有督办一职,十六年七月裁撤。

署长一人(简任)掌管本署事务,监督所属职员,并所辖各微收官署,在专署时代,派员专任,十六年七月归并财政部,改由次长兼任。

参事二人(简任)承长官之命,审议本署事务。

厅长三人(简任)承长官之命,分掌各厅事务。

秘书四人(荐任)承长官之命,掌理机要事务。

佥事八人(荐任)承长官之命,分理各厅事务。

主事十六人（委任）承长官之命，助理各厅事务。

烟酒署视事务之繁简，得酌设额外职员，其额数不得超过实职人员之总数，因缮写文件及其他事务，得酌用雇员。

寅、官产处　全国官产事务，初于财政部设处办理，处设总会办，下设各科，与烟酒印花两处相类，继归并于赋税司，改设一科，十六年七月设立专署，其组织如下。

一、督办全国官产公署，承财政总长之监督，管理全国官产旗产营产官房租库及一切黑地荒地并清室之官产私产事宜。

二、督办公署置下列各厅。

第一厅　掌总务事项。

第二厅　掌全国官产事项。

第三厅　掌全国旗产暨清室私产事项。

第四厅　掌全国营产事项。

三、督办公署设职员如下。

督办一人　掌理本署事务，监督所属职员，并所辖京外各省区分局处。

会办二人　辅助督办办理署务。

秘书四人　承长官之命，掌拟定本署主管之法令暨机要事务。

视察四人　承长官之命，掌理视察事务。

厅长四人　承长官之命，分掌各厅事务。

科长十二人　承长官之命，分掌各科事务。

科员六十人　承长官之命，助理各科及技术事务。

缮写文件及其他事务，得酌用雇员。

卯、币制局　民六以前，币制机关，兴废不时，七年八月，政府为预备实行金本位起见，发布金券条例，复设币制局，以财长兼任督办，又特任总裁一员，九年三月，又增副总裁一员，划泉币司所管之泉币钞券两端，归局经办，泉币司则专办银行及部局会商要件而已，十二年冬，以原定政策难行，仍将专局裁撤，归并泉币司。兹将民七以后币制局之组织列后，以资参考。

一、币制局直隶国务总理，整理全国币制，设立期间，定为十年，其职掌如下。

（一）关于泉币事宜。

（二）关于钞券事宜。

（三）关于其他币制事宜。

二、币制局置职员如下。

督办一员，财政总长兼任。

总裁一员，特任。

副总裁一员，简任。

顾问一员，名誉顾问无定员，聘任。

币制局应酌设员司，分科办事，组织之先，得设调查委员会，置委员若干人，至缮写文件及其他庶务，得酌用雇员。

三、凡财政部所属造币总分厂、印刷局、造纸厂及各银行监理官，均受币制局之监督及指挥。

辰、公债局　内国公债局，设于民国三年，主办三四年公债，系独立之机关，五年夏，归并财政部公债司，七年夏，复改设公债局，局置坐办一职，体制等于各司，一切局务，秉承财政总长办理，九年秋，复援照三四年公债成案，设立内国公债局，于坐办之上，增设总协理，仍为独立之机关焉。其组织如下。

一、总理一人，主持全局事务。

二、协理二人，襄助总理一切事务。

三、坐办一人，承长官之命，督率局员办理全局事务。

四、秘书四人，承长官之命，掌管本局机要事宜。

五、文书股，设主任副主任各一人，办事员二人。

六、出纳股，设主任副主任各一人，办事员二人。

七、会计股，设主任副主任各一人，办事员二人。

巳、经界局　民国四年冬，曾设经界局，以蔡锷为督办，所定章制，颇为周密，旋以洪宪之役，蔡赴云南，局因裁撤，九年复设，仍以政策难于施行而罢。

乙　地方官署之变迁

民六以还,地方财政官署之组织,虽无变更,然事实上一切用人行政之权,逐渐移诸地方。质言之,地方军事长官,各有争长之心,即各揽财政之权,是中央徒拥监督之名,而财政则日形分裂,约举之可分三期。

第一期　各省军事长官,欲谋实力扩充,首在把持财政,财政厅为一省度支之府,且与地方关系之事,较为繁多,故厅长一职,其进退之权,向属中央政府者,渐由地方长官汲引私人,荐请任命,继且公然自行委用,是为各省把持财政厅官署时期。

第二期　财政厅管理国款收支,兼管地方款收支,各省军事长官,取进退财政厅长之权归于一己,犹可说也。至烟酒常关印花沙田官产,纯为国家专款,其机关向归中央直辖,地方长官并无监督名义,乃自政权旁落,浸假而各项专款局长处长,亦渐由各省荐请任命,继且公然自行任免,是为各省把持烟酒局海常关印花处沙田局官产处各官署时期。

第三期　欲壑以扩而愈张,政权以渐而下逮,各省盐务机关,初以稽核所之关系,其权未易侵入。然究为利源所在,觊觎之心日切,而垄断之术亦愈工,各省一仍干涉财政厅及各局处之故智,迟之又久,遂并盐运使运副榷运局用人之权,一切归其所有,是为各省把持盐务官署时期。

以上两端,系自民六以后财务官署变迁之概要,(注一)所有各机关组织,除官制修改特为胪举外,其余均与民初同,已详前编,故不赘述。

第二节　财务官署之现情

官署为实施政治之机关,一国官署之变迁或增减,不能不随政治之张弛，而异其规制。民国十六年，国民政府定都南京，财政设施，多所改革，而其荦荦大端，约举有三，（一）统一财政权责，（二）实施裁厘加税，（三）划分国地收支，以此三因，财政官署之统系，与徵收机关之组织，不无多少之革新。兹仍前例，就中央财务官署，各省财务官署，各县财务官署，分别详述如下。

第一项　中央财务官署

自国民政府五院成立以后，关于财政制度，以立法院为立法监督，以监察院所辖之审计部为司法监督。至行政监督，则仍由财政部任之，而改隶于行政院，立法院性质之异于国会，姑勿深论，其以审计部负司法监督之责，财政部负行政监督之责，盖亦取职权分立，互相维系之意也。顾从前北京政府，审计院既因外重内轻，不能举其职，即财务行政，名为财权独立，实则统系犹紊，既以财政部总揽全国度支，而与财政部并峙者，则又有税务处，币制局，标以特种官署，不归财部统属，虽有其他特殊情形，究非财政统一之道。国民政府知其然也，爰毅然更张，举税务币制各要政，完全统辖于财部，事权既一，系统亦明，于是财政部乃为全国财务行政之监督总集机关。兹为叙述如下。

第一目　行政监督官署

财政部　国民政府财政部之组织，在广东时代，财政部设秘书、总务、统计、税务、盐务、烟酒、印花、禁烟、公债、官产，十处，赋税、泉币、库藏，三局，汉口时代，无甚更变。十六年国府定都南京，六月一日财政部成立，设总务参事两厅，赋税公债钱币国库会计五司，关务盐务禁烟土地四处，是年十月改组，设秘书、烟酒税、印花税、卷烟统税、煤油特税、禁烟六处，关务盐务两署，赋税公债国库会计四司，并改钱币司为金融监理局，并土地处于赋税司。十七年十二月，复加修正，分为关务、盐务两署，总务、赋税、公债、钱币、会计、国库，六司，烟酒税、印花税、卷烟煤油税，三处。适因十八年二月一日实行海关新税则，煤油特税税率并入前项新税则内,统归海关征收,财政部乃令饬卷烟煤油税处改为卷烟统税处,而卷烟煤油税处之名称,遂如昙花一现矣。是年夏立法院按照事实,复事修订,呈请国府公布,大体均本原组织法。惟卷烟煤油处改为卷烟统税处一端,稍有不同耳。兹将财政部组织法列下。

一　财政部整理全国财务行政事务。

二　财政部对于各地方最高级行政长官执行本部主管事务,有指示监督之责。

三　财政部就主管事务,对于各地方最高级行政长官之命令或处分,认为有违背法令或逾越权限者,得请由行政院院长提经国务会议议决后,停止或撤销之。

四　财政部置下列各署司处。

(一)关务署。

(二)盐务署。

(三)总务司。

(四)赋税司。

(五)公债司。

(六)钱币司。

(七)国库司。

(八)会计司。

(九)烟酒税处。

(十)印花税处。

(十一)卷烟统税处。

五　财政部于必要时,得置各委员会,其组织另定之。

六　财政部经国务会议及立法院之议决,得增置裁并各署司处,及其他机关。

七　关务署掌下列事项。

(一)关于关税之赋课及征收事项。

(二)关于关税之管理及监督事项。

（三）关于关税制度之改革及推行事项。

（四）关于关税定率之修改事项。

（五）关于禁止货物进出口事项。

（六）关于调查各国关税及关税之统计事项。

（七）关于海常两关及各税卡之指挥监督事项。

（八）关于解释关税法令事项。

八　盐务署掌下列事项。

（一）关于监察各省盐务处盐运使榷运局办理之成绩，及其以下各属官资格升降调迁事项。

（二）关于建筑盐场仓栈、制造盐类及编练场警缉私等事项。

（三）关于各省运盐销盐事项。

（四）关于改善场产调剂运销事项。

（五）关于编制盐务收支预算决算，及造报收支数目表册单据事项。

（六）关于保管全国盐款及稽核各省盐税收入事项。

（七）关于审定各省盐务定率事项。

（八）关于其他一切盐务行政事项。

九　总务司掌下列事项。

（一）关于收发分配撰辑保存文件事项。

（二）关于部令之公布事项。

（三）关于典守印信事项。

（四）关于纪录职员之进退事项。

（五）关于编辑公报及发行事项。

（六）关于印发票照及稽核事项。

（七）关于本部经费之预算决算及会计事项。

（八）关于管理本部公库事项。

（九）关于编订保管图书事项。

（十）关于本部官产官物之保管事项。

（十一）关于本部庶务及其他不属各署司处之事项。

十 赋税司掌下列事项。

（一）关于赋税之赋课及征收事项。

（二）关于赋税之管理及监督事项。

（三）关于整理旧税推行新税事项。

（四）关于赋税之调查稽核统计事项。

（五）关于管理官产及沙田事项。

（六）关于财政部所管辖之税外一切收入事项。

（七）关于其他赋税一切事项。

十一 公债司掌下列事项。

（一）关于公债募集发行事项。

（二）关于整理公债基金及公债之还本付息事项。

（三）关于公债之注册更名及稽核地方公债事项。

（四）关于公债之预算决算及其他调查统计事项。

（五）关于公债计算之调制及簿籍登记事项。

（六）关于财政部证券及取缔证券买卖事项。

十二 钱币司掌下列事项。

（一）关于整理币制及调查化验新旧货币事项。

（二）关于金属货币及生金银出入事项。

（三）关于监督银行及造币厂事项。

（四）关于发行纸币及准备金事项。

（五）关于国内外金融事项。

（六）关于监督交易所保险公司储蓄会及特种营业之金融事项。

（七）关于其他币制及银行一切事项。

十三 国库司掌下列事项。

（一）关于国资之运用出纳事项。

（二）关于发款命令之稽核事项。

（三）关于国库之出纳计算书之编制事项。

（四）关于国库簿之登记事项。

（五）关于政府各种基金及储蓄保管事项。

（六）关于国库之出纳管理及其他一切事项。

十四　会计司掌下列事项。

（一）关于总预算决算及支付预算事项。

（二）关于特别会计之预算决算事项。

（三）关于编制岁入岁出现计书事项。

（四）关于审核预备金之支出事项。

（五）关于岁入岁出之统计事项。

（六）关于金钱及物品之会计事项。

（七）关于主记簿之登记及各种计算书之检查事项。

（八）关于所属各官署会计之稽核及整理事项。

（九）关于其他会计一切事项。

十五　烟酒税处掌下列事项。

（一）关于监督烟酒税收及考核成绩事项。

（二）关于考察烟酒制造产销事项。

（三）关于厘订烟酒税率事项。

（四）关于编制烟酒税收预算决算及造报收支数目表册单据事项。

（五）关于其他烟酒税事项。

十六　印花税处掌下列事项。

（一）关于印花税之监督及考核其成绩事项。

（二）关于厘订印花税率事项。

（三）关于监制保管发行印花事项。

（四）关于编制印花统计预算及造报收支数目表册单据事项。

（五）关于稽核印花税款表册事项。

（六）关于其他印花税事项。

十七　卷烟统税处掌下列事项。

（一）关于监督卷烟税收及考核其成绩事项。

（二）关于厘订卷烟税率事项。

（三）关于卷烟厂出品之稽核考查事项。

（四）关于卷烟营业之取缔事项。

（五）关于审核卷烟税各项表册及制发卷烟印花事项。

（六）关于其他卷烟税事项。

十八　财政部部长综理本部事务，监督所属职员及各机关。

十九　财政部政务次长常任次长，辅助部长处理部务。

二十　财政部设秘书八人至十二人，分掌部务会议，及长官交办事务。

二十一　财政部设参事四人至六人，撰拟审核关于本部之法律命令。

二十二　财政部设署长二人，司长六人，处长三人，分掌各署司处事务。

二十三　财政部设科长科员技正技士各若干人，承长官之命，分掌事务。

二十四　财政部得于各省设财政特派员处理各该管区域内，国税及中央财政事务。

二十五　财政部部长为特任职，次长参事司长处长及秘书二人，为简任职，秘书科长技正为荐任职，科员技士为委任职。

二十六　关务署长，盐务署长，因对外关系，得由部长特别委任代表执行职务。

二十七　财政部因事务上之必要时，得聘用顾问及专门人员。

二十八　财政部处务规程，以部令定之。

二十九　本法自公布日施行。

上案系财政部组织法之全文。民国二十年一月间，财政部为力谋节缩起见，复将印花税处暨烟酒税处合并为一，名曰印花烟酒税处，又以厘金裁撤，办理统税，特增设统税署，而以原有之卷烟税处并入之，且因整理一切税务，而设立税务整理研究委员会，研究改良会计办法，而设立会计委员会焉。当国家建设伊始，所有机关斟酌损益，固求因应之咸宜，未必一成而不变，以趋势论，将来财政机关，必将由散漫而归于整理，由分歧而归于统一。卫氏挺生著有改革中央官制案，主张设国税国债国库国计国币五司，将赋税司改为国税司，举今日之烟酒税印花税卷烟税一并归入,并以关务盐务两署为特种行政机关,循名核实,似亦事实所当然者欤。

关盐统三署,为财政部组织之一部份,重要事务,均须呈请部长核定,以财政部名义执行。然事务之次要及普通者,仍得以署令行之,亦略含有独立之性质。(注二)兹为分述如下。

(一)关务署　向来海关事宜,隶属于税务处,内地常关事宜,隶于赋税司,国民政府成立,为革除税务处积弊,力求完全关税自主,于是有关务署之设立,合海常关及内地税局一切政令,归其管理,诚足为中国财政史上放一异采。兹将关务署总则详载于次。

一　本总则依据国民政府财政部组织法之规定,特规定关务署之组织及其权责。

二　关务署置下列职员。

(一)署长一人。

(二)秘书二人。

(三)科长五人。

(四)科员若干人。

(五)雇员若干人。

三　关务署置下列各科。

(一)总务科。

(二)关政科。

(三)税务科。

(四)税则科。

(五)计核科。(十八年春添设)

四　关务署因事实上之必要,得商承财政部长,设立委员会,委员由本署呈请财政部长聘任或委任之。

五　关务署因事实上之必要,得聘任专门委员。

六　署长承财政部长之命,综理本署事务,监督本署职员、总税务司、全国海常各关监督、内地税关、税局长官及所属职员。

七　秘书承长官之命,掌理本署机要事务。

八　科长承长官之命,分掌各科事务。

九　科员承长官之命,助理各科事务。

十　关务署最要事项,应行呈由财政部长核定,以财政部名义行之者,列下。

（一）呈报国民政府及会商各部事项。

（二）对于总税务司有所指挥,应用训令,及因其呈请而有所指挥之指令。

（三）关于变更关税政策事项。

（四）任免关监督及本署职员。

（五）处分税款。

（六）本署及各关局预算计算。

十一　关务署次要事项,应行呈由财政部长核定,以本署名义行之者,列下。

（一）关于变更关税制度事项。

（二）对外问题之无成案可援者。

十二　除第十一两条所列各项外,其余事项,得由署长核定施行。

十三　关务署专管关务,遇有与财政部各署处司关系事项,仍由关务署办理,惟应录案转送各署处司备案。

十四　关务署因盖用税票单照,并钤发署令之必要,由财政部刊发印信,俾资信守。

十五　本总则如有未尽事宜,得由署长商承财政部长修正之。

十六　本总则自公布日施行。

上案系关务署总则之全文。十六年秋,财政部以筹备关税自主,设立国定税则委员会,专司拟订国定税则之事,十八年春,调查货价局归并会内,范围加广,设委员长一人,由关务署长兼任,副委员长二人,委员四人,均由财政部长派充,秘书二人,处理会内事务,凡会内议决案,由委员会呈请财政部长核办,其性质固系建议之机关也,至总税务司及监督署之组织,已详前编,近年亦鲜更改。惟权限一端,今总税务司则须受关务署节制，各关税务司则须秉承监督办理，回与曩年之事事权操客卿者不同，虽系时会使然，亦因国府夙以收回国权为职志，故得力挽颓风也。

（二）盐务署 盐务署向以善后借款而成立，其职权受借款合同之束缚种种，自由剥夺殆尽，且稽核总所章程，一则曰洋会办，再则曰洋副会办，殊令人有无穷之感，今举一切不平等之规定，删除尽净，盐务与关税，得以恢复自主，不得谓非我国民政府之殊勋也。兹将盐务署总则详载如下。

一 本总则依据国民政府财政部组织法之规定，特规定盐务署之组织及其权责。

二 盐务署置职员如下。

（一）署长一人。

（二）秘书二人。

（三）科长五人。

（四）科员若干人。

（五）雇员若干人。

三 署长承财政部长之命，综理全署事务，监督各省盐务处长、盐运使、副使、榷运局长暨所属职员。

四 秘书承长官之命，掌管机要事务。

五 科长承长官之命，掌管各科事务。

六 科员承长官之命，助理各科事务。

七 盐务署得设置巡视员，承长官之命，专任巡回视察全国盐务情形，及特种事务。

八 盐务署为缮写文件及办理其他事务，得酌用雇员。

九 盐务署设置五科如下。

（一）总务科。

（二）场产科。

（三）运销科。

（四）审核科。

（五）缉私科。

十　总务科主管文牍、会计、庶务、保管印信、掌理案卷，及考核职员之勤务，与所属机关之成绩，暨其他不属于各科之事务。

十一　场产科主管关于建筑盐场仓栈、制造盐类各项事务。

十二　运销科主管关于各省运盐销盐各项事务。

十三　审核科主管关于编制盐务收支预算决算及考核税收各项事务。

十四　缉私科主管关于编练盐警，办理水陆缉私各项事务。

十五　盐务署最要事项，应行呈由财政部长核定，以财政部名义行之者，列下。

（一）呈报国民政府及会商各部事项。

（二）处分税款。

（三）关于变更盐税税率事项。

（四）任免盐运使、盐运副使、缉私统领、榷运局长及本署职员。

（五）本署及各盐运使署、副使署、缉私统领、榷运局、预算计算事项。

十六　盐务署次要事项，应行呈由财政部长核定，以本署名义行之，列下。

（一）关于变更盐税制度事项。

（二）对外问题之无成案可援者。

十七　除第十五十六两条所列各项外，其余事项，得由署长核定，用署令行之。

十八　盐务署专管盐务，遇有与财政部各署处司关系事项，仍由盐务署会同办理，仍应录案转送各署处司备案。

十九　盐务署因盖用税票单照，并钤发署令之必要，由财政部刊发印信，俾资信守。

二十　本总则如有未尽事宜，得由署长秉承财政部长修正之。

二十一　本总则自公布日施行。

上案系盐务署总则之全文。旋又裁撤审核科，添设编译处及税务处,并改缉私科为缉私处,此为最近之略情。惟新盐法已由立法院通过,规定中央设盐政署及稽核总所,直隶于财政部,依此规定,将来盐务署,当正名为盐政署也,当盐务署成立之初,盐务稽核总所尚属虚悬,至十七年六月北伐完成后,始行组织。兹将盐务稽核总所章程附载如下。

一　财政部为稽核盐税收支起见,设立盐务稽核总所,专管徵收盐税、发给放盐准单、汇编盐税报告表册及清偿盐务外债等事项。

二　稽核总所置职员如下。

（一）总办一人,

（二）会办一人。

（三）秘书二人。

（四）科长二人。

（五）股长六人。

（六）科员若干人。

三　总会办承部长之命,综理全所事务,监督所属职员。

四　总会办应监督各分所经协理,将稽核分所章程内所述之摊还外债额数,按月拨解财政部指定之银行,收总所盐款债务账,此项盐款债务账内之款,须由总会办秉承部长命令,会同签字提拨。

五　总会办对于增裕税收或防止私盐,如有整顿或改革之建议,得向盐务署提出磋商,盐务署对于稽核方面,如有整顿或改革之建议,亦得向总所提出磋商,此种建议,如经采纳,或分呈部长核准,仍应由各主管机关负责施行,以清权限。

凡盐务署所属机关人员,如有舞弊溺职情事,经稽核总所总会办查明,得呈报部长核办,稽核总所所属机关人员,如有此种情事,经盐务署长查明,亦得呈报部长核办,以资整顿。

六　秘书承长官之命,掌管机要事务。

七　科长承长官之命,掌理各科事务。

八　股长承长官之命,掌理各股事务。

九　科员承长官之命,助理各科股事务。

十 稽核总所设置两科六股如下。

一、总务科。

甲、文牍股。

乙、考绩股。

丙、编译股。

二、会计科。

甲、税务股。

乙、统计股。

丙、审核股。

十一 总务科主管文牍、保管印信、掌理案卷、考核职员勤惰暨所属机关人员成绩,编译文件报告,及本所会计庶务各事项。

十二 会计科主管审核盐税收支及编造账目统计各事项。

十三 稽核总所重要事项,应呈由部长核定,以财政部名义行之者,列下。

(一)呈报国民政府及会商各部事项。

(二)任免总分所职员。

(三)处分税款。

(四)颁发章则准单及盐款收支表册单据式样事项。

十四 稽核总所次要事项,应呈由部长核定,以本所名义行之者,列下。

(一)稽核人员之进级加薪事项。

(二)其他无成案可援之事项。

十五 除第十三十四两条所列各项外,其余事项,得由总会办用总所名义行之。

十六 稽核总所专管稽核盐税事务,遇有与本部各署司处关系事项,应由稽核总所会同办理,仍应录案转送各署司处备案。

十七 稽核总所因钤发所令,由本部刊发印信,以资信守。

十八 总所一切文件,须经总会办同意,方能发生效力。

十九 凡总所文件,盐务署长得随时调阅,盐务署文件,总所总会办亦可调阅。

二十 总会办应于每会计年度开始之时，编造稽核总所及所属机关经费预算，呈送本部汇转行政院核准备案，所有支出决算，应按月造送备核。

二十一 本章程如有未尽事宜，得由本部呈行政院核准修正之。

二十二 本章程自公布之日起施行。

上案系盐务稽核总所章程之全文。在昔稽核总所，权操客卿，流弊滋多，今则职务既有范围，权责复有界限，客卿虽照常延用。然已退处协赞之地位，亦挽回已失国权之道也。

（三）统税署 统税署之设，盖在裁厘以后，先是，财政部尝办卷烟税，设有卷烟税处，又尝办麦粉税，归赋税司管辖。逮民国二十年一月，厘金裁撤，财政部力筹抵补，遂新增棉纱火柴水泥等税，与原有之卷烟税麦粉税并合，名曰统税，设立专署，管理其事，职责既专，功效亦著。兹将统税署组织章程详载于后。

一 统税署直隶财政部管理全国卷烟麦粉棉纱火柴水泥等类统税一切事项。

二 统税署设署长一人，承财政部长之命，综理全署事务，监督指挥本署职员暨所辖各机关。

三 统税署设秘书二人或三人，承长官之命，办理本署机要及覆核文稿事项。

四 统税署设技正二人或三人，技士若干人，承长官之命审核关于技术上一切事项。

五 统税署设视察若干人，稽核若干人，承长官之命，随时派赴各省地视察，或分赴各厂稽核，并其他调查劝导及计划取缔事项，如有违背定章或营私舞弊时，须指实证据，报告核办，并得酌量制止，其规则另订之。

六 统税署设下列各科。

（一）第一科。

（二）第二科。

（三）第三科。

（四）第四科。

（五）第五科。

（六）第六科。

七　第一科掌理事务如下。

关于典守印信收发文件及庶务事项。

关于各种章则暨文稿之撰拟，及章则之解释，或指导事项。

关于翻译及缮校文件，保管档案、样品、官有物件各事项。

关于统税署及所属各机关之设置，职员之任免迁调奖惩，及增设职员之考试录用事项。

关于编辑统税署公报及其他不属各科专管之一切事项。

八　第二科掌理事务如下。

关于汇集本署所属各区局所报告表册编制统计册报，及制成各种表式事项。

关于报告舶来及各厂纳税盈绌状况各事项。

关于轧销卷烟印花及各种税单号码查对事项。

关于调查各厂出品等级产销状况，及根据各项表册，计划整理税务取缔营业各事项。

关于汇齐各科各项统计及编制各项表册事项。

关于各项征税货品牌号等级之登记事项。

九　第三科掌理事务如下。

关于各种印花票照单证之印制保管及发用事项。

关于税款之保管及报解事项。

关于本署及所辖各机关预决算之编拟及审核事项。

关于一切会计制度事项。

十　第四科掌理事务如下。

关于卷烟税之设计处置各事项。

关于卷烟税率之审定事项。

关于卷烟税印花运照之销用及核对事项。

关于考核所属各机关办理卷烟税成绩及册报各事项。

关于卷烟退税或免税之处置事项。

关于审核卷烟厂号牌样市价及纠纷事项。

关于卷烟走私之防止设计事项。

十一　第五科掌理事务如下。

关于棉纱税务之设计处置各事项。

关于棉纱税率之审订事项。

关于棉纱之查验缉私及审核处罚事项。

关于棉纱凭证及税照之销用暨核对事项。

关于棉纱退税及免税之处置事项。

关于考核所属各机关办理棉纱税成绩及册报各事项。

关于审核棉纱厂号牌样市价及纠纷事项。

关于棉纱走私之防止设计事项。

十二　第六科掌理事务如下。

关于麦粉水泥火柴等项税务之设计处置各事项。

关于麦粉水泥火柴税率之审订事项。

关于麦粉水泥火柴之查验缉私审核处罚事项。

关于麦粉水泥火柴统税票照之销用及核对事项。

关于麦粉水泥火柴退税或免税之处置事项。

关于考核所属各机关办理麦粉水泥火柴统税成绩及册报各事项。

关于审核麦粉水泥火柴厂号牌样市价及纠纷事项。

关于麦粉水泥火柴走私之防止设计事项。

十三　各科设科长一人，科员书记官若干人，每科画分若干股，承长官之命，办理各该科股事务，书记雇员各若干人，办理缮校各事项。

十四　统税署为征收及监查便利起见，得就全国画分为若干区，由署设立区统税局呈由财政部核定，其区分如下。

甲　苏浙皖区。

乙　湘鄂赣区。

丙　鲁豫区。

丁　粤桂闽区。

戊　蓟晋区。（热察绥附）

己　辽宁区。（吉黑附）

庚　川滇黔区。（西康附）

辛　陕甘新区。（宁夏附）

上列各省区组织章程另定之。

十五　统税署为严密税收及管理起见，得就出产此类货品较多地域，酌量设立分区管理所，随时呈由财政部核定，其组织章程另定之。

十六　统税署就徵税货品出产厂户及海关邮局暨各水陆交通扼要地点，分别委派管理所主任驻厂驻关驻邮办事员，查验所及分所，分掌职务，由各该管区局指挥监督之。

十七　统税署办事细则另定之。

十八　本章程如有未尽事宜，得由统税署随时呈请修正。

十九　本章程自公布之日施行。

上案系统税署组织章程之全文，五种统税，为国内出厂品之大宗。关于税率之审订，徵收之方法，查验之手续，在在均须斟酌尽善，庶于裨益国帑之中，不失维护实业之旨，而管理机关职务之重要，亦从可知矣。

第二目　司法监督官署

审计部　审计部系由审计院递嬗而成，十七年夏审计院成立，旋颁布审计院组织法，置院长一人，综理全院事务，置副院长一人，辅助院长处理院务，分设秘书、总务两处，第一、第二两厅，秘书处置秘书长一人，秘书二人至四人，办理院长交办事务，总务处置处长一人，掌理文书统计会计事项，第一、第二两厅，各设厅长一人，一则以监督预算执行为职责，一则以审核决算报告为任务，并置审计八人至十二人，协审十二人至十六人，核算员若干人，分掌厅务，考其组织与曩时之北京审计院官制，固相类似也。

十七年冬五院成立，监察院为国府各院之一，组织法第十三条规定审计院掌理之职权，分为四项。

一　审核政府所属全国各机关之决算及计算。

二　监督政府所属全国各机关预算之执行。

三　核定政府所属全国各机关收入命令及支付命令。

四　稽察政府所属全国各机关之冒滥及其他关系财政之不法或不忠于职务之行为。

上列四项,系审计部组织法之基本原则,十八年夏立法院讨论审计院组织法草案,同时徵集内外财政学者之意见,当时学者间之主张,稍有异同,约分三派。

(一)甘默勒氏之主张　甘氏主张审计部负审计监督之责,内分四司。

甲、事前审计司　关于请款凭单之核对,及单据凭证之事前审查事项。

乙、检查司　关于独立检查及报告事项。

丙、事后审计司　关于帐目及报告表之事后审核事项。

丁、弹劾司　关于检举及其他事项。

上列四司,系部内分掌之职务,并为实行职权起见,在外设检查员以隶属于检查司,又设区审计员分隶于事前审查司及事后审核司,考其主旨所在,检查员与财政部会计司所属之概算员及各机关会计官相联络,实施检查之事务,区审计员与财政部国库司所属之收入官及支付官相联络,实施审计之事务云尔。(注一)

(二)林襟宇氏之主张　林氏主张审计部分设事前审查事后审核两司,在外亦设区审计员,与甘氏之说相同。惟不主设检查司及弹劾司,另于监察院之下,特设检查处,在外亦设检查员,并于国府之下特设会计管理处,在外设会计员,与甘氏之说相较,其施行职务办法,虽属相类,而关于官署管辖,则迥不相同,考其精意所在,盖欲实施检查独立制度与会计独立制度,不可不将其所处之地位提高,以求推行无阻耳。(注二)

(三)杨汝梅氏之主张　杨氏主张分为第一第二第三三司,以被审查机关之多寡,及其事务之繁简为标准,平均分配各司职务,使同一机关之收支,在一定期间内,归同一司之同一人审查,则办理可期迅速,自无不相接洽之弊,而按事务之繁简,定人数之多寡,亦可免劳逸不均之害也。(注三)

综上各说,论处理事务之便利,则杨氏为长,而其终也,事前监督与事后监督,同归一人审核,易致情感相托之病。论保障独立之精神,则林氏为长,而其终也,审计监督则审计部与检查处并峙,行政监督则财政部与会计管理处并峙,不免机关重复之嫌。至甘氏之说,学理事实,尚相兼顾。惟弹劾司一端,系属监察院范围以内之事,似可不设专司,庶于行政系统,得所保持耳。

是年十月立法院以迭经审议之结果,始将审计部组织法全文通过,凡十七条,系参考各家学说,斟酌国情而定。兹将全文列下。

一　审计部直属国民政府监察院,依监察院组织法第十三条及审计法之规定行使职权。

二　审计部长特任,秉承监察院院长,综理全部事宜。

三　审计部副部长简任,辅助部长处理部务。

四　审计部关于处理审计稽察重要事务,及调度审计协审稽查人员,以审计会议之决议行之,审计会议以部长副部长审计组织之,其决议以出席人员过半数之同意行之,可否同数时,取决于主席,审计会议开会时,部长主席,部长有事故时,由副部长代理。

五　审计部设下列各厅处。

一、第一厅,掌理监察院组织法第十三条第三款及第二款事务。

二、第二厅,掌理监察院组织法第十三条第一款及第二款事务。

三、第三厅,掌理监察院组织法第十三条第四款及第二款事务。

四、秘书处,掌理文书统计会计庶务等事务。

六　各厅设厅长一人,由部长指定审计兼任之,各厅分科办事,每科设科长一人,分别以协审稽察兼任,科员三人至六人,委任。

七　秘书处设秘书长一人,简任,秘书二人至四人,荐任,秘书处分科办事,每科设科长一人,由秘书兼任,科员二人至四人,委任。

八　审计部设审计九人至十二人,简任,协审十二人至十六人,稽察八人至十人，均荐任，分别执行审计稽察职务，在京各机关之审计稽察职务，由部内之审计协审稽察分别执行职务，其名额另定之。

九　审计须以具有下列资格之一者充之。

（一）曾任国民政府简任以上官职并具有第十条或第十一条之资格者。

（二）现任最高级协审稽察一年以上，成绩优良者。

十　协审在未有考试及格之相当人员以前，须具有下列资格之一者充之。

（一）曾在国内外专门以上学校，习经济法律会计之学，三年以上毕业，并有相当经验者。

（二）曾任会计师或关于审计之职务三年以上，成绩优良者。

十一　稽察在未有考试及格之相当人员以前，须以具有下列资格之一者充之。

（一）于其检查事务所需学科，曾在国内外专门以上学校，修习三年以上毕业，并有相当经验者。

（二）于其稽察事务，曾任技师或职官三年以上，成绩优良者。

十二　审计协审稽察，在职中不得兼任下列职务。

（一）其他官职。

（二）律师会计师或技师。

（三）公私企业机关之任何职务。

十三　审计部因缮写文件，及其他事务，得酌用雇员。

十四　审计部遇必要时，得聘用专门人员。

十五　审计部于各省设审计处，掌理各该省中央及地方各机关之审计稽察事务，审计处组织条例另定之。

十六　审计协审稽察，非经法院褫夺公权，或受官吏惩戒委员会依法惩戒者，不得免职或停职。

十七　本法自公布日施行。

上案系审计部组织法之全文，较诸北京审计院制度，其进步之点有三。一审计采事前监督，故第五条第一项，规定第一厅掌理监察院组织法第十三条第三款及第二款事务,以专其责,此其一。二稽核各机关之不法及不经济行为,故同条第三项,规定第三厅掌理监察院组织法第十三条第四款及第二款事务,以司其事,此其二。更于第十五条规定各省设审计处掌理中央及地方各机关之审计稽察事务,就近审计,情弊赖以剔除,此其三。至第九至十一各条用人有一定资格,第十六条服务有法定之保障,其立法之精意,较诸其他官署,实胜一筹耳。

注一　参考十八年七月十六日银行周报

注二　参考十八年七月二十三日银行周报

注三　参考十八年七月九日银行周报

第三目　计政监督官署

主计处　自甘默勒氏林襟宇氏倡导实施检查帐目以来,国民渴望财政数字之整理,益为急切,立法院胡院长汉民,因之有设置主计总监部之提议。盖鉴于会计岁计统计三种,年久废弛,实有改良之必要,故拟特设专部,提高位置以谋政务之刷新耳,后经中央议决,改名主计处,直属国民政府,并限期成立,遂于十九年十二月先行设立主计处筹备处,旋于二十年四月一日正式成立,从前主计行政,集中于财政部之会计司。自此以后,乃一变而为集中于国民政府之主计处,此盖所以厉行会计统一之主张也,考立法院提案对于设立理由,叙列綦详,爰为照录于下,以资参考。

甲、会计,应于国民政府下设立直属机关理由。

(1)非有最高会计机关主持政府各机关之会计,不足以维持各机关内会计之独立。

(2)自国民政府及各院起一切机关会计事务,均应独立,故最高之会计机关,不宜属于任何一院。

(3)直属于国民政府,则国民政府各院部会及其所属之机关之会计制度便于统一。

(4)其机关地位超然,则易于保障会计人员地位之独立。(因各机关所有之会计人员,皆直接对于主计总监负责,不受所在机关长官之操纵。)

(5) 便于汇总政府各机关之会计报告。

(6) 会计完全独立,则易于养成各机关财务出纳人员之洁操,因而增高国家财政之信用,及促进国家财政之统一。

乙、岁计,(即按年预算说明见后)应于国民政府下设立直属机关理由。

(1) 非有独立岁计机关主持政府各机关之预算,不足以收公允精当之效。

(2) 自国民政府及各院起一切机关之预算,均应经一超然机关,详为钩稽比较,斟酌损益,以免各自为政,漫无标准,故此项独立岁计机关,不宜属于任何一院。

(3) 直属于国民政府,则国民政府各院部会及其所属之机关之岁计制度,便于统一。

(4) 中央对于各机关之预算,均赖高才专门人员长期主办,始能得良好结果,故必须提高预算机关之地位,以容纳多数专长人才。

(5) 便于汇总政府各机关之预算报告。

(6) 按现今各国成例,凡共和国家预算机关,多直隶于大总统,按照我国现在政府组织,其地位自宜直属于国民政府。

附"岁计"名称说明。

(天) 西文 budget 拟译称"岁计书"。我国现用名称,只有"预算书",但"预算书"只能当西文 book of estimates,仅为"岁计书"(budget)内中之一部份,按美国制度提出国会之岁计案,必须具备下列文件。

A 大总统每年提出岁计书于国会,其岁计书中必须备载下列各部份。

(一) 总统岁计书提案文。

(二) 财政说明书内载

(子) 财政现状。

(丑) 岁费支配情形。

(寅) 收支概况。

（卯）以前财务政策及预算主张对于库帑之影响等事。

（三）分类实支节略。

（四）预算书提要内载。

（子）预算收入与过去若干年实收数之比较表。

（丑）预算支出与过去若干年实支数之比较表。

（五）新预算案提出改变各点略送。

B　财政部长同时备送。

（六）预算书全文。

（七）过去五年间收支详细说明书。

据此可见"预算书"（book of estimates）乃仅为 budget 内中之一部份，故 budget 似应译作"岁计书"，较为确当。

（地）budget 通常系指一会计年度之预算而言，恰是"岁计"意义，而"预算"二字寻常不含有年度意义，故不足以当 budget。

根据以上二理由，拟称 budget 为"岁计书"，而称西文 book of estimates 为"预算书"。

丙、统计，应于国民政府下设立直属机关理由。

（1）非有最高统计机关，则自国民政府及各院起所有各机关所办之统计，彼此不相为谋，以致参差重复，挂漏不完，不能成一系统，无法编成全国之整个的统计。

（2）自国民政府及各院起，所有机关，各有应编统计，故最高统计总机关，不宜属于任何一院。

（3）直属于国民政府，则国民政府各院部会及其所属机关之统计办法，便于统一。

（4）统计苟有最高机关以总其成，则易于集中人才，而为共同规定办法之训练。

（5）便于汇总政府各机关之统计报告，编成有系统之全部统计。

（6）或主张裁并各机关内之办理统计组织，而使全国任何统计，皆归一总机关办理，殊不知各机关情形不同，其需要之统计亦异，自办统计，易于切合需要，倘完全归一机关办理全国各种统计，则情形隔阁,恐有闭门造车之虞,故莫如由各机关分办统计,而另设最高统计机关以总其成,远较妥善。

丁、会计与统计合设一总机关,直属于国民政府理由。

（1）会计与统计两机关,虽皆应直属于国民政府,但若分设两部,则终嫌铺张太大。

（2）会计与统计互相关联,而尤以财政统计为然,其大部份统计材料,皆须由会计报告得来,而会计政策又往往须取决于财政统计所得之结果,故此二者本不能绝对分离。

（3）此二种事务之行政组织上甚为仿佛,宜于合并办理。

戊、岁计与会计统计合设一总机关,直属于国民政府理由。

（1）岁计预算必须应用会计方面与统计方面所得之结果,故设于一机关内,事务上可以多得便利。

己、办理会计岁计统计事务之总机关,应提高地位,并扩充范围拟名为主计总监部之理由。

（1）国计关系国政盛衰,故历来良好之政治组织,皆隆重其地位。例如周制赋税征敛属于大司徒,而制用会计则隶于冢宰,汉时国家财赋分掌于大司农及少府,而主计则另设相掌之,英美主计长官亦地位隆崇,可见古今中外,均以此为监督财政之要着,按英制计相职多以首相兼任,或以首相下政府党中之最高领袖任之,美制则以反对党之领袖任之。

（2）现今财政部中之会计司,本已将全国会计岁计统计事务,合并于一处办理,但殊难收效,其故如下。

（子）其机关隶于行政院之一部,无独立之资格,不能超然有所主张。

（丑）其地位太低,不能指挥控制全国各机关之会计统计行政,而保障其人员对于全国各机关之岁计案,纵欲秉公增减,亦难免有扞格之虞。

（寅）范围太小,不能充分用人,尤不能充分用高才人员,是以其事务只备形式,而无法认真办理。

（3）机关地位既高，实权亦大，又可以集中人才，由其维持全国各机关会计之独立，指挥全国各机关统计之分办合作，秉公斟酌损益全国各机关之岁计预算，其会计与统计预算，皆易于短期间内纳入正轨。

以上为主计处设立之理由，至机关之组织，具详国民政府主计处组织法。兹照录如下。（注一）

（一）国民政府设主计处，掌管全国岁计会计统计事务。

（二）主计处设主计长一人，特任，主计官六人，简任。

（三）主计长承国民政府之命，综理处务，指挥监督所属人员，依法律之规定，分别执行职务。

（四）主计处置下列各局。

一　岁计局。

二　会计局。

三　统计局。

（五）前条各局均置局长一人，综管本局所掌事务，副局长一人，于局长因事故不能执行职务时，代理局长，均由主计长呈请国民政府于主计官中派充，科长三人至五人，荐任，每科科员十人至二十人，其中三人至五人荐任，余委任。

（六）岁计局办理下列事务。

一　关于筹划预算所需事实之调查事项。

二　关于各机关概算预算及决算表册等格式之制定颁行事项。

三　关于各机关岁入岁出概算书之核算及总概算书之编造事项。

四　关于依照核定总概算书编造拟定总预算书事项。

五　关于拟定总预算书经核定后之整理事项。

六　关于预算内款项依法流用之登记事项。

七　关于各机关各种计算书之汇编，及其报告事项。

八　关于各机关岁入岁出决算书之核算及总决算书之编造事项。

九　关于各机关财务上增进效能与减少不经济支出之研究及其报告事项。

十　关于各机关间财务上应合办或统筹事务之建议事项。

十一　关于各机关办理岁计事务人员之指挥监督事项。

十二　其他有关岁计事项。

前项第三款至第八款之规定，于追加预算及非常预算准用之。

（七）会计局办理下列事项。

一　关于各机关会计人员之任免迁调训练及考绩事项。

二　关于各机关会计表册书据等格式之制定颁行事项。

三　关于各机关会计事务之指导监督事项。

四　关于各机关会计报告之综核记载及总报告之汇编事项。

五　其他有关会计事项。

（八）统计局办理下列事项。

一　关于各机关统计人员之任免迁调训练及考绩事项。

二　关于各机关统计图表格式之制定颁行及一切编制统计办法之统一事项。

三　关于各机关编制统计范围之划定及统计工作之分配事项。

四　关于各机关统计事务之指导监督事项。

五　关于调查编制不能属于任何机关范围之统计及各机关未及编制之统计事项。

六　关于全国统计总报告之编纂事项。

七　其他有关统计事项。

（九）主计处置秘书二人至四人，其中一人简任，余荐任，科员六人至十二人，其中一人至三人荐任，余委任，办理文书及不属于各局之事务。

（十）主计处于必要时得聘用专门人员。

（十一）主计处得酌用雇员。

（十二）全国各机关主办岁计会计统计之人员，分为下列三等。

一　会计长统计长均简任。

二　会计主任统计主任均荐任。

三　会计员统计员均委任。

前项主办人员之佐理人员，均由主计处按其事务之需要，设置任用之。

各机关之岁计事务由该管会计人员兼办，其统计事务之简单者亦同。

（十三）前条办理岁计会计统计之人员，直接对于主计处负责，并依法受所在机关长官之指挥。

（十四）主计长得随时调遣各机关办理岁计会计统计之人员。

（十五）主计处设主计会议，由主计长及主计官组织之，以主计长为主席，主计长缺席时，由岁计局长代理，专门人员及科长得列席主计会议，各机关主办岁计会计统计之人员，对于有关其职掌之提案，亦得列席。

（十六）主计会议之职权如下。

一　关于各机关主办岁计会计统计人员之任免事项。

二　关于岁计会计统计制度之拟订及修订事项。

三　关于本处及各机关办理岁计会计统计之办事规则制定及修正事项。

四　关于两局以上之关联事项。

五　各局长或主计官提议事项。

六　主计长交议事项。

（十七）主计处得召集全国主计会议，以下列人员组织之。

一　主计处之主计长主计官及专门人员。

二　各主要机关主办岁计会计统计之人员。

三　各主要机关之代表或其长官。

前项会议以主计长为主席。

（十八）本法施行规则及施行日期，以命令定之。

以上为主计处组织法之全文，自主计处成立，于是国民政府始有独立之计政监督机关，与行政监督之财政部司法监督之审计部，鼎足而三，实开我国财政史上之新纪元焉。

注一　见国民政府公报六三二号

第四目　地政筹备处之设立

孙总理民生主义第二讲有言曰,民生主义第一个办法,是解决土地问题,土地问题能解决,民生问题已可解决一半。可见土地问题与民生主义之关系如是其重且要也。国民政府自统一全国以来,于十九年六月颁布土地法,规定一切土地问题,由地政机关执行之,地政机关分中央地政机关与地方地政机关,中央地政机关,于国民政府所在地设立,直辖于行政院。对于地方地政机关,有监督指挥之责,地方地政机关,为省地政机关及市县地政机关,国民政府为贯澈吾党土地政策起见,特于十九年十二月明令设立中央地政机关筹备处,盖将使其责有专归,事可渐进也。惟地政机关之职权,与财政内政两部之职掌,不免有类似及重复之处。兹为易于明了起见,特列比较表 2-5-1 如下。

表 2-5-1　地政机关与财内两部职权比较表

财政部赋税司职掌	地政机关职权	内政部土地司职掌
赋税之赋课及征收	土地重划	土地测量调查登记整理
赋税之管理及监督	土地测量	土地收用
整理旧税推行新税	土地登记	移民殖边
赋税之调查稽核统计	征收登记费	地权限制及分配
管理官产沙田	荒地使用	水利事项
财政部所管辖之税外一切收入	地税减免	水灾之防御
其他赋税一切事项	土地征用	疆界整理

上列财政部赋税司职掌地政机关职权,及内政部土地司职掌,系按照十七年公布之内财两部组织法及十九年公布之土地法,分别填列。其职权完全类似者,以线为记,局部类似者,以点为记,至赋税之管理及监督事项内。关于秋勘免赋公用土地免税等事,虽与地税减免,土地徵收,似有冲突。惟土地法第二百三十一及二百七十六等条规定土地税由地方政府主管徵税机关徵收,财政部对于地方徵收机关,本有监督之责,将来免赋事宜,中央地政机关,仍有会商财政部共

同呈请豁免之必要,实际上仍无甚冲突,至登记费,类似契税,与财政部监督地方财政项下契税监督权,不无关系,荒地使用一项,按土地法第一百八十一——百九十二等条之规定,与管理官产沙田事项亦颇类似,将来如何划分权限。惟在当局者之妥为协议耳。

第二项　各省财务官署

各省财务官署可分二类,(一)为处理国家收支之官署,(二)为处理地方收支之官署。兹详述如下。

第一目　管理国家收支官署

属在改革之初,各省管理国款官署,有因国地收支之划分而另立者,有因税目之改定而创设者,有因旧例之沿袭而存在者,施政布于各省,而管辖统于财部。惟官署种类綦繁,既须明定通例,以示标准,复应订列专章,以资遵守。兹分述如下。

先述财政部直辖各机关组织通则。

一、凡财政部直辖各机关之等级职员名额薪俸经费等,悉遵照本通则及附表办理。

二、财政部所属各机关之等级,应依照下列各标准规定之。

(一) 收入

(二) 事务

(三) 成案

三、财政部直辖各机关等级之分列如下。

(一) 特派员署、盐运使署、运副署定为一等至三等。

(二) 关监督署定为一等至四等。

(三) 各局定为一等至七等。

四、各等机关职员名额,不得超过下列各项之规定。

(一) 一等机关

最高长官一人。

副长官二人。(如副局长会办)

秘书二人。

课长三人。

课员二十四人。

(二)二等机关

最高长官一人。

副长官一人。

秘书一人。

课长三人。

课员二十人。

(三)三等机关

长官一人。

课长三人。

课员十六人。

(四)四等机关

长官一人。

课长二人。

课员六人。

五、前条所规定之员额,均为最高限度,在规定员额内,得因事务之繁简,经费之盈绌酌定之。

六、三等以下机关,非有特别原因,不得设副长官。

七、部派会计主任,在本通则第五条所规定员额之外,其俸级与各该机关之课长同。

八、第五条所规定课员之员额,包括视察稽查及其他与课员同等之各种特务人员。

九、各机关因办理庶务缮校文件,得酌设雇员。

十、各机关之办公费,应按事务之繁简,所在地之物价,于编制年度预算前,呈部核定之。

次述管理国款各官署之组织。

（一）特派员　特派员之设置，始于民国十六年冬间，其初仅负收解税款稽核册报与计划条陈之责，未尝实行管理国款之收支也。十七年春乃令江西特派员接收国税，实行管理，以次及于苏、浙、闽、皖、鄂、湘、苏、鲁、粤、桂等省。自二十年一月一日裁厘以后，又将各省财政特派员陆续裁撤，其照旧设置者，仅河北陕西广东三省，盖皆具有特殊情形，未可遽废也。兹将财政特派员章程列下。

一、国民政府财政部依据组织法第二十四条之规定，就各省设置财政特派员，处理各该管区域内国税及中央财政事务。

二、财政特派员秉承财政部之命，办理下列各事项。

（一）执行部令指导所管区域内之中央直辖税收机关。

（二）接管各省财政厅代管之一切国税及其机关。

（三）保管国税税款。

（四）支拨及汇解国库款项。

（五）稽核及册报所管区域内一切国税之帐目及情况。

（六）计划所管区域内一切国税之整理办法。

三、财政特派员，须将该管税收情形及收支款项数目，按旬册报财政部。

四、财政特派员，于财政部主管事务范围内，对于各地方行政长官之命令或处分，认为有不合时，得随时呈请财政部核办。

五、财政特派员，由财政部长呈请国民政府简派。

六、财政特派员之办公机关称公署，依财政部直辖各机关组织通则第四条一项及第五条一、二、三项之规定组织之。

七、财政特派员所委本公署课长以上各职员及税局局长，须检同履历，呈报财政部备查。

八、财政特派员，对于中央所派国税徵收长官之行文，概用公函或咨文。

九、未经简派财政特派员省分，财政部得暂令财政厅长兼任，但须另设财政特派员公署，按照本章程办理。

十、本章程自公布日施行。

上案系财政特派员章程之全文，考国家设官分职，以举事也，因事设官，不觉其繁，以官处事。惟求其简，机关并省，则职权不纷，而经费亦较有节，卫氏挺生，主张改各省特派员公署为国税厅，将各省烟酒印花等局并入其中，直隶于财政部，由国税司主管，殆亦因时制宜，综核名实之道欤。

（二）海常关监督　海常关之设，由来久矣。若以现时徵收趋势而论，裁厘实行，内地通过税一律裁撤，则常关与税局，除在国之边境兼负有徵收国境税之责者外，凡在内地关局，将一律裁撤。兹将海常关监督署之组织，载列表2-5-2如下。

表 2-5-2　各地关监督公署组织表

别\机关	分等	长官		职员		附记
		员数	俸给	员数	俸给	
江海关监督署	一等	监督一员	简任三级	秘书二员课长三员课员至多不得逾二十四员	荐任四级委任五级至荐任四级委任七级至三级	原系一等海关
粤海关监督署	同上	同上	同上	同上	同上	原系一等海关
江汉关监督署	二等	同上	同上	秘书一员课长二员课员至多不得逾十六员	荐任五级委任五级至荐任五级委任七级至四级	原系二等海关
闽海关监督署	同上	同上	同上	同上	同上	原系二等海关
东海关监督署	同上	同上	同上	同上	同上	原系二等海关
津海关监督署	同上	同上	同上	同上	同上	原系二等海关
塞北关监督署	同上	同上	同上	同上	同上	常关向不列等核其收数应列二等因系边境未裁

（续表）

机关\别	分等	长官		职员		附记
		员数	俸给	员数	俸给	
张虎多关监督署	同上	同上	同上	同上	同上	因系边境常关未裁
山海关监督署	同上	同上	同上	同上	同上	原系二等海关
镇江关监督署	三等	同上	简任四级	课长二员课员至多不得逾十二员	委任五级至一级委任七级至五级	原系三等海关
芜湖关监督署	同上	同上	同上	同上	同上	原系三等海关
浙海关监督署	同上	同上	同上	同上	同上	原系三等海关
九江关监督署	同上	同上	同上	同上	同上	原系三等海关
荆沙关监督署	同上	同上	同上	同上	同上	综核收数应列三等
长岳关监督署	同上	同上	同上	同上	同上	原系三等海关
潮海关监督署	同上	同上	同上	同上	同上	原系三等海关
琼海关监督署	同上	同上	同上	同上	同上	原系三等海关
厦门关监督署	同上	同上	同上	同上	同上	原系三等海关
重庆关监督署	同上	同上	同上	同上	同上	原系三等海关
胶海关监督署	同上	同上	同上	同上	同上	
滨江关监督署	同上	同上	同上	同上	同上	原系三等海关
安东关监督署	同上	同上	同上	同上	同上	同上
瓯海关监督署	同上	同上	同上	同上	同上	同上
金陵关监督署	四等	同上	简任四级	课长二员课员至多不得逾八员	委任五级至二级委任七级至六级	原系四等海关
苏州关监督署	同上	同上	同上	同上	同上	同上
杭州关监督署	同上	同上	同上	同上	同上	同上
宜昌关监督署	同上	同上	同上	同上	同上	原系三等海关现核其收数应列四等

机关 \ 别	分等	长官		职员		附记
		员数	俸给	员数	俸给	
梧州关监督署	同上	同上	同上	同上	同上	原系四等海关
南宁关监督署	同上	同上	同上	同上	同上	同上
蒙自关监督署	同上	同上	同上	同上	同上	同上
浦阳关监督署	不列等					暂不列等
龙州关监督署	同上					原系不列等海关应照从前预算数目开支经费
延吉关监督署	同上					暂不列等
爱珲关监督署	同上					同上
思茅关监督署	同上					原系不列等海关应照从前预算数目开支经费本有监督一职于十九年二月明令裁撤归税务司管理
腾越关监督署	同上					原系不列等海关应照从前预算数目开支经费
伊犁关监督署	同上					暂不列等因系边境未裁
秦皇岛关监督署		监督一员				此关因税收增加地位重要于二十年一月间由总税务司呈准脱离山海关为独立海关派有监督
大连关监督署						向不设监督

（续表）

机关 ＼ 别	分等	长官		职员		附记
		员数	俸给	员数	俸给	
九龙关监督署						该关不另设监督归粤海关监督兼管但有税务司直辖于总税务司
拱北关监督署						同上
江门关监督署						同上
三水关监督署						同上

（三）盐务官署 各省盐务官署之等级，向以事务为标准，盐务事宜。现除稽查外，无甚更变，其运使、运副、榷运局，一概仍前设置。惟稽核分所章程，大体改良，收回主权甚多，而缉私局亦较前规定完密。兹先将各省盐运使、运副、榷运局之组织，列表 2-5-3 如下。

表 2-5-3 各省盐运使运副榷运局组织表

机关名称	分等	员数	俸级	职员		附记
				员数	俸给	
两淮运使	一等	运使一员	简任二级	秘书一员 课长三员 课员至多廿四员	委任一级至荐任四级 委任七级至委任二级	
广东运使	同上	同上	同上	同上	同上	
两浙运使	二等	同上	简任三级	秘书一员 课长三员 课员至多十八员	委任五级至荐任五级 委任七级至委任四级	
福建运使	同上	同上	同上	同上	同上	
淮北运副	一等	运副一员	同上	秘书一员 课长二员 课员至多十八员	委任二级至荐任五级 委任七级至委任五级	运副原系荐任职今所支系简任三级俸

(续表)

机关名称	分等	员数	俸级	职员		附记
				员数	俸给	
松江运副	二等	同上	简任四级	课长二员课员至多十员	委任二级至一级委任七级至三级	运副原系荐任职今所系简任四级俸
鄂岸榷运局	一等	局长一员	同上	课长二员课员至多九员	委任二级至一级委任七级至三级	局长原系荐任职今所系简任四级俸
湘岸榷运局	同上	同上	同上	同上	同上	同上
西岸榷运局	一等	局长一员	简任四级	课长二员课员至多九员	委任二级至一级委任七级至三级	同上
皖岸榷运局	同上	同上	同上	同上	同上	同上
广西榷运局	同上	同上	同上	同上	同上	同上

次当编述者,为稽核分所,稽核分所,系归稽核总所监督,稽核重要产盐区域事务,其职责,颇重要也。兹将稽核分所章程列下。

一　各盐务稽核分所,均隶属于国民政府财政部盐务署稽核总所,并受其指挥监督,办理各该管事务。

二　在各重要产盐区域,设立稽核分所,各置所长副所长各一人,其职务如下。

(甲)所长副所长须会同监理发给引票或准单,准许纳税后运盐,以及在各稽核分所设立之处,可徵收一切盐税盐课及各费,并监督他处之徵收上列各税各费,凡该处收税人员,应由总所委任,该收税人员。关于所收税款,对于分所担负责任。

(乙)凡在盐区徵税后放盐,须以该分所所长副所长会同签字之单据,或以分所印信为凭,其管理科盐及由仓场放盐事务各员,应为分所属员,所长副所长暨其所属之秤盐及放盐人员,对于仓场放盐,须稽查是否有正式准单，是否照税则完全纳税，是否只照允准之数量放出，并须按时向该分所所辖地点之场坨察视。在该地点之内，如该处运使或运副所属各局所之人员，有违背定章之事，须呈报总所。倘于巡查时，见有私制及向领有牌照之场坨私运等情，亦须一律呈报，在买盐贮盐运盐并代政府售盐之地方，各分所对于此数者应尽之职务，由盐务署按各地情形规定办法。

（丙）所有收入之款，应由分所所长副所长，以国民政府盐务收入帐名目，存于中央银行，或国民政府财政部所指定之存款处。其款项数目，应报告稽核总所，以备与稽核分所送呈之报告较对其放盐之数，并与银行送呈之报告，较对其收款之数。

（丁）盐款一切收支，须由分所所长副所长详细报告该处之盐运使并国民政府财政部盐务署稽核总所。

（戊）各分所所长副所长，由财政部长任免，其余职员，均由总所任免之。

三　各分所之员额，应量事务繁简，由所长副所长拟定，呈由总所所长副所长妥商，呈请财政部长核定之。

四　各分所若于第二条所指明各事，有应行商酌之处，可开具说帖，呈请总所核办，如事关重要，则由总所呈请财政部长核定之。

五　分所中若有与该地方盐运使因权限职务责任等事，彼此争执时，应由盐务署长及总所所长副所长呈请财政部长酌夺办理。

六　各分所应用之登记收支款目之簿记表册式样，及应用之收条引票执照等件之样式，均应遵照总所颁发之训令备办。

七　各分所一切经费，应于会计每年度开始以前，编制预算，呈送总所，与总所及盐务署之预算，一并呈送财政部核编。

八　凡分所对于盐务款目引票数目及一切关于盐务之事，遇有应行查询时，得函请盐运使将所需文件照送查核，或商明盐运使派员到署调查，盐运使对于分所，遇有应行查询事件时亦同。

九　在各重要销盐区域，设立稽核处，内设华稽核员一人，应尽职务，除不直接经收税款外，余均与分所所长副所长所办者相同，上列分所章程，对于稽核处应一律适用。

十　本章程如有未尽事宜，得由稽核总所所长副所长呈请财政部长修正之。

十一　本章程自公布日施行。

（四）统税局所　统税署成立后，决定就苏浙皖湘鄂赣鲁豫粤桂闽等十一省先行举办，而冀热察辽吉黑等省，则以情形特殊，令饬河北财政特派员代徵代解，上述之十一省，计划分为四区。（一）苏浙皖区设局于上海，局下分设芜湖苏州南通杭州南京无锡六处管理所，（二）湘鄂赣区，设局于汉口，局下分设长沙九江两处管理所，（三）鲁豫区，设局于青岛，局下分设济南郑州两处管理所，（四）粤桂闽区，设局于广州，局下分设汕头梧州福州三处管理所，各区统税局局长，均秉承财政部长暨统税署长之命，综理局务。

（五）印花烟酒税局　印花税及烟酒事务，向例每省分别设局，自财政部变更组织，将印花烟酒两税合并设处后，乃自二十年三月一日起，将各省之印花税局烟酒事务局一律合并设局，改称印花烟酒税局。

（六）官产沙田事务局　财政部向于国有地产设立管理机关。惟各省名称不一，在苏称沙田官产事务局，在浙称沙田局，在皖称屯垦局，继改称官产屯垦局，在河北兼热河，初称官产委员会，继改称官产总处，大率均照表2-5-4编制。惟河北兼热河一处官产较多，已改照一等局组织云。

表2-5-4　官产沙田局组织表

局名	分等	员数	俸级	职员	额数及俸薪	
沙田局	三等	局长一员	荐任一级	课长三员课员一等四员二等八员雇员工役若干人	课长支委任四级俸课员支委任六级至七级俸	雇员六人五十元至三十元工役十人十四元至十元止
沙田局	四等	局长一员	荐任二级	课长二员课员一等四员二等六员雇员工役若干人	课长支委任四级俸课员支委任六级至七级俸	雇员六人四十五元至三十元工役八人十四元至十元止

（续表）

局名	分等	员数	俸级	职员	额数及俸薪	
沙田局	五等	局长一员	荐任三级	课长二员课员一等三员二等五员雇员工役若干人	课长支委任五级俸课员支委任六级至七级俸	雇员五人四十五元至三十元工役七人十四元至十元止
官产局	六等	局长一员	荐任四级	课长二员课员一等二员二等四员雇员工役若干人	课长支委任五级俸课员支委任六级至七级俸	雇员四人四十五元至三十元工役六人十四元至十元止

（七）矿税专员　民国十七年，财政部就安徽之烈山煤矿派员征收矿税。十八年，复就山东之中兴鲁大等矿，委派专员，推行矿税，办理以来，尚有成效。迨民国二十年，复添设湖北、江西、河南六河沟、河南福中、安徽大通、安徽裕繁、浙江长兴等矿税专员，办理矿税征收事宜。

以上七项，系中央直辖各省财务官署之概要，尚有昔曾设局而现已裁撤者，虽系陈迹，亦关史实。兹为分述如下。

（一）各地厘金局卡之撤销　各地厘金及类似厘金之一切捐税，于民国二十年一月一日起实行裁撤。兹将各省已裁之局卡数及已裁之征收人员数有可稽考者，列表 2-5-5 于后。

表 2-5-5　各地厘金已裁之局卡数及征收人员数一览表

省别	税名	已裁局卡数	已裁征收人员数	备考
河北	统税	十七税局又保大火车货捐局三分局三分卡	员司二百一十六人	
山东	厘金	十二税局　十三分卡	员司七十八人巡役一百一十九人	
山西	统税	四十二税局		
河南	统税	三十三税局		
陕西	统税	三十六税局一百五十四分卡	员司二百九十一人巡丁四百九十六人	

（续表）

省别	税名	已裁局卡数	已裁徵收人员数	备考
甘肃	统税	四十二税局	员司二百七十一人巡丁四百四十九人	
新疆	统税	十四税局九十八分卡	委员十四人雇员等无定额	
江苏	专税及货物税	专税局八所货物税局三十四所		
浙江	统捐	四十一税局一百八十七分卡	局长及分局主任共二百二十八人徵收员役无定额	
安徽	厘金	三十七税局		
福建	消费税	税局二十所分局十二徵收所二查验所四		
江西	特税	总局四徵收局分局十分徵所七犁验局一		
湖南	厘金	三十一税局		
湖北	过境销场税	二十六税局二百分卡及哨	员司一千零三人巡役一千零三十九人	
广东	厘金	五十一税局厂		
广西	统捐	三十税局		
四川	统捐	二十二税局		
云南	厘金	四十四税局		
贵州	厘金	四十税局		
辽宁	统税	三十一税局		
吉林	产销税	四十五税局	局长四十五员雇员巡差视各局事务繁简分别设置	
黑龙江	产销税	三十六税局二百三十四分卡	员司四百五十一人巡役六百七十人	
绥远	厘捐	九局	员司六十七人巡役九十八人	

（续表）

省别	税名	已裁局卡数	已裁徵收人员数	备考
察哈尔	厘捐	九局		
热河	货物税	十三税局七十七分局卡	员司二百七十九人巡役三百十二人	
北平	火车货捐	一局	员司二十二人	
津浦货捐	火车货捐	十二分局十八分卡二十二稽徵处	员司二百四十七人巡役二百九十一人	
总计		七百七十八税局		

（二）铁路货捐局之裁撤　铁路货捐性质，类似厘金，故与厘金同时裁撤，计有京沪、津浦、陇海、胶济、平绥、平汉、北宁、粤汉、潮汕、道清、正太、南浔、广九等路货捐局，均于二十年一月一日起先后结束。

（三）邮包税局之裁撤　邮包税局性质，亦类似厘金，历届裁厘案内，均列有邮包税，因之二十年一月一日既为厘金裁撤之日，亦为邮包税结束之时，凡江苏、浙江、安徽、江西、湖北、福建等省邮包税局，均同时裁撤焉。

（四）常关之裁撤　内地常关及商埠五十里外常关，均与厘金同于二十年一月一日裁竣，五十里内常关，亦限于二十年六月一日一律裁撤，其担保赔款部份，由出口税项下拨付。兹将裁撤之五十里内外常关及内地常关关名列表 2-5-6 于后。

表 2-5-6　已裁各常关一览表

已裁撤之各五外常关	已裁撤之各五内常关	已裁撤之各内地常关
山海关	同上	扬由关
津海关	同上	凤阳关
东海关	同上	淮安关
荆沙关	同上	临清关
芜湖关	同上	武昌关
江海关	同上	潼关

（续表）

已裁撤之各五外常关	已裁撤之各五内常关	已裁撤之各内地常关
浙海关	同上	崇文门关
瓯海关	同上	新堤关
闽海关	同上	夔关
厦门关	同上	成都关
潮海关	同上	辰州关
粤海关	同上	太平关
琼海关	同上	
	梧州关	
	九江关	
	胶海关	

（五）江浙渔业事务局之裁撤　国民政府以吾国渔业,日见衰落,非积极提倡,妥筹保护,实不足以资挽救而图振兴,因于二十年三月明令将所有鱼税渔业税一律豁免,嗣后无论何项机关,概不得另立名目徵收此项捐税。江浙渔业事务局,本为徵收鱼税及保护渔业机关,奉到国府明令后,遂于四月裁撤,而将护洋事宜,移交实业部派员接办。

此外应行叙述之事有二。一为煤油税局之存废,自举办煤油税后,各省设局徵收,其组织等于卷烟税局,旋以事务手续,与卷烟税相类,遂合成一局办理。十八年二月一日,海关新税则实施,煤油一项,列入海关税则之内,改由海关一次徵收,由是煤油税局,实行裁撤矣。二为内地税局之存废,内地税举办以后,海常各关,均设专局徵收内地税,其组织与海常关监督署相等,迨实施海关进口新税则,废除进口内地税,其出口内地税及复进口内地税,改归海关徵收,而内地税局,亦同时裁并焉。

第二目　管理地方收支官署

考管理地方收支官署有二,一为省政府所属之财政厅,一为特别市政府所属之财政局。前者以管理全省地方收支为任务,后者负管理全特别市收支之职责。虽其范围广狭不同。然近因市政之发展,日新月异,就地位言,固相伯仲也。兹分述如下。

(一)财政厅　财政厅自民国十六年划分国家地方收支标准实行,田赋契税牙税及一切杂捐划归地方,则财政厅所主管者,完全为地方款项,即间有受中央政府委办财务,亦非恒有。兹将财政厅之职权,列之如下。

(甲)财政厅厅长之地位　财政厅厅长之地位,规定于省政府组织法。(十七年四月十八日公布)

(一)厅长为省政府委员之一,列席省政府委员会,行使其职权。

(二)厅长综理本厅事务,监督所属职员及所辖官署。

(三)厅长对于主管事务,除中央法令别有规定或省政府委员会别有决议者外,以厅令行之。

(四)厅长为简任职。

(乙)财政厅执掌之事务　财厅掌理事务,明定于省政府组织法第十条,内载

(一)关于省税及省公债事项。

(二)关于省政府预算决算事项。

(三)关于省库收支事项。

(四)关于公产事项。

(五)其他省财政事项。

(丙)财政厅内部之组织　各省财政厅之组织,虽多参差不一。然其大体,均根据省政府组织法第二十二条之规定而参酌定之。

(一)秘书一人至三人为荐任职。

(二)分设三科或二科,各科设科长一人,主管总务征榷制用事项。

(三)各科设科员若干人为委任职。

(四)因职务上之必要,得设视察员考察税务。

以上三端,系财政厅之职权,厅长握全省财务行政之枢纽,职责綦

重,固不待言,顾其施政范围,向有限度,在中央财政部之法令,既须恪遵,在省政府委员之决议,尤难抵触。惟有依据定制,于不违背中央及省政府法令之中,以施行政务已耳。

（二）财政局　财政局为特别市政府各局之一,整理全市财政,是其职责,间有受中央政府及省政府委办财务,亦所罕有。兹将财政局之职权列之如下。

（甲）财政局局长之地位　财政局局长之地位,规定于特别市组织条例。

（一）局长为市政联席会议之一员。

（二）局长综理本局一切事务。

（三）局长对于主管事务,除中央法令或特别市政府别有决议者外,以局令行之。

（四）局长为简任职。

（乙）财政局执掌之事务　财政局掌理事务,明定于特别市政府组织条例。

（一）关于市捐税及市公债事项。

（二）关于市政府预算决算事项。

（三）关于市公款收支事项。

（四）关于公产管理事项。

（五）其他市财政事项。

（丙）财政局内部之组织　各特别市财政局之组织,间多参差。然其大纲,尚属相同。

（一）秘书一人。

（二）分设三科,各科科长一人,分管总务徵收会计事宜。

（三）各科设科员若干人,为委任职。

上列三端,系财政局之职权,局长在市政府所处之地位,与财政厅厅长在省政府之地位略同。惟省政府系委员制,财政厅厅长为委员之一,而特别市政府为独裁制,财政局局长仅系市政府重要之职员,此其相异之点耳。

第三项　各县财务官署

第一目　管理国家收支官署

各县之管理国家收支官署,如场知事、烟酒分局及分栈支栈、官产分处、印花税分处仍系旧制,已详前编。兹将新办各项列下。

(一)统税驻厂办事员　统税系驻厂徵收,由统税局派驻厂办事员按章收税。

(二)矿税徵收分处　各省矿税专员依就矿徵税之原则,得于管辖区域内各县矿区,酌设徵收分处,派员驻矿徵收矿税。

第二目　管理地方收支官署

考县为自治单位,地方事业,经纬万端,而财为庶政之母,非澈底清理,严杜中饱,确定预算,统一收支,无以树立财务行政之基础。现在各县区内,所有税款,或归县署办理,或另设处经徵,或且招人承办。徵收经费,既因机关之分设,而冗滥时闻,即主管机关,复因权限之纷歧,而无从整理。其地方附加之款,如学警团防慈善等费,名目繁多,有由地方财产保管处统收分拨者,亦有由教育团防各局及其他地方团体直接收用者,章制不一,稽核为难,挪拨把持,势所必至,人民急公输纳,徒苦供亿,而用途之真相莫名,斯舆论之纷呶难辨。内政部有见于此,县组织法内遂有设立财务局之规定,旋经立法院重行修订,改财务局为财政局,使财政局负整理全县财政之责成,为有系统有组织之规划,以涤除从前紊乱错杂之弊,俾财务行政,确有秩序可循,是亦刷新县政之基也。兹将财政局之职权列下。

(甲)财政局长之地位　财政局长地位之如何,固由县组织法所规定。然亦有根据通例者。兹列举如后。

(一)局长得列席县政会议。

(二)局长综理本局事务。

（三）局长由县长就考试合格人员中遴选，呈请省政府核准委任，惟各省近例暂由财政厅委任。

（四）局长对于主管事务，根据中央及省政府财政厅法令，得发布局令。

（乙）财政局执掌之事务　财政局之职掌，已见于县组织法，其职掌如后。

（一）掌理徵税募债事项。

（二）管理公产事项。

（三）其他地方财政事项。

（丙）财政局内部之组织　财政局之组织，县组织法未有规定，由各省政府定之，其组织如后。

（一）设总务经徵会计三课，分掌事务。

（二）每课设课长一人。

（三）每课设课员若干人。

以上三端，系财政局之职权。（注一）按财政局既为县组织法所设各局之一，例应受县政府之监督。江苏湖南两省，已先后设局，主办财务，各省亦将仿行，果能慎选得人，假以权责，则各县财政，自不患无整理之望矣。

注一　见十八年六月五日公布之县组织法